国家"双一流"建设学科
辽宁大学应用经济学系列丛书
智库系列

总主编◎林木西

商帮文化视角下
产业集群社会责任建设研究

Construction of Industrial Cluster Social Responsibility
from the Perspective of Business Group Culture

张丹宁　著

中国财经出版传媒集团
经济科学出版社
Economic Science Press
·北京·

图书在版编目（CIP）数据

商帮文化视角下产业集群社会责任建设研究/张丹宁著．--北京：经济科学出版社，2025.8
（辽宁大学应用经济学系列丛书智库系列）
ISBN 978 - 7 - 5218 - 5123 - 6

Ⅰ．①商…　Ⅱ．①张…　Ⅲ．①企业责任 - 社会责任 - 研究 - 中国　Ⅳ．①F279.23

中国国家版本馆 CIP 数据核字（2023）第 171221 号

责任编辑：冯　蓉
责任校对：齐　杰
责任印制：范　艳

商帮文化视角下产业集群社会责任建设研究
张丹宁　著
经济科学出版社出版、发行　新华书店经销
社址：北京市海淀区阜成路甲 28 号　邮编：100142
总编部电话：010 - 88191217　发行部电话：010 - 88191522
网址：www. esp. com. cn
电子邮箱：esp@ esp. com. cn
天猫网店：经济科学出版社旗舰店
网址：http：//jjkxcbs. tmall. com
北京季蜂印刷有限公司印装
710 × 1000　16 开　22.25 印张　322000 字
2025 年 8 月第 1 版　2025 年 8 月第 1 次印刷
ISBN 978 - 7 - 5218 - 5123 - 6　定价：96.00 元
（图书出现印装问题，本社负责调换。电话：010 - 88191545）
（版权所有　侵权必究　打击盗版　举报热线：010 - 88191661
QQ：2242791300　营销中心电话：010 - 88191537
电子邮箱：dbts@ esp. com. cn）

总　序

本丛书为国家"双一流"建设学科"辽宁大学应用经济学"系列丛书，也是我主编的第三套系列丛书。前两套系列丛书出版后，总体看效果还可以：第一套是《国民经济学系列丛书》（2005 年至今已出版 13 部），2011 年被列入"十二五"国家重点出版物出版规划项目；第二套是《东北老工业基地全面振兴系列丛书》（共 10 部），在列入"十二五"国家重点出版物出版规划项目的同时，还被确定为 2011 年"十二五"国家重点出版规划 400 种精品项目（社会科学与人文科学 155 种），围绕这两套系列丛书取得了一系列成果，获得了一些奖项。

主编系列丛书从某种意义上说是"打造概念"。比如说第一套系列丛书也是全国第一套国民经济学系列丛书，主要为辽宁大学国民经济学国家重点学科"树立形象"；第二套则是在辽宁大学连续主持国家社会科学基金"八五"至"十一五"重大（点）项目，围绕东北（辽宁）老工业基地调整改造及全面振兴进行系统研究和滚动研究的基础上持续进行探索的结果，为促进我校区域经济学学科建设、服务地方经济社会发展作出贡献。在这一过程中，既出成果也带队伍、建平台、组团队，使得我校应用经济学学科建设不断跃上新台阶。

主编这套系列丛书旨在使辽宁大学应用经济学学科建设有一个更大的发展。辽宁大学应用经济学学科的历史说长不长、说短不短。早在 1958 年建校伊始，便设立了经济系、财税系、计统系等 9 个系，其中经济系由原东北财经学院的工业经济、农业经济、贸易经济三系合成，财税系和计统系即原东北财经学院的财信系、计统系。1959 年院系调整，将经济系留在沈阳的辽宁大学，将财税系、计统系迁到大连组建辽宁财经学院（即现东北财经大学前身），将工业经济、农业经济、贸易经济三个专业的学生培养到毕业为止。由此形成了辽宁大学重点发展理论经济学（主要是政治经济学）、辽宁财经学院重点发展应用经济学的大体格局。实际上，后来辽宁大学也发展了应用经济学，东北财经大学也发展了理论经济学，发展得都不错。1978年，辽宁大学恢复招收工业经济本科生，1980年受中国人民银行总行委托、经教育部批准开始招收国际金融本科生，1984年辽宁大学在全国第一批成立了经济管理学院，增设计划统计、会计、保险、投资经济、国际贸易等本科专业。到20世纪90年代中期，辽宁大学已有外国经济思想史（后改为西方经济学）、国民经济计划与管理、企业管理、世界经济、金融学5个二级学科博士点，当时在全国同类院校似不多见。1998年，建立国家重点教学基地"辽宁大学国家经济学基础人才培养基地"。2000年，获批建设第二批教育部人文社会科学重点研究基地"辽宁大学比较经济体制研究中心"（2010年经教育部社会科学司批准更名为"转型国家经济政治研究中心"）；同年，在理论经济学一级学科博士点评审中名列全国第一。2003年，在应用经济学一级学科博士点评审中并列全国第一。2010年，新增金融、应用统计、税务、国际商务、保险等全国首批应用经济学类专业学位硕士点；2011年，获全国第一批统计学一级学科博士点，从而实现经济学、统计学一级学科博士点"大满贯"。

在二级学科重点学科建设方面，1984年，外国经济思想史（即后来的西方经济学）和政治经济学被评为省级重点学科；1995年，西方经济学被评为省级重点学科，国民经济管理被确定为省级重点扶持学科；1997年，西方经济学、国际经济学、国民经济管理被评为省级重点学科和重点扶持学科；2002年、2007年国民经济学、世界经济连续两届被评为国家重点学科；2007年，金融学被评为国家重点学科。

在应用经济学一级学科重点学科建设方面，2017年9月被教育部、财政部、国家发展和改革委员会确定为国家"双一流"建设学科，成为东北地区唯一一个经济学科国家"双一流"建设学科。这是我校继

1997 年成为"211"工程重点建设高校 20 年之后学科建设的又一次重大跨越，也是辽宁大学经济学科三代人共同努力的结果。2022 年 2 月继续入选第二轮国家"双一流"建设学科。此前，2008 年被评为第一批一级学科省级重点学科，2009 年被确定为辽宁省"提升高等学校核心竞争力特色学科建设工程"高水平重点学科，2014 年被确定为辽宁省一流特色学科第一层次学科，2016 年被辽宁省人民政府确定为省一流学科。

在"211"工程建设方面，"九五"立项的重点学科建设项目是"国民经济学与城市发展"和"世界经济与金融"，"十五"立项的重点学科建设项目是"辽宁城市经济"，"211"工程三期立项的重点学科建设项目是"东北老工业基地全面振兴"和"金融可持续协调发展理论与政策"，基本上是围绕国家重点学科和省级重点学科展开的。

经过多年的积淀与发展，辽宁大学应用经济学、理论经济学、统计学"三箭齐发"，国民经济学、世界经济、金融学国家重点学科"率先突破"，由"万人计划"领军人才、长江学者特聘教授领衔，中青年学术骨干梯次跟进，形成了一大批高水平学术成果，培养出一批又一批优秀人才，多次获得国家级教学和科研奖励，在服务东北老工业基地全面振兴等方面做出了积极贡献。

编写这套《辽宁大学应用经济学系列丛书》主要有三个目的：

一是促进应用经济学一流学科全面发展。以往辽宁大学应用经济学主要依托国民经济学和金融学国家重点学科和省级重点学科进行建设，取得了重要进展。这个"特色发展"的总体思路无疑是正确的。进入"十三五"时期，根据"双一流"建设需要，本学科确定了"区域经济学、产业经济学与东北振兴""世界经济、国际贸易学与东北亚合作""国民经济学与地方政府创新""金融学、财政学与区域发展""政治经济学与理论创新"五个学科方向。"十四五"时期，又进一步凝练为"中国国民经济学理论体系构建""区域经济高质量发展与东北振兴""国际贸易理论与东北亚经济合作"三个领域方向。因此，本套丛书旨在为实现这一目标提供更大的平台支持。

二是加快培养中青年骨干教师茁壮成长。目前，本学科已形成包括长江学者特聘教授，国家高层次人才特殊支持计划领军人才，全国先进工作者，"万人计划"教学名师，"万人计划"哲学社会科学领军人才，国务院学位委员会学科评议组成员，全国专业学位研究生教育指导委员会委员，文化名家暨"四个一批"人才，国家"百千万"人才工程入选者，国家级教学名师，全国模范教师，教育部新世纪优秀人才，教育部高等学校教学指导委员会主任委员、副主任委员、秘书长和委员，国家社会科学基金重大项目首席专家等在内的学科团队。本丛书设学术、青年学者、教材、智库四个子系列，重点出版中青年教师的学术著作，带动他们尽快脱颖而出，力争早日担纲学科建设。

三是在新时代东北全面振兴、全方位振兴中做出更大贡献。面对新形势、新任务、新考验，我们力争提供更多具有原创性的科研成果、具有较大影响的教学改革成果、具有更高决策咨询价值的智库成果。丛书的部分成果为中国智库索引来源智库"辽宁大学东北振兴研究中心"和省级重点新型智库研究成果，部分成果为国家社会科学基金项目、国家自然科学基金项目、教育部人文社会科学研究项目和其他省部级重点科研项目阶段研究成果，部分成果为财政部"十三五"规划教材，这些为东北振兴提供了有力的理论支撑和智力支持。

这套系列丛书的出版，得到了辽宁大学和中国财经出版传媒集团的大力支持。在丛书出版之际，谨向所有关心支持辽宁大学应用经济学建设与发展的各界朋友，向辛勤付出的学科团队成员表示衷心感谢！

林木西

2022 年 3 月

目　录

陆 商 篇

海 商 篇

绪　　论

第一节　研究的背景

一、"社会责任建设"：中国式现代化新征程中赋能经济高质量发展

"中国式现代化"是中国未来发展的核心方向，是全面推进中华民族伟大复兴的必由之路，赋予了中国建设社会主义现代化强国更为深厚的价值底蕴和中国特色。"中国式现代化"的提出不仅是马克思主义中国化、时代化的体现，更是深厚的中华优秀传统文化的精神根基和底蕴的彰显。而以"商帮文化"为代表的商业文化作为中华优秀传统文化的重要组成部分，为培育新时代中国企业家精神提供了得天独厚的文化支撑。"现代企业家精神的核心是承担社会责任"，这个共识已经得到普遍认可，成为"经济价值"与"社会价值"共荣共生的内生性机制，是国家富强、人民发展的要求，是企业实力强劲、精神卓越的体现。"行生于己，名生于人。"2016年4月19日，习近平总书记发表的《在网络安全和信息化工作座谈会上的讲话》中强调："只有富有爱心的财富才是真正有意义的财富，只有积极承担社会责任的企业才是最有竞争力和生命力的企业。"当下，越来越多的中国企业家秉承强烈的责任感

和使命感，以助力国家高水平科技自立自强、推动经济社会高质量发展为己任，超越了传统经济利益最大化的思维，在全力投身中华民族复兴伟业中实现企业的发展壮大。面对百年变局和新冠肺炎疫情叠加给世界经济发展和民生改善带来的严峻挑战，中国坚持共商共建共享原则，与兄弟国家共建"一带一路"，推动世界经济持续稳定发展，最大限度凝聚参与国家发展共识。在这个进程中，越来越多的中国企业要"有责任"地走出去，积极承担和履行社会责任，保护环境、生产和提供高质量高性价比的优质商品与服务，维护员工的合法权益，以共同应对气候变化、缩小贫富差距、增进国际合作。因此，加强社会责任建设是中国式现代化新征程中实现我国经济高质量发展的内在需求，具有深远的意义。

2020 年是极不平凡的一年。这一年，是中国全面建成小康社会和"十三五"规划的收官之年，也是脱贫攻坚的决胜之年。在习近平新时代中国特色社会主义思想的指导下，中国企业各界坚决贯彻党的基本理论、基本路线、基本方略，增强"四个意识"，坚定"四个自信"，做到"两个维护"，紧扣全面建成小康社会目标任务，坚持稳中求进工作总基调，坚持新发展理念，坚持以供给侧结构性改革为主线，坚持以改革开放为动力，极大地推动了中国经济在高质量发展的轨道上行稳致远。这一年，新冠肺炎疫情席卷全球，在抗疫斗争中，越来越多的中国企业将履行社会责任作为第一要务，在物资生产供应、物流运输保障战线发挥了不可替代的作用。沧海横流，方显英雄本色。在这场疫情防控的人民战争中，各界企业家们敢于担当、勇于突破、善做善为，积极履行社会责任，踊跃捐款捐物，彰显了责任担当和家国情怀！在政府的有力领导下，中国企业全力以赴地开展复工复产，奋力实现"抗疫复产两不误"，"企业向善"的力量助力中国高效抗疫，彰显了中国担当！

2021 年，是"十四五"开局之年，是中国迈向全面建设社会主义现代化国家新征程的开局之年，站在"两个一百年"奋斗目标的历史交汇点上，面临更加复杂的国内外环境，我国明确提出要把创新、协调、绿色、开放、共享的新发展理念贯穿发展全过程和各领域，构建新发展格局，切实转变发展方式，推动质量变革、效率变革、动力变革，实现更高质量、更有效率、更加公平、更可持续、更为安全的发展。以"可持续发展"为例，"十四五"规划文件中 19 次提到"绿色"，33 处提到"生态"（生态文明、生态环境、生态环保、生态保护、生态功能、生态产品、生态修复、生态安全等），要求坚持"绿水青山就是金山银山"理念，坚持尊重自然、顺应自然、保护自然，坚持节约优先、保护优先、自然恢复为主，守住自然生态安全边界。深入实施可持续发展战略，完善生态文明领域统筹协调机制，构建生态文明体系，促进经济社会发展全面绿色转型，建设人与自然和谐共生的现代化。这就要求企业社会责任的建设需要从"愿尽责任"到"必尽责任"，以主动的姿态，尽快采取相关举措加速碳达峰碳中和，助力中国尽早实现 2030 年和 2060 年目标。

2022 年，中国共产党第二十次全国代表大会胜利召开。习近平总书记在党的二十大报告中强调，从现在起，中国共产党的中心任务就是团结带领全国各族人民全面建成社会主义现代化强国、实现第二个百年奋斗目标，以中国式现代化全面推进中华民族伟大复兴。中国式现代化是人口规模巨大的现代化，是全体人民共同富裕的现代化，是物质文明和精神文明相协调的现代化，是人与自然和谐共生的现代化，是走和平发展道路的现代化。中国式现代化的本质要求是：坚持中国共产党领导，坚持中国特色社会主义，实现高质量发展，发展全过程人民民主，丰富人民精神世界，实现全体人民共同富裕，促进人与自然和谐共生，推动构建人类命运共同体，创造人类文明新形态。企业是助力实现中国式现代化的重要力量，也是呈现中国式现代化的载体之一，中国式现代化的进程必然要求企业的价值创造从"资源消耗"转化为"和谐共生"，从"零和博弈"转化为"合作共赢"，从"物质追求"转化为基于物质文明和精神文明的"双元财富"，从"生产企业"转化为"社会企业"。

二、携手共命运：社会责任建设进入共建时代

处于百年未有之大变局，面临着错综复杂的国际环境，应对着中国消费升级带来的"责任消费"形成的第三方监督，肩负着"加快发展方式转型升级""助力中国高水平科技自立自强""积极稳妥推进碳达峰碳中和"等使命，当今企业社会责任的内涵与范畴早已超越了慈善捐助、就业支持和助力社区等传统经济行为，"独立"履行社会责任的成本更高、难度更大（Aupperle et al.，1985；Scharfstein and Stein，1990）。因此，随着外部经济发展环境复杂多变，生产生活方式在大数据、人工智能等新技术的催动下不断裂变和创新，社会责任建设绝不仅仅以"企业"为主体。

"责任消费"和"责任投资"正成为世界和中国社会责任体系建设的重要组成部分。"责任消费"是指消费者在挑选商品的时候，不再像以前那样仅以商品的性能和价格作为衡量的标准，而是逐步将产品和生产厂家的"社会性"，如产品是否环保、生产厂家是否担当社会责任等"负责任因素"，纳入决定购买的考量因素之中。这种新观念既表现为消费者开始日益重视企业生产对生存环境以及所在社区的友好性，也表现出对负社会责任公司的回报和对不负社会责任公司的惩罚。随着中国人均收入水平的不断提高，消费模式和理念正在从"生活必需品时代"向"大众消费"和"个性化消费"转变，消费者引领的价值创造使其成为社会责任建设中非常重要的一个环节。与传统消费方式相比，"责任消费"更为成熟和理性，消费者会主动选择购买"责任产品"，从需求端促使企业在生产和销售过程中更多关注企业运营所在社区、外部环境和员工福利等方面的影响，践行生产"责任产品"理念。"责任消费"的蔚然成风体现了消费者整体素质的提升和社会文明的进步，也为企业加强社会责任的履行注入了新的监督力量。

以"ESG"（environment，social and government，ESG）为主要代表的责任投资正逐渐发展成为主流投资趋势。截至目前，全球 ESG 基金

规模已经超越 1 万亿美元，这一趋势主要由全球可持续发展遇到的挑战、新一代投资者和国际大型资管机构（的需求）来驱动。从国际发展经验来看，ESG 是全球资产管理机构一致认可的投资理念，也是企业和机构国际交流合作的共同语言。当前，中国社会越来越看重环保、社会责任和公司治理。ESG 表现优异的企业能够巩固社会、股东、客户等利益相关者的凝聚力，增强企业的抗风险能力，彰显企业有社会责任感的形象，塑造良好的品牌美誉度和社会认同度，甚至能够显著降低融资成本，有利于企业长期可持续健康发展。当下，随着"大数据"革命的不断深入，越来越多的投资者对公司自愿信息披露的依赖程度逐渐降低，因为其他来源的 ESG 信息正在以远远超过公司自愿披露的速度加速扩展；自媒体的迅速发展加剧了企业"危机公关"的管理难度，对企业社会责任的建设提出了更高的要求、施加了更大的压力。在这样的时代背景下，越来越多的企业和组织已经意识到社会责任建设的重要性。但是随着专业化分工体系日趋深化以及多元化监督力量的迅速崛起，企业所处外部环境的"复杂性"和"共振性"日趋提高，企业仅仅关注自身社会责任建设已经远远不够，产业链上任一环节合作伙伴的"失误"，甚至是竞争对手的"声誉危机"，都会产生"多米诺骨牌效应"，使企业受到波及，从而遭受重大损失。企业只有通过基于共赢机制而形成的合作性社会责任共同体建设才能使企业利益共享、风险共担。

三、产业集群社会责任：社会责任建设"新主流"

（一）社会责任建设的"联盟化"发展趋势

在社会责任建设标准多元化、外部环境与挑战日趋复杂的当下，"联盟"成为企业和相关主体参与社会责任建设的有效组织载体。联盟的实质在于合作，"独行快，众行远"，所以社会责任联盟的组建较好地降低了每个建设主体的成本，通过风险共担提高了建设效果与收益。

成立联盟，有助于企业将分散的目标和行动汇聚起来，实现资源共享，形成市场竞争中积极向上的良性格局，从而达成更好的效果。此外，联盟会提高"品牌影响力"，"众人拾柴火焰高"，通过动员一切可以合作的力量，能够提高联盟和每位成员的美誉度，引导更多企业走上负责任运营之路。当前，社会责任联盟在中国的建设如火如荼，方兴未艾。

——"产业创新企业社会责任联盟"。该联盟由北京亿欧网盟科技有限公司发起，众多产业创新型企业参与，出台了《2018 中国企业社会责任行动指南》，从"合规""创新""社会民生""绿色发展"四大层面构建一个多维度的企业社会责任建设综合考察体系。

——"CSRCHINA 企业社会责任资源联盟"。成为中国最大的"能源型"企业社会责任（CSR）资源平台是该联盟持久发展的目标，以全面推动公众社会责任为发展根本，以火爆网公益为依托，致力于聚合各类型社会资源，联动联盟内部各类型企业、公益慈善机构、媒体等合作伙伴的优势性实力，战略性撮合联盟入盟者间的长久性合作。

——"中国医药企业社会责任联盟"。2016 年由阿里健康联合中国医药工业信息中心等 8 家单位成立，将"致力于提升医药企业社会责任水平，提高医药企业社会责任形象，将企业社会责任与中国企业的竞争力相结合"作为联盟的使命。

——"中国在非企业社会责任联盟"。习近平主席在 2018 年中非合作论坛北京峰会主旨讲话中鲜明地提出，"支持成立中国在非企业社会责任联盟"，该项倡议引发广泛共识，被纳入随后发布的《中非合作论坛——北京行动计划（2019—2021 年)》中。该联盟的建立有助于将中国企业海外社会责任建设纳入全局性工作考虑，从整体上推动中国企业实现"成为共建'一带一路'形象大使"的目标。

——"苏州工业园区企业社会责任联盟"（SIP - CSRA）。苏州工业园区学习借鉴国外先进经验，积极开展企业社会责任建设，逐步形成了以企业社会责任联盟为主阵地，以联盟企业为主体，以企业员工、社区居民、消费者为利益相关方的"社会责任生态圈"，形成了政府搭台、联盟推动、企业自觉的运行机制。目前共有 14 个部门成为联盟指导单位，有 7 个分联盟，成员单位由最初 50 家增加到 500 多家。

（二）产业集群社会责任建设在路上

产业集群是指在特定区域中，由具有竞争与合作关系，且在地理上集中，有交互关联性的企业、专业化供应商、服务供应商、金融机构、相关产业的厂商及其他相关机构等组成的群体，产业集群发展状况已经成为考察一个经济体或某个区域发展水平的重要指标。

在"十四五"规划中，国家明确提出要推进数字产业化和产业数字化，推动数字经济和实体经济深度融合，打造具有国际竞争力的数字产业集群。而聚焦各地区"十四五"规划发展目标可以发现，"产业集群"成为多地"十四五"规划和《政府工作报告》中的高频词之一，大力发展产业集群，深挖区域优势，加速产业结构的优化升级，有助于实现区域差异化和高质量发展。

——北京市"十四五"规划中 5 次提到产业集群，包括：加强市级文化产业园区规范化运营管理，建设国家级文化和科技融合示范基地，打造文化科技产业集群；进一步提升"一区"高精尖产业能级，深入推进北京经济技术开发区和顺义创新产业集群示范区建设，承接好三大科学城创新效应外溢，打造技术创新和成果转化示范区等。

——浙江省"十四五"规划中 6 次提到产业集群，包括：创建国家制造业创新中心等高能级平台，培育壮大数字产业，形成一批具有国际竞争力的数字产业集群；实施产业集群培育升级行动，打造数字安防、汽车及零部件、绿色化工、现代纺织服装等万亿级世界先进制造业集群，培育一批千亿级特色优势产业集群，打造一批百亿级"新星"产业群，改造提升一批既有产业集群等。

——辽宁省"十四五"规划中 2 次提到产业集群，包括：推进数字产业化和产业数字化，推动数字经济和实体经济深度融合，打造完整的大数据产业链，推进区块链技术发展应用，鼓励支持龙头企业建设跨行业、跨领域的工业互联网平台，扩大工业互联网标识解析应用规模，培育具有较强影响力的数字产业集群；深入实施农产品品牌提升行动，加快打造一批区域公用品牌和知名品牌。着力推进特色农业产业集群建设，提升农产品精深加工能力水平。

——广东省政府工作报告（2021年）中也多次提到"产业集群"，包括：完善广深战略合作机制，全方位推动科技创新、现代产业、基础设施、营商环境、公共服务等重点领域对接协作，协同布局一批重大科技基础设施，联合实施一批战略性新兴产业重大工程，联手打造世界级产业集群和综合交通枢纽，共同增强核心引擎功能等。

——河南省政府工作报告（2021年）中4次提到"产业集群"，包括：在2020年工作回顾及"十三五"主要成就方面提及的"大力发展优势特色产业集群"，以及在2035年远景目标及"十四五"时期经济社会发展主要目标任务方面提出的"形成10个千亿级新兴产业集群""重点培育10个千亿级产业集群""培育一批百亿级特色产业集群"。

由此可见，在开启中国式现代化的进程中，产业集群已经成为助力产业基础高级化、实现产业链现代化，助力中国现代化经济体系建设的有力载体。同时，产业集群这种网络化的中间组织形式，先天就具有社会责任共建的组织优势。从组织特征上看，产业集群内部往往会基于一条或几条供应链而形成基于"弹性专精"的本地化生产网络，企业之间在诸多领域形成了复杂而紧密的网络联系，如"外包""合作性创新""集群品牌共享"等。因此，集群内的每个企业和组织都会被吸纳到无形的产业网络中，很难游离于这种网络所产生的"场"之外，在这样的环境中，危机的传递和波及效应会被放大，因此产业集群内的企业更易形成"合作共赢"的社会责任建设意识，通过组建"社会责任共建联盟"来保障自身和集群都实现可持续发展的意愿更加强烈。但是，相较于企业社会责任而言，产业集群社会责任是一个涉及更多利益主体的更加复杂的系统工程，更加具有挑战性。

纺织业是中国"产业集群社会责任"建设的领头羊。早在2013年召开的中国纺织服装行业社会责任年会上，浙江省"海宁经编产业园区"等7家产业集群就联合从"产业集群"方面发布了"社会责任报告"，这7家产业集群的报告涵盖了4000亿元以上的纺织服装业产值，超过18000家纺织服装企业，以及约70万名纺织服装行业员工，大幅提高了行业可持续发展信息的覆盖面。2009年以来，近50家纺织服装企业发布了超过180份社会责任报告，这使得纺织服装行业成为我国发布社会责任报告份数最多的制造行业（国勇，2013）。2018年，广东中山发布了《广东中山大涌牛仔服装产业集群2018年社会责任报告》，报告指出，大涌镇牛仔服装产业集群正在积极践行"科技、时尚、绿色"新定位，打造以工艺环保、创新设计、营销供应链为核心的新型牛仔产业体系，以社会责任联盟为载体，以智能制造为基础，加快推进大涌服装产业健康和可持续发展。2020年9月2日，首份中国非织造布行业社会责任报告——《2016/2020中国非织造布行业社会责任报告》在上海正式向全社会发布，涵盖了8份产业集群社会责任报告和骨干企业的社会责任报告，报告中明确提出要加强与国家部委及相关国际组织的沟通合作，协调非织造布领域的贸易、环保和消费政策，推广先进节能降耗技术，开发和应用绿色可降解材料，推动重点领域的绿色供应链建设，为国家和行业创造更大价值，与产业链相关方分享发展成果。

　　目前，虽然各个省份的产业集群没有明确提出"产业集群社会责任建设规划"或是出台相关报告，但是都从产业集群层面在环境友好、产业安全和社区共荣等方面积极践行着社会责任。产业集群社会责任建设成为当下和未来中国高质量发展的重要课题，具有极大的理论与现实意义。

第二节　"产业集群社会责任"与"商帮文化"的同源性

　　中国人经商的历史较早，从原始部落"商"起源，发展到西周时的移民经商，再到明朝中后期的"开禁兴商"及清朝的"恤商政策"，中国商人一直活跃在经济发展的历史舞台上。因此，中国千年形成的商帮文化为企业社会责任的履行提供了"义利并举、诚实守信"的精神内核。此外，无论是商帮还是产业集群，都存在显著的"同群效应"，通过这个放大器促进企业协同合作，共建"社会责任联盟"来降低企业独立履行社会责任的成本也成为可能。从本质来看，二者具有同源性主要有两方面的原因：第一，虽然企业社会责任的概念由西方国家提出（Sheldon，1924；Carroll，1979），但是纵观中国商帮几千年的发展就会发现，其衍生、兴盛、衰亡乃至重振都伴随着"社会责任"与"同群效应"的有机统一。儒家文化中的"仁义礼智信"以及"温良恭俭让"使中国商帮普遍形成了"德为本，义为先、义致利"的商业思想，形成了"厚道经营，兼济天下"的经营理念，注重"贾德"和"贾道"（修宗峰和周泽将，2018）。此外，与西方企业社会责任的内涵相比，中国的商帮文化历经几千年没有断流，且伴随着朝代的更迭兴替和中华民族为独立复兴做出的抗争与努力，其文化体系中更是增加了浓重的"家国情怀"，在商帮文化的影响下，爱国商人们与国家命运同休戚、共荣辱，商帮文化的支撑力更加坚实，精神内核更加丰富。第二，以乡土亲缘为纽带形成的商帮文化具有显著的"近朱者赤、近墨者黑"的"同群效应"，深刻地影响着产业集群内的成员思维和行为方式，助力商帮团体成为一致行动者来参与经济活动，达成商帮内的价值认同、资源共享与价值共创（章平和许哲玮，2022）。

一、发展存续的同源性

"产业的可持续发展"是"产业集群社会责任"和"商帮文化"存续与发展的根基。

从本质上讲，产业集群是特定产业在区域内的地理性集聚，产业的健康可持续发展是产业集群得以存在的必要保证，同样，当产业消亡之时，产业集群也就不复存在了，遑论产业集群社会责任的建设。

比如很多"资源型产业集群"或者政府"自上而下"植入型的产业会随着资源的枯竭以及缺少内植性的协同合作，而陷入发展瓶颈，面临转型。如果转型成功，产业集群得以升级并获得持续发展；转型失败，产业集群也快速萎缩消亡。产业集群的存续与产业发展的生命周期同脉连宗。

"商帮"是以乡土、地域等为纽带形成的从事某一种或某几种产品或服务的商业集团。依托本地的资源优势和传统工商业传统，不同的商帮在不同的产业领域内创造着各自的商业传奇。商帮的崛起、兴盛、式微与衰落也是与其主导产业的发展壮大与衰退相伴而生的。曾经在近一个世纪内创造"多财善贾"商业奇迹的晋商，兴起于票号，日升昌、广泰兴、日新中等知名票号真正实现了"汇通天下"，但是进入20世纪后，随着外资银行的冲击，晋商的票号业务受到严重冲击，借款无门。今天，在明清时期兴起的十大商帮中有的已经由盛转衰，走向衰落；有的却扬帆起航，再续辉煌，究其本质来看，皆是由商帮是否在产业结构转化升级时能够及时化危机为转机，实现产业升级和资本升级来决定。所以，产业是商帮和产业集群的立基之本。

二、建设载体的同源性

产业集群社会责任的建设载体是"产业集群"，其本质是地理性集聚的"区域生产网络"；"商帮文化"的建设载体是"商帮"，是以乡土亲缘为纽带、拥有会馆办事机构和标志性建筑的商业集团。"地理临近性"（geographic proximity）是产业集群和商帮建设载体同源性最显著的特征。

产业集群是一群在地理上临近的企业和机构（可以称为"行动主体"），它们具有产业联系而且相互影响，通过行动主体的联系和互动，在区域中产生外部经济，从而降低成本，并在相互信任的基础上合作，在知识溢出的学习氛围中促进技术创新。从本质来看，基于区域内部企业之间的联系所形成的"本地化网络"是集群快速发展的重要原因。

诸如美国硅谷、中国武汉光谷、德国斯图加特汽车产业集群、日本丰田城、法国图卢兹航空谷等地方性产业集群构成了"经济地图"上不同的色块，因此，产业集群也被称为"经济马赛克"，是提升区域核心竞争力的重要载体与抓手。

商帮是由亲缘组织扩展开来、以地缘关系为基础的地缘组织，由于籍贯相同而具有相同的口音、生活习惯，思维范式和价值取向，从而依靠同乡间特有的亲近感而形成的"群体组织"。自古中国就把"他乡遇故知"视为人生四大乐事之一，俗语说"亲不亲，家乡人"，这都表明中国人传统的乡土观念是极为浓厚的，商帮就是建立在地缘基础上的商人组织。按地域划分，商帮有所谓的本帮和客帮之分；按行业划分，又有"坐商"和"行商"之分。究其组织本质特征，商帮也属于"区域性生产网络"。

当下，产业集群仍然是延续商帮传奇、创造不竭财富、实现区域高质量发展的有效组织载体和重要抓手。仅以全国人数最多、实力最强、分布最广和影响最大的投资者经营群体——"浙商"为例，历史上就先后出现过"湖州商帮、龙游商帮、宁波商帮、台州商帮、温州商帮和义乌商帮"。湖州商帮简称湖商，在清末迅速崛起，形成了以"四象、八牛、三十二条金狗"为代表的中国近代最大的丝商团体。宁波商帮是中国近代最大的商帮，为近现代中国民族工商业的崛起与发展做出了重要的贡献，如第一家具有近代意义的中资银行、第一家中资轮船航运公司、第一家中资机器厂等，都是宁波商人创办的。龙游商帮主要指历史上今浙江境内金丽衢地区商人的集合，它以原衢州府龙游县为中心，主要经营书业，纸业，珠宝业等。台州商帮是新中国股份合作制的发源地，由于雄厚的实业基础和台州人重实业轻贸易的经商理念，台州以缝纫机、摩托车、电动车和零部件等工业品闻名全世界。温州商人和义乌商人以精明、吃苦耐劳、敢闯敢干、得风气之先著名，皆以制造、经营小商品闻名于世，其小商品行销全球。义乌小商品市场是世界最大的小商品集散地、交易中心。而今天这些商帮的发展势头依然强劲，并已形成了独具特色、经济实力强大的区域产业集群：湖州市长兴纺织产业集群、湖州市织里童装产业集群、宁波市宁海文具产业集群、宁波市塑机产业集群、衢州市氟硅产业集群以及台州市民营造船产业集群等。

三、"义利观"的同源性

义利观是一种经济伦理思想。义者，"事之所宜也"，是某种特定的伦理规范和道德原则，是儒家学派心中至高无上的道义；利者，"人之用曰利"，后世多指物质利益。如何看待二者的关系，便形成义利观。孔子在《论语·里仁》中曾经说过："君子喻于义，小人喻于利。"孟子也在《孟子·告子》中提及，"不义之利不苟得"。大义面前连死都不怕，更不会贪利避祸。在当代社会中，义利观常表现为商业中的重义轻利和重利轻义现象。良好的义利观通常以"重义轻利"为基础，为群众创造价值，汲取较少的物质财富；而歪曲的义利观具体表现为拜金主义，甚至忽视道德、践踏诚信等。

（一）商帮文化的"义利观"

从古至今，从国外到国内，虽然商帮所处的地域不同，发展历史阶段不同，但是以良好义利观为代表的商帮文化一直是中外商业持续发展的精神动力。最早提出"商帮"概念的日本商人早在数百年前就提出了"大阪商道18诫""京都商道33诫""近江商道18诫""名古屋商道22诫""银座商道18诫"等商业经营的理念精髓。

被称为"犹太智慧羊皮卷"的《塔木德》第七章"社会生活"中就出现了"市场道德"的阐述；在第八章"财务价值观中"，更是对"商业与财富的道德原则""从心灵到钱包的距离""金钱只是一个过程的副产品""捍卫商业的尊严与道德"进行了浓墨重彩的渲染。

● 你不许在口袋里藏有大小不一的砝码，也不许在你的房间里藏有大小不一的尺子。

- 一个批发商每 30 天必须清理一次他的量具，而小生产者可以 12 个月清理一次。
- 学者塞缪尔在食物价低时囤积了很多的食物，等到涨价的时候，他以很便宜的价格把他的食物卖给穷人。
- 阿巴是一位施行放血术的医生，他允许他的病人按自己付得起的经济能力来支付他的医疗费用。
- 一位拉比①平日靠卖柴为生，每天都要把所砍的柴从山里背到镇上去卖，为了节省时间，他决定买一头驴。他从一位阿拉伯人那里买了一头驴，牵驴洗澡时发现驴脖子上挂着一颗光彩夺目的钻石，在别人欢呼雀跃的时候，拉比却找到卖驴的人把钻石归还给他，并说："我买的只是驴子，而没有买钻石，所以钻石必须还给你。"

——《塔木德》

"诚信"是中华民族的传统美德，中国商帮也同样重视商业的义利观，在长期的商业活动中形成了"以诚待人、以信取人""重承诺、守信义"的商业道德准则，其核心价值观是诚信契约精神，其基本准则主要体现为"以义制利"。

人宁贸诈，吾宁贸信，终不以五尺童子而饰价为欺。

——《古歙岩镇东礀头吴氏族谱·南坡公行状》

（二）产业集群社会责任的义利观

产业集群社会责任（industrial cluster social responsibility，ICSR）的定义是，产业集群内的企业及相关组织对其活动给其他共生主体和环境带来的影响承担责任的行为实践集合，这些行为要符合集群成员共同达成的"微观社会契约"，包括遵守集群伦理道德，保障集群整体利益，并推动产业集群的可持续发展。产业集群社会责任概念的提出是基于三个经典理论："社会契约理论""利益相关者理论""共生理论"，这些

———————————

① 拉比是犹太人用作尊称的词，即先生或老师的意思。

理论都镌刻着"义利观"的思想痕迹，而以"信任"为核心要素的社会资本在产业集群社会责任的建设中起到了关键作用（张丹宁和唐晓华，2012）。

1. 社会契约理论

英国思想家霍布斯（Hobbes，1651）在其著作《利维坦》中首次提出了社会契约理论并做出了阐述，他认为人在自然状态下的平等是社会契约产生的前提条件，大自然赋予人的精神和身体的力量是基本平等的。唐纳森和邓菲（Donaldson and Dunphy，1991）发展了社会契约理论，他们认为在一个社会固定的假设和期望下，企业自成立起就与社会形成了一种契约，以规范双方的权利和义务。同时他们还提出一种综合的社会契约论，把宏观和微观的社会契约形式结合在一起，其中：宏观的契约是指在理性人之间所形成的广泛假设的协议；而微观的或现存的契约，反映的是存在于经济共同体内的一种实际契约，指在行业、公司、同业协会等组织内部或相互之间存在的非假设的、现实的协议。综合的社会契约论坚持了行业、公司和同业协会等经济共同体和宏观的道德规范的结合，确保了二者的联系和一致性。

我国学者在对企业社会责任概念进行界定的同时，也相应地对企业社会责任的相关理论进行了研究，主要集中于"社会契约与企业社会责任""企业竞争力与企业社会责任""利益相关者与企业社会责任"和"可持续发展与企业社会责任"之间的关系。陈宏辉和贾生华（2003）认为，企业是社会的一员，其具有人格化的性质，承担相应的社会责任是企业应该做的。而实际上，现代企业理论已经把企业理解成是一种由不同群体所组成的显性契约和隐性契约结合而成的一种法律实体。在这样的法律实体中，这种契约不仅有企业经营者和员工之间的契约、债务人与债权人之间的契约、企业与消费者之间的契约，还有企业与政府之间的契约等。刘长喜（2005）认为：企业和社会应该是一个和谐的统一体，社会契约是在任何一个时点上，表现出企业和社会之间的一个约定，用来反映企业和社会的各种关系。崔丽（2013）认为，社会契约具有动态性，处于不断变化的过程中，企业与社会之间的关系契约理论能够合理解释企业承担社会责任的正当性，进而推动企业更好地承担社会责任。

综上所述，产业集群社会责任的伦理基础就是集群内部成员之间订立的"微观社会契约"。由于"地理临近性"以及"社会文化制度的嵌入性"，产业集群这种组织形式先天就具有"契约精巧化设计"的特征。集群中的成员企业之间很多关系就是依靠精巧的契约安排来维系的，契约的制定、修改贯穿于整个执行过程，表现为交易主体之间在生产过程中的深入交流、频繁互动过程中诚意的累积以及对交易成功信心的不断建立等。在此种契约系统中，产业集群成员更易形成共同的价值观，建立具有根植性特征的伦理行为规范，并依托契约机制将其运行下去。

2. 利益相关者理论

利益相关者理论是近年来学术界研究十分活跃的领域，该理论的提出使企业不再以股东利益最大化作为其经营的唯一目标，同时需要考虑到与企业相关联的其他群体的利益，即"其他利益相关者"，主要包括员工、消费者、供应商、债权人、环境和社区等。

利益相关者的概念是在 1963 年由斯坦福研究所首次提出的，随后大量学者对其进行了研究，其中以弗里曼和克拉克森的表述最具有代表性。弗里曼（Freeman，1984）在其《战略管理：一个利益相关者方法》一书中，将利益相关者定义为："那些能够影响企业目标实现，或者对企业实现目标的过程产生影响的任何个体和群体。"弗里曼拓展了利益相关者的范围，他从所有权、经济依赖性和社会利益三个不同的角度对利益相关者进行了分类，认为利益相关者应该包括股东、员工、债权人、顾客、供应商、政府、社区、环境和媒体等。但是弗里曼对利益相关者的界定过于宽泛和笼统。随后，克拉克森（Clarkson，1994）又进行了细分，根据相关群体和公司联系的紧密性，将利益相关者划分为"首要利益相关者"（primary stakeholder）和"次级利益相关者"（secondary stakeholder）：前者包括股东、员工、消费者、供应商、政府、社区等直接影响企业运行的群体；后者指间接影响企业运行的组织，如媒体和社会团体等。总的来说，利益相关者是对"股东至上"主义的评判和修正，强调企业的发展要兼顾各方的利益，不能以实现股东利益最大化为唯一目标。

我国学者万建华（1998）和李心合（2001）分别从利益相关者的两个维度，即合作性和威胁性角度，把利益相关者分成了四类：一是支持型的利益相关者；二是不支持型的利益相关者；三是边缘型的利益相关者；四是混合型的利益相关者。杨瑞龙和周叶安（2000）认为，利益相关者具有两方面的特征：一是企业的最高权力不仅要有股东的参与，还要有利益相关者的代表；二是企业不应该把"利益最大化"作为唯一的目标，还应该承担社会责任。陈宏辉和贾生华（2004）认为，利益相关者是指在企业的经营活动中进行了一定风险投资的群体或个体，同时他们的投资活动会影响企业目标的实现，或者受到企业实现目标的影响，表明了利益相关者和企业在利益或者风险上的联系性。汪建新（2009）认为，利益相关者明确了企业社会责任的范围和对象，促进了企业社会责任实践的发展，并且为企业社会责任指标体系的构建指明了方向，同时企业社会责任也给利益相关者理论提供了实证分析的依据。

从利益依存度的视角出发，产业集群是"多利益相关主体"在某一地理区域内的集聚，这些利益相关主体包括具有竞合关系的企业、大学和科研院所、政府、行业协会、金融机构以及集群所在区域的社区等。因而，同企业社会责任层面的利益相关者系统相比较，产业集群社会责任所涉及的利益相关者的数量更多，关系也更复杂。

3. 共生理论

共生不仅是一种生物现象，也是一种社会现象；共生不仅是一种自然状态，也是一种可塑形态；共生不仅是一种生物识别机制，也是一种社会科学方法。因此，在一个大的社会环境中，多个利益主体同时存在，为了自身的需求，需要在一个共同的游戏规则下保持动态的竞争与合作，最终达到共同发展。产业集群是"产业网络"组织形态的一种，它的网络节点不仅包括企业，在更广泛的范围内还包括政府、教育和科研机构、中介组织以及金融机构等。从共生模式来看，产业集群内存在以偶然性的市场交易为特征的"点共生"模式、以不连续的间歇性市场交易为特征的"间歇共生"模式、以连续性的合作活动为特征的"连续共生"模式以及以一体化进程为特征的"一体化共生"模式。在不同的模式中，"市场机制""中间性机制""科层制"等内生和外生媒介都发挥着重要作用，使产业集群内的共生个体之间形成了错综复杂的产业共生网络。此外，从企业对共生环境做出回应的角度来看，社会环境也会迫使企业学会如何对许多迫在眉睫的社会需求做出回应。一个实施社会回应的企业应采取三个典型而必须的行动：第一，检测和评估环境状况，即环境评估；第二，关注利益相关方的需求，即利益相关方管理；第三，制定计划和政策来回应不断变化的环境和利益相关方的状况（Ackerman，1975）。

对于产业集群内的企业而言，如何更负责任地回应集群环境所带来的压力是企业生存的首要考虑。由于集群环境具有"根植性""整合性""独特性"的特征，所以会形成浓厚的产业集群特有的区域氛围，这种氛围与当地的文化习俗融合在一起，并在区域内不断强化。因此，企业要想在集群内生存，就必须融入集群特有的氛围中，对集群共生环境所产生的压力予以积极回应，以免"被孤立"。所以，集群内的企业要能够适时地判断和评估集群环境的变化，在制定决策时不仅要从自身出发，同时还要兼顾集群内诸多其他共生成员的利益，以回应不断变化的共生环境和利益相关方的诉求。

以"诚信"为内核的义利观作为社会生活的重要基础之一，也是推动产业集群社会责任和商帮文化得以形成与发展的同源性的社会资本。《论语》中就有"敬事而信""民无信而不立"的论述。弗朗西斯·福山认为，信任是在正式的、诚实和合作行为的共同体内，基于"共享规范"的期望。产业集群社会责任就是典型的"具有区域根植性特征的伦理行为规范"；而商帮文化更是以血缘、亲缘和地缘为依托的具有共同文化信仰和伦理行为的地域性社群，所以具有以诚信为代表的社会资本的同源性。

第三节　从"商帮文化"视角研究产业
集群社会责任的现代意义

一、商帮文化：中国民营经济发展的基因与底色

经过 40 多年的改革开放，中国经济社会发展取得了举世瞩目的伟大成就，宏观上从计划经济迈向市场经济，微观上民营经济从无到有、从小到大、从"0"到"56789"①，涌现出华为、腾讯、阿里等一批世界级优秀企业，成为中华民族伟大复兴的中流砥柱。截至 2020 年，我国民营企业数量超过 5000 万家，个体工商户超过 1.22 亿家，贡献了 50% 以上的税收、60% 以上的 GDP、70% 以上的技术创新成果、80% 以上的城镇劳动就业、90% 以上的企业数量，在稳定增长、促进创新、增加就业、改善民生等方面发挥了重要作用，成为推动经济社会发展的重要力量。溯源和剖析中国民营经济的发展历程可以发现，民营经济呈现了典型的"区域性集聚"特征，这与很多社会文化因素有着密切关系，当地的社会网络、官员的观念、社会风气的开放程度，特别是企业家的创新精神，都对民营经济的崛起与腾飞起到了关键的推动作用，而这些因素很多都承袭于当地的商帮。

以闽商分支——莆田商帮为例，从 1978 年作为开始年的统计资料显示，如今世界各地共有 200 多万莆商，其中海外莆籍商人 150 多万，

---

① 2018 年 11 月 1 日，习近平总书记主持召开了民营企业座谈会，随着其讲话的发表，民营经济的"56789"再次进入公众视野。1980 年，浙江温州发出第一张正式个体工商户营业执照，我国"个私经济"结束了"0"的时代。2017 年，民营经济贡献了 50% 以上的税收、60% 以上的国内生产总值、70% 以上的技术创新成果、80% 以上的城镇劳动就业和 90% 以上的企业数量，"56789"成为民营经济的新代码。从"0"到"56789"，是对我国 40 多年经济发展的一个生动刻画。

足迹遍及 85 个国家和地区；国内各大中城市有 100 多万莆商活跃在各个经济领域，年创产值约 2.5 万亿元。莆商多数从事民营加油站、黄金珠宝、木材交易及木材加工、建筑建材、医疗诊所、理发等传统优势行业，为莆田人赢得了"中国犹太人""东方犹太人""民间美发师"等美誉。仅从木材交易及木材加工一个产业来看，北京木材市场几乎为莆商所垄断，而现在全国各主要木材集散地或口岸掌控局面的也是莆商。莆商做木材是全国闻名的，20 世纪 80 年代初，莆商挑着木蒸笼闯荡东北做起木材生意，从单干发展到合伙经营，足迹遍布北京、上海、济南、南京、武汉、昆明……把木材生意做到了全国，"莆田帮"也在全国木材行业声名鹊起。按莆田当地的统计，常年在外做木材生意的人近20 万，经营着 8 万多家企业。北京的莆商组织做过估算，目前，莆田人已经控制了国内 90% 的木材贸易。而在中国广袤的大地上，像"莆商"这样的商帮还有很多。

2020 年 5 月 23 日，习近平总书记在看望参加政协会议的经济界委员并参加联组会时这样说道："民营企业是在中国这片希望的田野上发展起来的。民营企业一开始确实是一片荒芜，但从夹缝中成长起来了。这也恰恰是中国特色社会主义筚路蓝缕开出的一条路。今天，民营企业发展到如此之规模、对中国特色社会主义做出如此之贡献，那是非常了不起的。"2022 年中国民营经济 500 强发布，浙商、苏商和粤商三大新商帮所在省份的 500 强企业数量排名前列，三足鼎立！浙江 500 强民营企业入围数量高达 107 家，毫无悬念地排名榜首；长三角地区的另一经济强省江苏也有 92 家企业入围，排名第二；广东省入围 51 家，排名第三，如表 0 - 1 所示。

表 0 - 1　　　　　2022 年中国民营企业 500 强地区分布

省份	入围企业家数	总营收（亿元）	资产总额（亿元）
浙江	107	78763	72225
江苏	92	60496	38802

省份	入围企业家数	总营收（亿元）	资产总额（亿元）
广东	51	65129	111555
山东	50	30258	19786
河北	30	21814	16406
北京	23	35981	44146
湖北	19	9175	9059
上海	18	14726	25426
福建	15	8400	10033
河南	14	7546	9415
重庆	11	8330	17729
四川	9	6976	7160
山西	8	3574	3421
天津	7	3517	3118
安徽	7	2500	1970
湖南	7	5034	5450
内蒙古	5	3011	3876
江西	5	2428	1896
陕西	5	4460	2398
广西	4	1803	1048
新疆（含兵团）	3	3028	4500
辽宁	3	2572	2472
吉林	3	1195	920
宁夏	2	1007	2612
黑龙江	1	1055	765
贵州	1	390	214

资料来源：全国工商联发布 2022 年中国民营企业 500 强榜单。

为了进一步增强"国家新型工业化产业示范基地"在我国制造业

集聚发展和"制造强国"建设中的支撑力量,工信部对各产业集群的总体水平、产业实力、质量效益、创新驱动、绿色集约安全、融合发展、发展环境等方面进行了高质量评价,2022年评选出45个国家级先进制造业集群。其中,京津冀、长三角、珠三角、成渝4个重点区域集群数量达30个,占2/3。江苏共有10个集群入围,数量全国第一,广东位列第二,共有7个集群入围;并列排在第三位的是浙江省和湖南省,均拥有4个先进制造业集群,如图0-1所示。

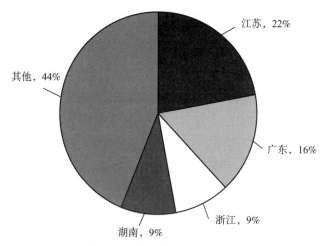

图0-1 先进制造业集群分布

党的二十大报告强调了民营经济的重要性以及促进民营经济发展壮大的决心。报告指出,高质量发展是全面建设社会主义现代化国家的首要任务,而首要的措施就是构建高水平社会主义市场经济体制。坚持和完善社会主义基本经济制度,毫不动摇巩固和发展公有制经济,毫不动摇鼓励、支持、引导非公有制经济发展,充分发挥市场在资源配置中的决定性作用。同时,优化民营企业发展环境,依法保护民营企业产权和企业家权益,促进民营经济发展壮大;完善中国特色现代企业制度,弘扬企业家精神,加快建设世界一流企业。党的二十大报告还强调了建设现代化产业体系、全面推进乡村振兴、促进区域协调发展和推进高水平对外开放。这些都离不开以中小企业为主体的民营经济。推动民营经济的健康发展就要引导民营经济人士树立家国情怀，以产业报国、实业强国为己任，弘扬企业家精神和工匠精神，做爱国敬业、守法经营、创业创新、回报社会的典范。因此，中国的民营经济还要在传统商帮文化中深挖诚信、创新的宝贵基因，在危机中育新机、变局中开新局。要在不同时期破解不同的难题，要不断去探索，不断去奋斗，不断去克服困难，走上新的发展道路。

二、商帮文化：中国"双创"战略的精神宝库

科技是第一生产力，创新是一个民族的灵魂。2014 年 9 月，李克强总理在夏季达沃斯论坛提出：要在中国 960 万平方公里土地上掀起"大众创业""草根创业"的新浪潮，形成"万众创新""人人创新"的新势态。此后，"大众创业、万众创新"战略在中国推广开来。推进"双创"就是形成中国经济发展的动力之源，也是富民之道、公平之计、强国之策，对于推动经济结构调整、打造发展新引擎、增强发展新动力、走创新驱动发展道路具有重要意义，是稳增长、扩就业、激发亿万群众智慧和创造力，促进社会纵向流动、公平正义的重大举措。2018年，在"双创"取得累累硕果的基础上，国家出台了《国务院关于推动创新创业高质量发展打造"双创"升级版的意见》，进一步明确指出，要想成功实施"双创"战略，就需要通过供给侧结构性改革、体制机制创新，消除不利于创业创新发展的各种制度束缚和桎梏，支持各类市场主体不断开办新企业、开发新产品、开拓新市场，培育新兴产业，形成小企业"铺天盖地"、大企业"顶天立地"的发展格局，实现创新驱动发展，打造新引擎、形成新动力。党的二十大报告也高度强调：必须坚持科技是第一生产力、人才是第一资源、创新是第一动力。

当前，国家加快布局发展新动能，各地区政府也密集出台各种专项政策助推区域经济发展的新旧动能转换，重点围绕人工智能、生物医药、智能制造、数字经济等领域，超前布局未来前沿产业，培育一批新

的百亿级、千亿级甚至万亿级产业。据国家统计局公布，经核算，2022年我国以"新产业、新业态、新商业模式"为代表的"三新"经济增加值为 210084 亿元，比上年增长 6.5%，比同期 GDP 现价增速高 1.2个百分点；占 GDP 17.36%，比上年提高 0.11 个百分点。"三新"经济正成为中国经济发展的重要组成部分，对中国经济回升向好的态势具有非常重要的支撑作用。作为蓬勃的新生力量，"三新"经济为中国经济注入了了新的活力。以瞪羚企业①、独角兽企业②为代表的高成长性企业群体是新经济发展的鲜活产物，从 2023 年中国各省份瞪羚企业的分布来看（如图 0-2 所示），被誉为"隐形冠军"的瞪羚企业的区域分布并不均衡，江苏、广东和山东等省份遥遥领先，这些省份也是商帮文化积淀深厚的区域。

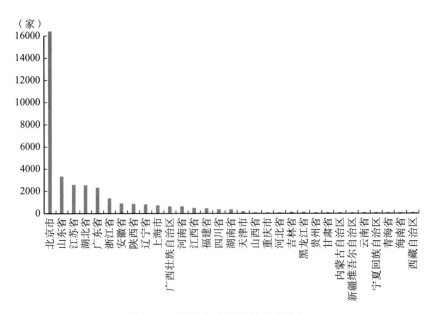

图 0-2　2023 年中国瞪羚企业分布

---

① 瞪羚企业指创业后跨过死亡之谷以科技创新或商业模式创新为支撑进入高成长期的中小企业。

② 独角兽企业一般指成立不超过 10 年，估值超过 10 亿美元的未上市创业公司。

商帮文化自古就是中国创业文化的重要组成部分。中国的早期企业家们为了生存和发展，秉承"永远创业、造福社会、共享成果"的创业价值观，背井离乡，创业于五湖四海。敢为天下先、勇于闯天下、充满创新创业活力的浙商；历史渊源深远、商业氛围浓厚、引导潮流的粤商；善观时变、顺势而为、敢冒风险、爱拼会赢、合群团结、豪爽义气、恋祖爱乡、回馈桑梓的闽商；精耕齐鲁、布道天下、诚信为本的鲁商，这些商业群体也必将在中国重视"首创精神"的商业文化中赓续辉煌，创造一个又一个商业奇迹。

三、商帮文化：中国经济实现高质量发展的升级密码

高质量发展是"十四五"乃至更长时期我国经济社会发展的主题，关系我国社会主义现代化建设全局。

"坚持以特色化产业集群引领高质量发展"是中国各地区普遍采取的发展战略之一。世界产业发展实践表明，产业集群是产业现代化发展的主要形态。当前，新一轮科技革命和产业革命蓬勃兴起，新产业、新业态和新模式不断涌现，集群化产业布局、网络化协同创新、群体性技术突破成为产业发展的大趋势。但是，与世界级产业集群相比，我国产业集群存在着产业发展和资源环境矛盾加剧、自主创新能力偏低、在全球价值链中依附式发展、产业链联系不够紧密、低成本竞争优势逐渐减弱、产业安全和自主可控亟待提升等问题。因此，以绿色发展理念为引领，克服和摆脱价值链低端锁定状态，推进产业集群可持续发展和转型升级，打造世界级产业集群，是推动中国经济高质量发展的重要任务。因而，产业集群社会责任建设在产业集群的转型升级过程中不可或缺，而中国博大精深的商帮文化更是为产业集群转型升级提供了丰富的"文化给养"。

商帮的转型升级为产业集群的转型升级提供了可供借鉴的宝贵经验。在中国明清两代出现的十大商帮中，有的商帮逐渐走向没落，而有的商帮在20世纪80年代重新焕发生机，蜕变为新商帮，赓续着商业的

传奇。当前，随着区域经济的新一轮发展，中国"新五大商帮"迅速崛起并不断发展壮大：在东海边，宁波、台州、温州、杭州的企业形成了浙江商帮；威海、烟台、青岛、济南等地的企业形成了山东商帮；在江苏南部，以苏州、无锡和常州为基地的企业形成了苏南商帮；与我国台湾地区隔海相望，在泉州、漳州和厦门的企业形成了闽南商帮；毗邻港澳的广州、惠州、东莞、顺德和深圳等地的企业形成了珠三角商帮。为什么有的商帮能够在商海沉浮中焕发生机，持续发展，而有的商帮却走向沉寂，退出商业舞台？是哪些因素影响了商帮的可持续发展？这些问题的答案对于产业集群社会责任的建设和产业集群可持续发展都具有重要的借鉴意义和指导价值。

此外，"人才"，特别是具有创新精神的"企业家群体"，是中国经济高质量建设的重要基石。市场主体是经济活动的主要参与者、就业机会的主要提供者、技术进步的主要推动者，更是高质量发展的稳定器、助推剂、火车头。市场的活力来自企业，企业的发展离不开企业家，离不开企业家精神激励，弘扬企业家精神，激励企业家干事创业，是中国实现经济高质量发展，追求质量变革、效率变革、动力变革的重要保障。而企业家集群是企业家的孵化器，是创新创业精神迸发的苗圃。

现有研究表明，以产业集群为基础发展起来的企业家集群已经得到学界和业界的普遍关注与高度重视，特别是以产业集群著称的浙江企业家集群因其数量大、成就突出，更是成为研究的焦点，代表人物有李书福、宗庆后和马云等。由此人们不禁开始思考：为什么是浙江而不是其他区域产生了规模如此庞大的企业家集群？基于社会资本形成的"浙商文化"为其提供了答案。浙江产业集群密集，也已具备打造绿色石化、节能与新能源汽车、数字安防、现代纺织四大世界级产业集群的基础，随着产业集群的飞速发展，企业数量不断增加，企业家群体也不断扩大，形成了企业家集群与产业集群协同发展的良好机制。而引致产业集群飞速发展的社会网络和社会资本更是为企业家集群开展经济活动提供了极大的便利。借助亲缘、地缘和血缘形成的商帮文化，企业家得到了创业所需的资金、人力资源、技术和管理经验；亲缘和血缘关系中积淀的中国传统家族制度和伦理道德资本，降低了企业管理的难度，其产生的凝聚力又能使家族成员不辞辛苦、不计报酬地勤奋工作，降低了企业经营的风险。前期企业家的成功对其他人起到了示范作用，商帮文化的外溢促使他们为其他人创业提供各种支持，后者在较低风险、较明确的发展路径以及较高的预期收益的激励下，成为创新企业家的模仿者和追随者，企业家群体不断扩大，彼此之间的合作不断深化，企业家集群便逐渐形成和发展起来。

第一章

文 献 综 述

第一节　商帮的相关研究

一、商帮的定义

目前，学者从不同视角对商帮的内涵进行了界定，比较具有权威性和影响力的定义如表 1 – 1 所示。

表 1 – 1　　　　　　　　　　　　商帮的定义

序号	定义	来源
1	客商之携货远行者，咸以同乡或同业之关系，结成团体，俗称"客帮"	徐珂《清俾类钞》
2	同乡的商人相结合而成的团体，各冠以乡里志明，比如四川帮、云贵帮、陕西帮等	《近代中国省市资料集成》（8）
3	商帮是商人以地缘为中心，以血缘、乡情、乡谊为纽带而形成的松散而又紧密的群体，他们的地缘范围大至数省，小则几个乡	曹天生《旧中国十大商帮》

续表

序号	定义	来源
4	某一地方的商人通过与行会、会馆而结成"帮",这就是商帮	梁小民《商帮与行会》
5	以地域为中心,以血缘、乡谊为纽带,以"相亲相助"为宗旨,以会馆、会所为其在异乡的联络、计议之所的一种既紧密而又松散的自发形成的商人群体	张海鹏和张海瀛《中国十大商帮》

二、商帮的发展历史、兴衰与演化动力机制

商帮是历史与文化不断演化和变迁的产物,所以,对商帮发展的历史及动力机制研究是该领域研究的主流方向之一。

李禄(2007)用新制度经济学的交易费用、产权、制度变迁等基本理论来揭示以晋商和徽商为代表的中国古代商帮的兴起、发展和衰落的原因和规律,还以当代中国温州模式的制度变迁为例,试图阐释现代商帮的发展规律和未来发展趋势,他认为一个适合的正式制度是商帮崛起与繁荣的基础和共同原因,结合当代中国的经济发展模式,凸显了体制改革的重要性和保持制度与时俱进的必要性,在同一个正式制度下,一个商帮或现在的企业集团脱颖而出或者持续繁荣的一个重要因素是非正式制度和内部制度。王俞现(2011)追溯了中国商帮600年变迁,认为一个商帮的没落,另一个商帮的兴起,正是财富从一个商帮转移到了另一个商帮,讲述了一段历史时期内商帮兴起和替代的原因,该研究认为,从中国商帮发展历史来看,成功的商人不仅需要艰苦奋斗的拓展精神,更需要与时局共舞的智慧以及对自身社会责任的定位,发现祖先行商之智慧,追踪成功商人的足迹,才能把握财富轮动之秘密。陈翊(2010)研究了宁波和温州两地商帮发展的过程,比较了它们在文化上具有的共性,以及起点、发展过程和产业方向上的差异:宁波商帮依托集体经济,起点较高,重视实业,对外经济活动活跃;温州商帮依托专业市场,偏重流通环节,对外经济活动被动。该研究认为,宁波商帮的

一些成功经验值得温州商帮借鉴。汪雷（2001）从徽商的商帮结构、文化底蕴、经营方式三方面入手，探析徽商集团拓展壮大的原因，认为"贾儒相通"观念的确立是徽州人现实地走向商旅之途的关键环节，明清社会商品经济的发育及其产生的需求"拉力"为徽商打开了发展空间，而徽州和徽商所具有的深厚文化底蕴，是徽州商帮迅速扩张壮大的根本原因。孟星宇（2018）认为陕西商人在封建思想的束缚下，固守传统，不愿革新，甚至当面对先进的工业文明的时候，惰于学习和研究，反而选择了最无力的方式——麻木和漠视，造成了陕西商帮近代的衰落。

三、商帮比较及新旧商帮的更迭

中国的商帮主要是起源于明清时期。这主要是由于明代中后期，一统山河，水路通畅，中国的交通条件得到大幅度的改善，为大规模的商品流通提供了便利条件，同时商品生产尤其是棉布和丝绸的生产已经初具规模，在国内甚至海外市场都具有了显著的竞争力，上述条件有力地推动了各地商帮的兴起。所以对于不同时期的商帮，特别是明清时期"商帮案例的分析及比较"是该领域又一个研究重点。

申秀英等（2006）从传统聚落的视角出发，对不同环境与文化背景下的南方传统聚落进行分类研究，划分出识别性较强的 8 个聚落景观区，为商帮研究提供了文化地理的基础、背景与视角。事实上，徽商、晋商、浙商等各大商帮的发源地都是聚落景观区，后续的商帮研究也大多从相应的地理环境和文化背景出发。范金民（2006）在《明代地域商帮的兴起》中介绍了各支地域商帮形成于何时、形成标志及其形成背景，并主要介绍了安徽商帮、山西商帮、陕西商帮、广西商帮、福建商帮、江西商帮、山东商帮、河南商帮、浙江商帮和江苏商帮的形成。该书探讨了商帮产生的源流及其后来的流变，自唐代起中国货运业中就存在"纲"的形式，至明代嘉靖后期海外贸易中出现的"客纲"将客商与纲结合在一起，万历后期起各地盐运业中采用的"纲运法"从形式上和内容上为商帮名称的产生提供了前提条件，到清前期，商帮之名正式产生。吴琦等（2019）构建了1368～1840年间明清商帮县级层面的截面数据，考察了地方宗族、科举及宗族竞争对于明清商帮兴起的影响，研究结果表明，在控制了人口密度、人均田赋、盗乱、交通及其他相关变量后，地方宗族的发达程度对明清商帮的兴起具有显著正效应，而当地的科举文化倾向于削弱宗族的正效应。

高兴玺（2016）也从聚落的视角探讨了明清时期山西商帮聚落所处的历史环境，分析了明清时期山西的乡村制度与聚落分布问题以及山西商帮聚落的空间要素与类型问题，揭示了山西商帮聚落的各种复杂的空间形态，最后阐明了山西商帮聚落的技术与人文内涵。张小健（2015）研究了江右商帮的兴起、发展、鼎盛和衰败，认为战争和移民促进了江右商帮的发展，但是商业观念保守、缺乏商业精神和制度创新的江右商帮，随着资源和地理优势的丧失，商业辉煌也随之消失。因此资源和环境是商业兴衰的关键，商业的社会地位是商业的原动力，商业文化、商业精神和制度创新是企业长久不衰的社会核心竞争力。张芳霖和杨卓（2020）对客居湖南的江西商人进行了深入的研究，考察了他们在近代社会转型时期的生存状态、商业模式及与当地社会的互动关系。

陈立旭（2005）认为，当代浙江经济与历史上的区域民间工商文化传统具有一种清晰的继承关系，而当代安徽和山西经济与徽商或晋商文化传统之间则基本上没有多少关联。该文章通过对浙商、晋商、徽商文化传统的差异及其与当代区域经济发展关系的比较和分析指出，浙商"工"与"商"相结合的"艺商"区域文化传统，使之与改革开放以来的宏观社会背景具有一种亲和性，而晋商和徽商的文化传统则不具有这种亲和性，这正是浙商、晋商和徽商文化传统在当代延续或不延续的主要原因。王世华（2005）提出，明清时期徽商与晋商兴衰轨迹和商帮性质都极其相似，但是经营机制和价值取向各有特色，进一步由此引出在徽商与晋商都衰落后，这些不同产生的差异化影响：徽商衰落后其所支持的文化事业发展了，晋商衰落后随之而来的文化事业上的空白给后人留下了无穷的遗憾。蔡洪滨等（2008）利用激励理论和历史比较制度分析理论，整理和发展了一个对商帮治理进行比较研究的分析框架，并借助这个分析框架对徽商和晋商的商帮治理模式进行了系统的描述和分析，探讨了两者治理差异的成因和内在逻辑以及商帮治理与地域文化、商人信念之间的互动。黄文茂（2013）比较了徽商和晋商不同的治理模式：徽商在整体上选择了以血缘关系为基础的宗族治理模式，大量使用宗族人员开展商业活动，强调在宗族子弟中选拔任用经营管理人员，而晋商在实践中形成了一种契约治理模式，以地缘关系为基础，整体上放弃了在宗族内部选拔经商人才，遵循"举乡避亲"的原则选聘同乡出任经理和伙计。通过分析不同治理模式和两大商帮迥然不同的风俗习惯、神祇信奉以及价值观念之间的互动关系，该文认为商帮文化作为一种内生结果，和商帮治理模式是相互影响、彼此强化的。这对中国企业形成符合自身特色的治理模式有一定的启发意义。李福保（2019）对晋商、徽商和江右商帮的商帮治理进行了研究，认为三大商帮的商帮治理模式有各自的独特性，晋商表现为契约治理模式，徽商表现为宗族治理模式，江右商帮表现为宗教伦理治理模式。武文娟（2011）回顾了近几十年的晋商、徽商比较研究状况，从经济、文化以及社会生活等几个方面对研究成果进行了综述，运用比较学、经济学等相关学科的理论和方法对晋商、徽商的研究进行了探讨，揭示了二者不同的历史经验与教训，为今天的企业改革和经济发展提供了有益的借鉴。陈梅龙和沈月红（2007）认为，晋商、徽商、粤商是明清时期的重要商帮。但他们或生性刻板，或好儒而轻贾，或囿于内耗，在中国社会从传统向近代的演进时期，没有适时变革，充分正确地发挥商业资本的作用，渐次落到时代后面。崛起于鸦片战争后的宁波商人，乘新陈代谢的时代潮流，以其稳健缜密勤勉的风格，顽强拼搏，求新求精求美，创造了中国近代经济史上的许多奇迹。与时俱进、锐意变革是宁波商帮后来居上、成为近代中国最具影响力商帮的主要原因。

　　清朝末年，随着中国国力衰微，经济动荡，很多商帮逐渐衰落，一度沉寂。但是在改革开放后，随着中国经济的蓬勃发展，特别是私营经济的迅速崛起，以企业商会为标志的商帮全面复兴，对于集成和发展中华商业文化、构建和谐商业生态发挥了至关重要的作用。因此，会馆、商会及新商帮的崛起成为新的研究热点。张明富（1997）介绍了明清时期商人会馆出现的原因，市场扩大、商人增多、士大夫对商人及商业的认同，为商人会馆的出现创造了历史条件；归属感的需要、捍卫商业利益的推动，把商人会馆的建立提上了议事日程。陈炜和史志刚（2003）认为商人会馆是明清时期商品经济发展和大宗贩运贸易兴起的产物，是贩运商帮建构的表象和媒介，会馆组织的建构和发展，是贩运商人通过"笃乡谊，祀神祗，联嘉会"的文化纽带以及"利""义"的契合实现群体整合的过程，同时也是商人在自我建构和发展过程中把社群认同和国家象征结合起来的结果。王日根（1996）认为会馆是同籍乡人的联合组织，商人会馆在实施自我管理方面起到了积极作用，并且培养了商人们的团体精神与协作精神，有效地克服了商业活动中的矛盾与纠纷。此外，商人会馆还注重建立良好的经商规范。

第二节　商帮文化的相关研究

一、商帮文化的特征

区域经济的发展具有路径依赖的特征，商帮的形成也是如此。文化传统在商帮的形成中起到一种原发性和承继性的作用，商帮文化影响着一代代商人的行为，而商人们在承继传统的过程中又不断根据形势的变化对商帮文化进行创新与发扬光大。据此，很多学者对商帮文化的本质特征进行了系统研究。

张光忠（2008）认为商帮代表了中国经济发展的脉络和走向，它们把中华传统文化的精髓与自己的实际经营活动巧妙地结合在一起，培育出蕴涵"仁、德、礼、义"的中华商帮文化，从古至今，商帮在更迭，但是富含儒韵的商道思想却在不断演绎、传承，并深深地扎根于新生代商人的血脉中，成为民族商业精神的重要因子，并给后人以无限的启示和滋养。邓俏丽和章喜为（2009）概括了商帮的发展历程，并以儒家文化为依据探讨了商帮共同的文化特征，根据地域差异的特点分析了商帮独特的文化特征，比较了当今中国五大新商帮文化因子，提出了商帮文化今后研究的三个方向。张佑林和王成菊（2010）对文化影响区域经济发展的路径和因素进行了分析，研究发现，山东经济发展总体上落后于浙江，其根本原因在于鲁浙两省文化的差异。宋婷（2017）概括了晋商、徽商、粤商商帮文化特点，总结出了各个商帮文化中共有的优良传统。

一些研究也对各商帮的文化因子进行了系统梳理，并重点研究各商帮文化特点对其经营方式产生的影响。王丽燕（2009）认为历史上晋商、徽商等商帮的发展和消亡都与商帮内在的文化基因有着密切的联系，文化是商帮发展的内在支撑，同时重点对"浙商文化"进行了重点研究，寻找其历史根源，探寻新浙商身上存在的传统浙商文化的烙印，揭示浙商生存和发展的内在原因，并提出浙商文化的时代适应性是浙商比其他商帮更具有生命力的重要原因。廖新平（2011）对山东商帮、苏南商帮、浙江商帮、闽南商帮、珠三角商帮进行比较，分析了不同新商帮之间的地域特征、文化特征、区域经济发展特征的异同。杨勇（2011）从制度视角下企业家精神与社会网络的融合层面出发对沪商到新沪商的形成、发展与特定的环境进行了分析，研究表明，其"海纳百川"的商业文化造就了它具有前瞻性、开放性、竞争性和创新性等特点的企业家精神。卢君（2012）对晋商、徽商、粤商、鲁商、浙商等具有代表性的商帮文化进行了比较和分析，总结了其文化个性。比如，晋商"学而优则商"，经营讲究信、义、利并重等；徽商"学而优则仕"，经营方式灵活多样；鲁商坚持"诚信为本、团结互助、吃苦务实"等。张佑林和侯盈丽（2013）则从浙陕区域文化对地区产业结构、企业家数量、技术创新、制度创新以及对外贸易五个方面的影响展开分析，得出区域文化差异是导致浙陕两省区域经济发展差距扩大的基础性原因。易顺等（2017）根据历史比较制度分析理论与内生制度变迁理论，对晋商和潮商的文化信仰以及在此基础上形成的商业模式进行系统比较与分析，并进一步探讨二者商业兴衰的内生变迁过程，发现文化信仰的不同导致不同的商业模式：晋商的商业模式核心在于官商结合，依附于官场有效经营，属于典型的农耕文明；潮商的商业模式核心在于市场和大众，坚持独立发展，属于海洋文明。

二、商帮文化的实证研究

关于商帮文化的实证研究主要集中在两方面：一是以商帮文化作为解释变量研究其与民营上市公司社会责任信息披露的关系；二是以商帮文化作为调节变量研究其与企业创新绩效的关系。

修宗峰和周泽将（2018）从地缘关系角度构建现代商帮文化数据库，检验了现代商帮文化和公司业绩对企业慈善捐赠的影响，研究发现：现代商帮文化、公司业绩与企业慈善捐赠之间均存在一定的正相关关系，且商帮文化进一步增强了公司业绩与企业慈善捐赠之间的正相关关系，进一步证明了商人"为富"后，在现代商帮文化影响下，民营企业家能更好地履行社会责任（即慈善捐赠）。彭晓等（2020）基于我国传统商帮文化特有的地缘特征，通过构建计量模型，检验了商帮文化对企业社会责任信息披露水平的潜在影响，研究发现：商帮文化与民营企业社会责任信息披露水平之间存在显著的正相关关系，并且商帮文化的企业社会责任信息披露促进效应在制度环境较差的地区更为明显，从而说明该地区制度环境与商帮文化对企业社会责任履行的作用机制具有一定的替代性。

郑源（2016）以2012～2014年我国深沪两市隶属于五大商帮的346家民营上市公司作为研究样本，将商帮文化作为调节变量，采用实证研究方法，对商帮文化、董事会正式与非正式结构对民营上市公司创新行为的影响进行了检验。研究发现，商帮创新文化对董事会结构和企业创新的关系具有调节作用，当商帮整体具有较高水平的创新氛围时，商帮内个体和经济体都会加强对创新的重视程度，同时削弱董事会结构中不利因素对创新的影响，加强创新。赵子乐和林建浩（2019）基于客家、广府以及福佬三个商帮的企业数据，实证探究海洋文化对企业创新投入的影响。研究发现：客家、广府、福佬等企业的创新投入依次递增，表明海洋文化有利于提升企业创新投入。除了直接影响外，族群文化还对政府政策产生调节效应，政府补贴在海洋文化浓厚的族群区具有更显著的创新激励效果。

三、企业家精神

在漫长而惨烈的商业竞争中，各路商帮历尽坎坷，即便倾家荡产，颠沛流离，却从未退出舞台，这绝非是历史机遇或地缘优势可解释的，究其本质，维系商帮生长的背后力量是商帮文化中最为核心的要素之一——企业家精神。

因此，很多学者对企业家精神进行了深入探析和研究，主要集中在三个方面。

其一，企业家精神内涵与传承。蔡伟明（2020）基于族群文化视角，以东莞籍客家商人为例，探析了企业家精神内涵，指出艰苦创业、刻苦勤俭、勇于开拓的创业精神是客家商帮的典型特征。陈晔（2020）研究了鲁商的文化精髓，指出新时代弘扬企业家精神在于坚定文化自信，坚守文化之根，坚持文化交流互鉴。丁爱侠（2017）指出了浙江家族企业创业精神代际传承的路径：一是家族企业提前制定传承计划；二是有意识培养代际传承者的创业精神。

其二，企业家精神与创新绩效。葛宣冲（2019）研究了民营企业创新与企业家精神的耦合机制，研究发现：企业家精神对民营企业创新发展有显著的正向作用，会促进民营企业创新能力的生成，推进民营企业创新动力的转换；民营企业创新发展对企业家精神产生影响，为企业家精神提供历史契机和重要场域。陈云娟（2010）通过对浙商的调查研究，指出在我国民营企业中企业家是灵魂，是民营企业创新的动力源。比如，由"义乌的鸡毛换糖""温州的修鞋匠"发展到如今的义乌国际商贸城、温州的鞋都，这个发展过程就是企业家需求欲望在"满足—不满足—满足"动力推动下不断创新的过程。

其三，企业家精神与民营经济发展。程俊杰（2016）以江苏省民营企业为研究对象，实证分析了企业家精神与民营企业经济发展的关系，研究发现：企业家精神通过影响企业的创新、创业行为来引导民营经济规模、结构、创新等的塑造与发展。黄凰（2018）以温州民营企业为研究对象，分析了温州企业家精神对民营经济发展的影响，指出企业家精神是企业发展的重要源泉，是企业发现机会、创造价值的重要抓手。王飞和丁苏闽（2019）检验了企业家精神对中小民营企业"僵尸化"程度的影响，研究发现：企业家精神可以降低企业"僵尸化"的程度、抑制新的"僵尸企业"形成；企业家的创新精神与责任意识在缓解融资约束与中小民营企业"僵尸化"的关系中起着关键作用，证明企业家精神促进了中小民营企业高质量发展。

第三节　产业集群社会责任的相关研究

通过文献和实践研究发现，社会责任的发展呈现为三个阶段："企业社会责任（corporate social responsibility，CSR）—供应链社会责任（supply chain social responsibility，SCSR）—产业集群社会责任（industrial cluster social responsibity，ICSR）。"在三阶段的演化过程中，社会责任的主体由"企业"逐渐向"企业联盟"进行转化，组织载体的形式也呈现"点—链—网"的演化趋势；与之伴随的是多样化的社会责任建设活动，包括宜家的绿色供应链管理、德国巴斯夫 1 + 3 金蜜蜂计划和苏州工业园区社会责任建设联盟（SIP – CSRA）等。根据以上逻辑，我们以"社会责任的演化发展"为主线，对三个演化阶段进行了文献回顾与梳理，这里也将三阶段依次划分为 SR 1.0、SR 2.0 和 SR 3.0，如图 1 - 1 所示。

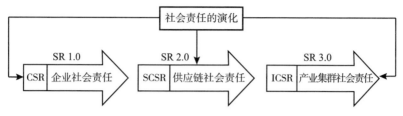

图1-1　社会责任发展的三阶段演化

资料来源：笔者根据相关资料整理。

一、企业社会责任

企业社会责任理论从提出到发展成熟经历了较为漫长的过程。1924年，美国学者谢尔顿（Sheldon，1924）首次提出"企业社会责任"的概念，即企业的目标并非单纯地生产产品，公司经营者需要承担包括道德因素在内的社会责任。自此之后，关于"企业是否应该履行社会责任"的争论就长期存在，其中包括贝利和多德以及贝利与曼恩之间两次著名的论战。在两次论战之后，贝利从最初的反对社会责任到转而支持多德的观点，即企业应当履行社会责任，而曼恩也从最初的全盘否定变成后来的有条件支持社会责任。在经历了社会责任概念的提出和是否履行的辩论后，企业社会责任的概念逐渐得到发展与完善。博文（Bowen，1953）在其出版的《商人的社会责任》（*Social Responsibilities of the Businessman*）一书中提出了企业社会责任相对清晰的定义："企业家按社会的目标和价值去向政府的相关政策靠拢，做出相应的决策，采取合理的具体行动或者遵循相应的行动标准。"鉴于博文在社会责任界定中明确提出企业及其经营者应该承担社会责任，并由此开辟了社会责任领域的专门化研究，因而他被誉为"社会责任之父"。但是，关于"是否应该履行企业社会责任"的争论却仍未停止，尤其以诺贝尔奖获得者米尔顿·弗里德曼（Milton Friedman，1970）的批判观点影响最为深远，他反对企业社会责任的依据来自三个方面：一是认为公司是股东的公司；二是坚持公司的目标是利润最大化；三是将管理者仅仅看作股东代理人。因而，米尔顿·弗里德曼认为履行企业社会责任是对自由社会的一种损害。

进入 20 世纪六七十年代，"股东利益至上"的观点受到了现实经济的强烈冲击。"血汗工厂"以及自然资源的过度消耗使得包括责任消费、尊重人权、保护自然环境在内的社会责任得到了普遍的支持和赞同，同时对企业社会责任内涵的研究也得到了多学科和多角度的拓展与丰富。美国经济发展委员会（1971）从利益相关者视角提出了具有里程碑意义的企业社会责任的定义，即"三个同心圆理论"，该理论将企业社会责任分为三个层面：一是内层，是需要企业有效履行经济功能的基本责任，包括产品、就业机会与经济增长；二是中间层，是企业履行经济功能的责任与变化中的社会价值观和敏感性问题的结合，比如环境保护问题和与员工关系等问题；三是外层，包括最新出现的尚未进行清晰界定的社会责任，要求企业更加广泛地参与到改善社会责任和促进本地社区可持续发展中去，比如解决贫穷和城市问题等。

进入 20 世纪 70 年代后，由消费者、环保主义者以及工会联盟等组成的"社会利益团队"对企业社会责任建设形成了强大的外部监督压力，"企业社会回应"理论成为该阶段企业社会责任的主流理论。阿克曼和鲍尔（Ackerman and Bauer，1975）是较早进行企业社会回应理论研究的学者。阿克曼（1975）提出了大企业社会反应的三阶段模型：第一阶段是政策阶段，是企业开始认识到环境变化，并在运营过程中做出相关反应的阶段；第二阶段是学习阶段，即企业通过专业的学习和行政的学习，逐渐形成熟悉处理某个新社会问题的学习惯例；第三阶段是组织承诺阶段，即把新的社会政策制度化，使其内化为企业运作的一个正常组成部分，从而提升企业社会回应的水平。美国学者塞西（Sethi，1975）将企业社会回应理论引入企业行为体系中，并将其分为"企业社会义务""企业社会责任""企业社会回应"三个阶段，同时研究指出，前两个阶段是企业应对市场变化和法律约束的当前社会行为结果，只有"企业社会回应阶段"才是战略性和预计性的。弗雷德里克（Frederick，1978）对"企业社会责任"（CSR1）向"企业回应"（CSR2）的转变进行了研究，两个阶段的演化也是从企业社会责任的哲学伦理观向以行动为导向的企业社会回应观的转变，企业不仅意识到社会责任建设的重要性，同时注重管理实践操作能力的提升，从更加实际的层面关注企业如何更负责地回应周边环境所形成的压力。

融合了企业社会责任和企业社会回应的企业社会绩效（CSP）理论成为 20 世纪 80 年代的主流。该理论为企业全面认识社会责任以及对其建设水平进行评价提供了思路，其中最著名的理论是卡罗尔（Carroll，1979）提出的"企业社会绩效三维概念模型"。在该模型中，第一维度是企业社会责任，被分为四个部分，且重要性不尽相同，根据权数的大小依次为"经济责任""法律责任""伦理责任""自愿责任"，这一权数关系也被称为"卡罗尔结构"（carroll structure）；第二个维度是社会议题，包括 20 世纪 70 年代末企业面临的普遍社会问题，如消费者权益、环境、歧视、产品安全等，该维度的划分为企业管理者提供了具体而实际的操作思路；第三个维度是企业社会回应策略，卡罗尔认为企业社会回应并不能代替企业社会责任，同时根据回应的积极性提出了"反应性""防御性""适应性""主动寻变性"四种模式。斯蒂文和菲利普（Steven and Philip，1985）对卡罗尔的 CSP 模型进行了发展和完善，引入了"动态过程"概念，并按照原则、过程和政策的架构对责任、议题和回应三个维度进行了重新构建。伍德（Wood，1991）对 CSP 模型的修正主要表现在三个方面：一是企业绩效更加关注行动和结果，而非简单地进行概念的整合；二是社会回应不是一个单一的过程，而是一系列过程的系统工程；三是社会议题政策制定与否不应成为衡量企业绩效的一个标准。基于上述三点思考，伍德构建了包含企业社会责任、企业回应过程和企业行为结果三个层面的 CSP 模型。

国内现代意义上的企业社会责任研究始于 20 世纪 90 年代。企业单纯追求经济目标的发展导向造成了环境污染、资源浪费以及假冒伪劣商品泛滥等一系列社会责任缺失问题。与此同时，西方发达国家制定的 ISO 9000 和 ISO 14000 等责任标准也导致我国出口企业在国际贸易中遇到了严格的进入壁垒限制，这些问题的存在使企业社会责任在中国的研究变得刻不容缓。进入 21 世纪以来，企业社会责任相关研究成果大量涌现，并逐渐发展成为一个独立的研究领域。从目前来看，国内关于企业社会责任的研究主要是从三个方面展开的。

首先是关于企业社会责任概念的界定及分类等基础性研究。袁家方（1990）最早对企业社会责任进行了界定："企业社会责任是指企业在保证自身生存和发展的同时，必须承担各种社会问题和维护各方利益的义务。"在此基础上，国内学者从法学、经济学、伦理学和管理学等视角对企业社会责任的概念界定进行了开创性的研究。卢代富（2001）从法学视角提出，企业社会责任是企业在谋求股东利润最大化之外所应承担的维护和增进社会公益的义务，与其他责任形态相比，具有四种独特的"质"的规定性：一是企业社会责任是一种关系责任或积极责任；二是企业社会责任是以企业的非股东利益相关者为企业义务的相对方；三是企业社会责任是企业的法律义务和道德义务的统一体；四是企业社会责任是对传统的股东利润最大化原则的修正和补充。陈宏辉与贾生华（2003）从经济学"契约论"的视角提出，企业在履行其囊括"显性契约"与"隐性契约"在内的"综合性社会契约"时，必须考虑其利益相关者合理的利益要求，进而主动承担起应有的社会责任，具体包括：将企业的合法收入实施合理分配、尊重员工、提高消费者满意度、依法经营纳税、与媒体保持良好的合作关系以及维护生态环境以促进可持续发展七个方面。徐尚昆与杨汝岱（2007）则通过开放式调查的实证研究对具有中国特色的企业社会责任内涵进行了界定，构建了包含经济责任、法律责任、环境保护、客户导向、以人为本、公益事业、就业、商业道德和社会稳定与进步九大维度的社会责任框架，其中后三个维度是中国企业社会责任特有的维度，从实践上进一步丰富了我国企业社会责任内涵的研究。黄群慧等（2009）从责任管理、市场责任、社会责任、环境责任等多方面构建了企业社会责任指数，评价了中国 100 强企业2008 年的社会责任管理状况和责任信息披露水平，辨析出中国企业社会责任发展进程的阶段性特征。李伟阳与肖红军（2011）基于社会价值本位的逻辑起点，提出了企业社会责任的"元定义"：企业社会责任是指在特定的社会制度下，企业追求在预期存续期内最大限度地增进社会福利的意愿、行为和绩效。以此为基础，他们提出了企业应实践科学的企业社会责任观，立足企业视角，遵循"认知改变、行动改变、绩效改变"的企业社会责任实践逻辑。李伟阳（2010）从企业的现实运行过程出发对企业本质进行了新的定位，认为企业本质着眼于社会价值的现实性，是通过为社会提供商品和服务，以及与内嵌于商品和服务提供过程中的人与人的社会交往过程而增进社会福利的有效方式。基于这一新的企业本质观，李伟阳（2010）提出了新的企业社会责任内容边界：最大限度地实现与商品和服务提供过程相联系的经济、社会和环境的综合价值；最大限度地实现与内嵌于商品和服务提供过程中人与人的关系相联系的经济、社会和环境的综合价值。张兆国等（2012）认为企业社会责任是指企业在对股东承担经济责任的同时，基于一套制度安排（包括正式制度和非正式制度），对债权人、政府、供应商、客户、员工和社区等其他利益相关者以及环境所必尽（法律上的）或应尽（道德上的）的责任。肖红军等（2015）基于企业个体层次构建了三个维度（动力维度、能力维度、结果维度）、六大要素（追求最大限度地增进社会福利、关系优化、影响管理、保持透明、富有道德、制度安排）、三种视角（企业视角、社会视角、利益相关方视角）的企业社会责任检验综合模型，并运用该模型对企业社会责任命题进行了全方位检验。结果显示，企业社会责任在实践中完全可能成为一个有价值的真命题，但需要具备六个方面的条件：由企业界转向企业个体、现代公司的组织模式、领导层心智模式的转换、理性的责权边界共识、合意的外部制度供给和适宜的社会主流氛围。王秋霞（2019）基于组织社会学的新制度主义理论，从企业所处的外部环境出发，通过分析企业法律责任、道德责任和认知责任范畴的时空差异性和隐形交叉性以及三者之间的路径依赖性和相互嵌入性，经济责任与法律责任、道德责任和认知责任之间的对立、统一和调和性，对企业社会责任的概念进行界定。基于外部环境视角下的企业责任分类框架的构建，既容纳又展现出了学者们关于社会责任定义的差异性，为企业社会责任的科学界定奠定了一定的理论基础。

其次是关于企业社会责任与企业绩效相关性的研究。企业社会责任的履行能否给企业带来收益，是否符合企业的长远发展战略，是众多企业家、政府、消费者和第三方组织争论的焦点，因而，企业社会责任与企业绩效之间相关性的研究逐渐兴起。该领域的研究以实证分析为主，大部分研究结果表明，企业社会责任的履行可以给企业带来正向的绩效收益，二者之间具有正相关性。金立印（2006）提出，那些致力于保护消费者权益和自然环境、将部分投资利润回馈社会、积极参与社会公益事业，并勇于承担经济责任的企业，更容易获得消费者的信赖和认同。田虹（2009）对通信行业上市公司的实证研究表明，企业利润、企业竞争力和企业成长这三项指标之间均呈现出显著的正相关关系。但同时，部分学者对企业社会责任所带来的绩效收益持保守观点。李正（2006）通过对 2003 年上海证券交易所 521 家上市公司进行研究发现，从当期看，承担社会责任越多的企业，企业价值越低；但从长期看，根据关键利益相关者理论与社会资本理论，承担社会责任并不会降低企业价值。温素彬与方苑（2008）也通过对 46 家上市公司 2003～2007 年的实证研究证明了大多数企业社会责任变量对当期财务绩效的影响为负，但从长期来看，企业履行社会责任对其财务绩效具有正向影响作用。基于不同的中介变量，实证研究了企业社会责任对企业绩效的正相关性。李高泰和王尔大（2015）构建了一个包含企业社会责任、员工离职率、顾客满意度和企业绩效的概念模型，通过问卷调查获取数据，采用回归分析和结构方程模型法证明了企业社会责任不仅对企业绩效产生直接正向影响，而且还通过员工离职率和顾客满意度产生间接正向影响。郑思晗等（2015）利用浙江民营企业的调查问卷数据进行了实证研究，结果表明，企业社会责任的履行对企业绩效具有正向影响，组织学习和客户感知在其中起到中介作用。张雪与韦鸿（2021）基于社会交换理论和利益相关者理论，利用我国 A 股 342 家上市企业 2010～2017 年的面板数据，以技术创新为中介变量、市场竞争为调节变量分析企业社会责任对企业绩效的影响，结果表明企业社会责任可以显著提升企业绩效。

周虹等（2019）根据 2011～2017 年中国制造业上市公司的经验数据，通过对前瞻性环保和战略性慈善这两种典型活动的考察，分析了战略性企业社会责任及其不同类型对绩效的影响作用。研究结果表明：内向型企业社会责任的活动对绩效具有显著正的累积效应，当这一活动与企业生产经营关联度高时对绩效的提升效果更为明显，从时间维度上看对绩效的提升效果呈现先负向后正向的动态变化且具有持续性；而外向型企业社会责任的活动对绩效的影响仅在能够被消费者感知时才能发挥正向影响，从时间维度看短期内即可发挥对绩效的提升效果，但这一效果随时间的推移而逐渐减弱。关于企业社会责任与企业绩效的相关性，也存在其他声音：于洪彦等（2015）通过对 2010 年润灵环球发布的 471 家中国上市公司的企业社会责任评价报告为样本进行分析，得出企业社会责任与企业绩效之间存在正相关的关系，并且企业横向联系与企业社会责任与企业绩效之间存在倒 U 形的调节作用，即当企业横向联系较弱时，企业社会责任与企业绩效之间的正相关关系也较弱，而当企业横向联系过高时，企业社会责任与企业绩效之间的正相关关系也较弱，当企业横向联系处于一个适中的水平时，企业社会责任与企业绩效之间的正相关关系最强。窦鑫丰（2015）以我国沪深两市 955 家上市公司 2009～2013 年面板数据为研究对象，采用固定效应分析方法，实证分析了企业社会责任对财务绩效影响的滞后效应。发现我国上市公司的企业社会责任对财务绩效的积极作用不明显，而且企业社会责任对财务绩效的影响存在着显著的滞后效应，会经历不显著、显著负相关、显著正相关、不显著的倒 U 形过程。嵇国平等（2016）基于企业利益相关者和竞争战略理论，使用 2009～2013 年沪深主板和中小企业板 188 家上市企业的数据，理论分析并实证检验了企业社会责任对企业财务绩效的影响，结果显示企业社会责任履行较好和较差的企业财务绩效比企业社会责任履行一般的企业财务绩效好，即企业社会责任对企业财务绩效的影响呈 U 形。董千里、王东方和于立新（2017）通过对上市公司 A 股进行研究发现，滞后一期承担的企业社会责任和企业绩效与当前的企业社会责任和企业绩效之间没有显著的关系。

最后是关于多利益相关者之间企业社会责任协同建设的研究。在企业社会责任建设的过程中,企业、政府、消费者和股东等利益相关者的参与不可或缺,当今企业社会责任的建设已经走出了"单打独斗"的状态,各利益相关者协同互动、相互合作,共同促进企业社会责任建设的趋势愈发显著。陈宏辉和贾生华(2003)将企业社会责任建设过程的参与者细分为股东、管理人员、员工、消费者、债权人、政府、供应商、分销商、特殊利益团体和社区十种类型,并且将这些参与者划分为"核心利益相关者""蛰伏利益相关者""边缘利益相关者",这些利益相关者的利益诉求之间是存在冲突的,有效的公司治理必须满足平衡原理,即综合考虑各种利益相关者的利益要求,综合考虑企业利益与社会利益,综合考虑内部治理结构和外部治理结构的安排,并始终根据企业内外部环境的变化来保持公司治理安排的动态调整。贾生华和郑海东(2007)则注重研究企业、政府和社会之间的全局性互动与合作:政府要积极引导企业参与社会责任建设,同时为消费者和 NGO 等社会组织的监督提供条件;消费者和社会组织要积极配合政府的工作,同时与企业积极沟通,建立透明的对话机制;企业则是要积极践行社会责任理念,配合各方的工作。赵德志(2015)认为,那些与企业同时存在纵向和横向法律契约关系,企业必须对之承担法律责任,而且其权益完全可以通过法律途径得到有效维护的利益相关者,不构成企业社会责任对象。这类利益相关者有企业员工、顾客、供应商、股东或债权人等。除此之外,因没有能力参与横向缔约,与企业之间主要是社会契约关系,企业应该对其承担社会责任,因而构成企业社会责任对象的利益相关者有一般民众、特殊社会群体、社区、自然环境。贾兴平等(2016)指出,不同利益相关者的利益诉求不尽相同,主要的利益相关者有股东、债权人、政府、员工、消费者、媒体。第一,利益相关者的压力可以提高企业价值,即通过积极履行社会责任,企业可以平衡不同利益相关者的诉求,进而提高企业价值。企业社会责任在这个过程中起到中介作用。第二,各利益相关者的压力对企业社会责任的影响是不同的。媒体关注度不仅直接影响企业社会责任的履行,且作为舆论监督工具,可以提高各利益相关者对企业履行社会责任的认知。石璋铭和李铭阳（2020）认为，一是应当倡导企业积极履行社会责任。政府应当通过广泛宣传与教育，先帮助企业树立社会责任履行的意识，然后再通过明确范围、合理补助、规范信息披露等措施，积极引导以上市公司为代表的企业参与履行社会责任。对于因社会责任履行缺失导致严重后果的，要快速从严处罚。二是应积极培育利益相关者对企业实行以社会责任履行为核心的监督体制与机制。利益相关者是一个广泛的群体，相关决策机构要积极推动利益相关者以社会责任履行为核心，凝聚共识、形成合力，推动企业外部监督与治理的科学化、规范化制度的形成与完善。尤其是要推动建立健全利益相关者对企业股利分配的监督机制，促进上市公司采取更加合理科学的股利政策。李婷和李瑜（2021）研究发现，企业履行对股东、员工、供应商和政府的社会责任正向影响其企业价值，履行对债权人和顾客的社会责任负向影响其企业价值，并提出建议：企业应当找到一个合理的临界点，主动承担社会责任和参加社会治理，并且企业行为的决策由企业内部与外部环境共同决定。

综上所述，在企业社会责任研究中，国内外学者的研究呈现出三个典型特征：

第一，界定了企业社会责任的范围和边界。企业社会责任并不等于简单的慈善捐赠与施舍，也并非要损害股东或企业所有者的权益来满足社会公益需求。相反，企业社会责任是一种综合性的社会责任，是企业在完成正常的生产和财富价值创造过程中，对于企业内部的员工、股东、社区、环境、所有者和企业外部的消费者以及第三方组织所承担的经济、法律以及更高层次的道德责任。

第二，在理论建设与实践不断推进的过程中，企业践行社会责任会增加综合社会效益。通过企业社会责任的践行，消费者获得了优质的产品与服务，政府获得了稳定绿色的税收，行业协会的运行基础更加夯实，企业则获得了声誉、消费者信任、政府支持、舆论宣传和利润收入等一系列综合收益，因此企业社会责任建设是一个包括企业在内的多方共赢的活动。

第三，完成了以社会契约论、利益相关者理论、社会公民论为基础的企业社会责任基础理论的构建，该领域的研究日趋完善。

此外，在不断强调企业自身社会责任建设的同时，社会责任的建设模式也发生了显著改变，越来越多的企业在生产上呈现出产业链合作、跨行业合作以及跨国合作的趋势。企业社会责任的发展正在突破以往单一企业的形式，开始向供应链的上下游进行拓展，呈现出由"点"及"链"的趋势。在全球经济一体化的背景下，单一企业已经与其所在的全球供应链系统紧紧地联系在一起，消费者所获得的最终产品是整个供应链企业合作成果的结晶。因此，供应链中各个企业之间的活动密切关联，这也引致了它们之间的社会责任行为呈现出复杂性、系统性和共振性特征。品牌企业的社会责任行为通过传导、扩散、放大和反馈等形式蔓延至整个供应链，最终影响外部公众对供应链系统整体社会责任水平的认知。同时，随着专业化生产经营方式的发展，外包以及企业之间的合作已经成为企业提升核心竞争力的重要战略，在这样的环境中，企业有可能会因供应链上某个合作伙伴的失误和信誉危机而受到"多米诺骨牌效应"的波及。企业仅仅加强自身社会责任建设是不够的，只有通过基于"共赢"机制而形成的合作性社会责任建设才能够确保企业利益共享、风险共担。在这样的背景下，社会责任的发展进入第二个阶段——供应链社会责任阶段。

二、供应链社会责任

在社会责任的合作化阶段，跨国供应链系统的共振性日益增强，某个企业的声誉危机会迅速波及整条供应链。在这样的背景下，SA 8000于1997年应运而生，该标准是由社会责任组织确立的世界首套关于工作场所和人权的国际化标准。关于该标准的争议性研究非常多。我国多数学者认为，SA 8000是"标准蓝色壁垒"的核心，是对以中国为代表的发展中国家构建的新国际贸易壁垒，旨在削弱这些国家劳动密集型出口产品的国际竞争力。然而也有一些学者认为，SA 8000不具备贸易壁垄的特征：从产生过程看，SA 8000 的产生是为了解决多种社会责任标准的一致性问题，而不是为了削弱发展中国家产品的竞争力，社会责任运动的根本基础是公众，而公众不会是贸易壁垒的始作俑者；从标准内容看，SA 8000 具有普遍性与灵活性；从标准的性质看，SA 8000 是由非官方机构制定的标准，不属于国家行为；跨国公司在要求其供应商获得 SA 8000 认证时是为了自身的利益而不是出于限制贸易的目的。

如果从社会责任标准的演进来看，SA 8000 具有划时代的意义。与 ISO 9000 和 ISO 26000 相比，SA 8000 是全球首个道德规范国际标准，跨国公司由以"自我约束"为特征的"内部"生产守则向以"社会监督"为特征的"外部"生产守则进行演变，是跨国公司确保其供应商提供的产品与服务皆符合社会责任标准的合作化准则。在这样的背景下，社会责任的发展进入到 SR 2.0 阶段，即供应链社会责任（supply chain social responsibility，SCSR）建设阶段。

（一）供应链社会责任建设的驱动力研究

企业社会责任向供应链社会责任的演化既是社会责任建设视角的拓展，也是"点式"向"链式"社会责任建设模式的升级，是一种管理创新。因而，关于供应链社会责任建设的驱动力分析是主要的研究热点之一。

从已有文献来看，供应链社会责任驱动力的研究主要是从"外部驱动力"和"内部驱动力"两个方面展开的。

1. 外部驱动力

外部驱动力主要包括以下几种：

（1）消费者责任消费意识。由于消费者对于供应链信任机制的建立具有延迟敏感性，消费者对供应链社会责任履行的感知往往通过供应链中的核心企业或产品终端企业提供的最终产品或服务进行评价，继而依托这些企业的影响力在整个供应链上进行传递。因此当供应链的某一块"多米诺骨牌"倒下时，整个供应链的企业合作会因为彼此信任的缺失而逐渐崩塌，造成的破坏性也呈"雪球效应"般无限放大。消费聚焦点的转变正在使供应商、制造商、分销商对其产品承担更多的责任（Lederer and Li，1997；Bloemhof - Ruwaard et al.，1995；Maloni and Brown，2006）；高凤莲，2006；李金良和乔明哲，2010；陈远高，2015）。

（2）社会公众舆论的监督。在供应链生产的全过程中，任何阶段存在的责任缺失行为都可能成为消费者和舆论媒体曝光的对象，会波及供应链上与涉事企业有关联的其他合作成员（Fabian，2000；Svendsen，2001；Simpson and Power，2005；陈远高，2015）。

（3）政策法规的硬性约束。政府颁布的约束社会责任建设的法律法规具有强制性，会对企业社会责任的建设产生巨大的外部压力，因而，供应链上的企业会彼此合作进行社会责任的协同建设，共同应对硬性约束与监督（Bloemhof - Ruwaard et al.，1995；王宝英，2013；周鲜成和贺彩虹，2014；陈远高，2015；缪朝炜等，2015；刘彬斌和肖建玲，2019；曾珍香等，2019）。

2. 内部驱动力

内部驱动力主要体现为供应链协同收益。供应链的协同收益是供应链社会责任建设的根本出发点。从生产外部性来看，供应链协同关系包括能够协同进行废物的减排、提升环境创新的整体层面、制定符合成本效益原则的环保解决方案、在环境科技方面通过协同创新而实现可持续发展从而获得消费者更大支持等举措的实施。同时供应链的社会责任建设还可以保障产品与服务体水平的提高（鞠芳辉等，2005；Che - Fu Hsueh and Mei - Shiang Chang，2008；邵兴东，2009；吴定玉，2012；龚浩等，2012；李晓英，2013；李保京和姜启军，2013；黄湘萌，2017；曾珍香，2018；王海兵和贺妮馨，2018；桑圣举和张强，2020）。

（二）供应链社会责任"联盟治理"的相关研究

从组织特征上看，供应链社会责任建设的载体是"企业联盟"，因此关于联盟成员的选择、社会责任投入产出的分配以及供应链社会责任监督机制等"联盟治理"的相关研究成为另一个热点。

在供应链社会责任的责任分配问题上，研究者们主要关注的是如何解决供应链内责任与收益不对等的问题，比较有代表性的解决方式有：第一，在供应链中，更强大的成员应该承担更多的责任，强调责任与能力相匹配的原则，做好"分蛋糕"的工作。供应链中企业所处的环节位置往往与企业的实力成正比，"核心"企业或者"节点"企业的发展往往关乎整个供应链的生死存亡。为了自身，更为了整个供应链的良性发展，"核心"企业或者"节点"企业需要利用自己在供应链中所处地位来承担和主导社会责任的建立（张丹宁和唐晓华，2012）。第二，强调利用供应链协调机制来提高整个供应链的收益，把"蛋糕做大"。供应链社会责任的产生一方面是企业出于生存的压力，在当前竞争日益激烈的情况下"抱团取暖"，这就要求供应链上的企业必须协调一致，团结一心；另一方面，作为市场经济的产物，社会责任收益则是供应链社会责任推行的主要动因，因而供应链上各企业都力图通过社会责任建设来使自己的收益最大化（高凤莲，2006；李弘等，2011；陈远高，2015；刘文纲和冯俊，2017）。第三，供应链企业之间应当建立对话协商机制来确立各自在供应链中承担的责任。因为供应链社会责任收益分配的不合理往往是导致供应链社会责任难以推行的关键，目前主要的研究成果倾向于按照"投入—产出"相匹配的原则来进行分配，但是如何更加有效和最优地对供应链社会责任收益进行协调和分配仍然是摆在业界和学者面前的一大难题（邵兴东，2009；吴定玉，2013；袁裕辉，2012；曾珍香等，2019；孙琦等，2021）。

在供应链社会责任的监督与治理方面，多数学者认为事前监督会比事后治理的效果更好，而且成本更低。因此从源头出发，保证供应商的合规性，同时建立在互动机制基础上的供应链企业、消费者和第三方机构互动对话机制比传统的被动式监督更受到各方的欢迎，也更加有利于推动供应链社会责任发展。此外，在此过程中，还需引入共同治理机制，并根据涉及的利益相关者主体来分配确定各自的责任，建立社会责任联盟，通过运用法律、契约等监督手段以及合理的收益分成机制保证供应链社会责任建设的长久发展（Boyd et al.，2007；李金良和乔明哲，2010；范志国和付波，2010）。目前供应链治理已经出现了"共同治理"模式，该模式从"利益相关者"角度出发，以供应链 CSR 管理整合为核心，通过国际机构和政府、行业组织、非营利组织、消费者、国际劳工组织、新闻媒体和公民个人之间的沟通，监督与协调构建治理网络，逐步改善在供应链当中存在的社会责任缺失问题。为实现有效管理，宜从可持续供应链、政府和社会三个不同层面，构建供应链治理机制、政府引导监管机制和社会监督机制，由这三种机制共同构成可持续供应链企业社会责任协同推进机制，形成自律机制和他律机制相结合的多约束机制。其协同关系表现为：政府对可持续供应链给予引导，进行监管，为社会提供支持和服务；社会对可持续供应链进行监督与评估，配合政府的相关政策，并提出政策建议；可持续供应链接受政府的监管和社会的监督，并从供应链内部加强企业社会责任的治理（周鲜成和贺彩虹，2014）。李金华和黄光于（2016）提出了一种包含监督机制、评估机制、协助机制与激励机制在内的供应链社会责任的整合治理模式，其中监督和评估机制为供应链企业履行社会责任施加了压力，而协助和激励机制则是对此起鼓励的作用。对于供应链社会责任的监督与治理，曾珍香等（2019）认为，首先基于政府及法律法规的约束或者媒体、公众的要求及舆论监督等，帮助规范供应链节点企业的 CSR 行为；其次通过节点企业间非正式的理解沟通、信息共享和相互协商，提升彼此的信任关系和互动程度，从而促进供应链的稳定和合作关系，这是 SC-SR 协同治理的前提条件；最后加强协同运作作为供应链成员之间明确的显性约束来保证各节点企业责任履行的质量、履责所带来的责任业绩以及经济后果。这是保证供应链协同运作和交易顺利进行的根本。

从供应链社会责任的文献研究中可以发现，供应链社会责任外部驱动力来自供应链企业之间的相互博弈和制衡，同时还有来自消费者、政府以及社会公众舆论带来的压力；内部驱动力则来源于供应链中的企业对长远利益的追求，以及对个体理性与集体理性"契合点"的追求。同时，供应链社会责任建设的关键在于建立通畅的供应链沟通机制以及完整的社会责任实施计划，其中最为重要的是改变企业责任承担与收益不相匹配的状况，这一方面有赖于供应链当中核心企业与非核心企业的相互信任，另一方面则是需要通过科学的计量手段和分析方法，通过定量分析确定各企业承担的社会责任以及获得的相应收益。最为重要的是，供应链社会责任的建设同时需要完善的监督机制予以保障。

2010 年，《社会责任指南》ISO 26000 正式发布，与已有的标准相比，ISO 26000 是一个综合性的、具有广泛影响力和号召力的全球普适性的社会责任标准，这个标准在很大程度上改变了只针对企业和企业联盟的社会责任建设格局，转而对包括政府机构、行业协会等所有组织在内的更加广泛的社会责任建设格局进行升级和演化。在这种背景下，随着产业集群在区域乃至国家经济发展中的拉动作用日益提升，以"供应链区域化根植"为特征的"产业集群社会责任"成为社会责任领域最新的研究前沿，社会责任理论发展进入 SR 3.0 阶段。

三、产业集群社会责任

产业集群社会责任（industrial cluster social responsibility，ICSR）衍生于现实经济发展的需要，究其原因有两个重要的引致因素：一是产业集群在拉动区域乃至国家经济增长中所起到的重要作用使得产业集群这种组织载体已经成为当前国际国内重要的经济拉动引擎，各国都纷纷制定促进产业集群快速发展的战略举措，这为产业集群社会责任的产生提供了良好的契机；二是产业集群先天具有"社会责任共建"的组织优势。因而，中国苏州工业园区、福建石狮服装产业集群等都在"社会责任共建"方面进行了积极的尝试。由此可见，"产业集群社会责任"已经催生于现实经济发展，是在消费者责任消费意识逐渐增强、企业合作趋于深化等时代背景下应运而生的新经济现象。但是，产业集群社会责任的理论刚刚起步，尚未形成统一的概念界定及系统性理论框架，理论研究明显滞后于实践发展。

目前，产业集群社会责任的相关文献主要是从多个视角对"企业社会责任"与"产业集群治理"进行的结合性研究，国内外学者从实证分析和理论研究两个方面对此进行了探讨。

在实证研究方面，董进才和黄玮（2012）通过对水头制皮、海宁皮革和绍兴纺织三个产业集群的横向多案例的比较研究发现，产业集群社会责任与企业社会责任在内容上有很多重合点，集群企业社会责任行为互动的根本目的是减少社会责任履行成本、优化社会责任战略、拓宽企业家关系网络、塑造良好企业形象，企业社会责任共同治理联盟和企业家非正式网络的构建为其创造了条件。朱华友和陈俊（2007）对浙江慈溪家电产业集群和余姚塑料产业集群进行案例分析发现，对于浙江尚未发育成熟的产业集群来说，企业社会责任的治理需要社会资本和法律的共同作用。刘卉（2019）分析了中国纺织服装产业集群的发展趋势，针对广东中山市大涌牛仔产业集群进行论证研究，发现环境社会责任会影响产业的可持续发展，指出大涌牛仔产业集群中的企业应该加强社会责任建设，促进本产业集群的可持续发展。

在理论研究方面，产业集群社会责任的分析多是从网络视角切入。陈军（2009）通过研究企业社会责任与产业集群的网络结构之间的关系发现，企业社会责任的实现可以改变集群的网络结构，扩展集群网络规模并增强集群网络的弹性；同时将企业社会责任与网络组织治理、全球价值链治理及地方价值链治理相结合，可以实现产业集群的创新与升级。刘静（2010）也认为，企业社会责任的实施可解决产业集群全球价值链的"锁定"现象，释放企业在区域经济和国际市场的自由度，激发企业旺盛的生存与发展能力。海迪·冯和桑卡（Heidi von Weltzien Høivik and Deepthi Shankar，2011）通过对产业集群当中的中小企业对企业社会责任的回应研究，提出了"自上而下式""自下而上式""平行参与式"三类网络组织下产业集群社会责任建设方法模式。张丹宁和唐晓华（2012）从网络组织视角对"产业集群社会责任"的定义进行了界定，即产业集群内的企业及相关组织对其活动给其他共生主体和环境带来的影响承担责任的行为实践集合，这些行为要符合集群成员共同达成的"微观社会契约"，包括遵守集群伦理道德，保障集群整体利益，推动产业集群的可持续发展，同时基于产业集群内的网络关系提出了"政府主导供应链社会责任管理""自发式供应链社会责任管理"

"政府主导同业社会责任联盟""自发式同业社会责任联盟"四种建设模式。张丹宁和刘永刚（2017）引入"共生视角"，探讨了产业集群社会责任建设过程中存在的"马太效应"，运用系统动力学对产业集群社会责任建设的主导模式进行系统仿真分析，研究发现：产业集群社会责任需要依托于集群内"共建联盟"（"泛组织合作化"）的发展模式来进行建设；"马太效应"的存在要求联盟成员参与产业集群社会责任的建设必须是长期而持续的；企业参与产业集群社会责任建设的最大化收益会促进其进行社会责任"创新"。杨逸瞻和裴越（2017）阐述了产业集群与企业社会责任的内涵，提出了区域内企业履行社会责任在主动履行和被动履行两种选择下的博弈收益模型，并对集群内企业履行社会责任的策略进行了深入分析，提出了政府要提高对企业履行社会责任的监管水平，同时也要加强社会各方对企业履行社会责任的监督。吴定玉等（2017）利用"嵌入性"理论，将企业社会责任理念嵌入产业集群治理中，从企业社会责任的角度探讨产业集群治理机制，提出政府、社会和企业要通力合作，促进产业集群社会责任治理的成功。肖红军和李平（2019）指出，集群式社会责任治理是指具有一定产业关联、拥有共同特征的企业，采取联合行动，相互合作，共同监督，推进企业社会责任，形成集体性、群体式的社会责任联动型治理范式。集群式社会责任治理往往发生于产业集群情境或横向价值链中，前者是根植于共同地理空间（地理位置接近）的企业采取社会责任联合建设模式，形成"产业集群社会责任共建联盟"（张丹宁和刘永刚，2017），后者则是具有横向竞争性互惠共生关系（组织行为接近）的同业企业，采取"抱团"方式合作开展社会责任建设，形成行业性社会责任建设联盟。

此外，部分国外学者对发展中国家产业集群社会责任的建设也进行了研究。艾丽莎·茱莉亚尼（Giuliani，2014）从人权和产业集群社会责任的关系出发，区分了受迫于买家的社会责任形象工程和产业集群真正践行的社会责任的不同，并指出发展中国家的产业集群社会责任建设应该充分尊重包括人格尊严、健康、名誉在内的人权。伦德—汤姆森等（Lund - Thomsen et al.，2014）通过系统性地对比发展中国家与发达国家产业集群社会责任的建设情况指出，发展中国家产业集群社会责任的主要驱动力影响因素包括全球价值链、众多中小企业的积极参与、劳动法律、环境法律以及社区的监督，但同时指出在产业集群社会责任建设的过程当中，广大发展中国家目前缺乏相关的立法，缺乏相应的建设程序，同时也缺乏必要的政府治理。

第二章

理论基础与研究框架

第一节　商帮发展的时代背景

受到"重本抑末"的意识制约，古代社会中商人的地位较低，排在"士农工商"的最末位。政府也制定了很多贬黜商人的政策法令，比如不准商人参加科举考试，以及称其为"奸伪之业"等。正是因为商人的社会地位无法得到国家的保障，所以商人们会利用乡里、宗族等关系联系起来，抱团支持，互帮互助，形成了以"帮"助"商"，行"商"必有"帮"的发展基础。

中国传统商人大致分为"行商"和"坐商"两大种类：前者指的是经常进行长途商品交换贸易的商人群体；后者指的是在城镇集市或者乡村集市进行长期经营，并拥有固定摊位的商人群体，如图 2 - 1 所示。"行商"起源于唐代货运业的主要组织形式——"纲"，纲有纲首、纲纪，负责指挥、管理贸易中的相关事务。明代嘉靖后期海外贸易中出现的"客纲"，将"客商"与"纲"结合在一起，是地域商人在经商活动中的外在组织形式。万历后期，各地盐运业中采用的"纲运法"，由来自一定地域的商人共同出资，结纲承运固定地区的定额食盐，在盐业中将"商"与"纲"结合在一起，因此"纲"是商帮的雏形，从形式和内容上为明清时期"商帮"名称的产生提供了前提（范金民，2006）。"坐商"起源于唐代的"坊市"制度，唐代居民的住宅区被称为"坊"，长安城共有 108 坊，坊内不允许进行商品贸易，但坊外有东西两市，即手工业和商业聚集之处，是进行各种商业活动的固定场所，其中有茶肆、酒肆等。而到了北宋时期，"坊市"的分割被打破，汴河两岸的"邸店"雨后春笋般发展起来，继而"行市"也出现了。北宋时，东京市上超过 160 行，南宋时期，临安的市场已经发展到 440 行，这些都为商帮正式登上历史舞台奠定了坚实的基础。

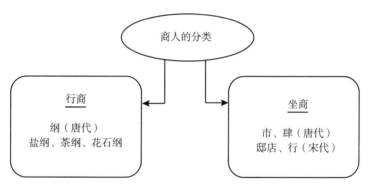

图 2 - 1　商帮形成的基础

在明代以前，中国有"商人"而无"商帮"，而且相对于本地商人的"行会"而言，只有流动的客居异地的商人组成的团体才能够称之为"商帮"（李刚和李薇，2014）。经济学家梁小民先生提出了"商"成为"帮"的五个条件：在这个地区要有相当发达的商业；有一批积累了大量资本的巨商作为中坚；在经营、制度和文化方面存在不同于其他商业集团的特点；独立的商人将根据经营和竞争的需要组成以地域为纽带的松散联合；在历史上产生过重要影响（梁小民，2006）。因此，从形成条件来看，明清时期中国的商帮才具备了登上历史舞台的时代条件。商帮之所以在这个风云际会的年代被催生、演化和发展起来，究其原因，有以下几点：

第一，明朝国力强盛，经济实力跃居全世界第一，全国统一大市场逐渐形成。明朝一共存在 276 年，历经 16 位皇帝，在最鼎盛时期，疆域北达阴山，南至孟加拉湾，西至新疆，东临日本海，到外兴安岭一带，而且是一个强大的统一王朝，创造了许多个世界第一。

一是人口最多。当时朝廷统计全国的人口总数大约有 6000 万，而一些流民尚未统计在内。很多学者通过研究估计，在明朝中后期，中国的人口在 1.2 亿 ~2 亿之间，大概占全球总人口的 1/4，可以称得上人口大国，这也为全国统一大市场奠定了基础。

二是矿产资源世界第一。中国地大物博，资源丰富，特别是铁矿，据说明朝万历年间的铁矿产量达到 9000 万吨，是宋朝的两倍，这一纪录一直保持了 200 年。此外，煤矿产量丰富，瓦斯技术领先于世界，白银占有量也是世界第一，茶、丝绸和瓷器等商品更是闻名于世。

三是海军实力世界第一，造船及航海技术世界领先。从朱元璋的鄱阳湖之战到郑成功收复台湾，300 多年的时间里明朝的海军实力是世界上最强的，几场著名的战役可以证明：与葡萄牙的屯门海战和茜草湾之役、与日本的露梁海战、与荷兰的澎湖之战和料罗湾海战等，皆以明朝胜利结束，明朝牢牢控制周围的制海权（加文·孟席斯，2005）。此外，明朝的造船及航海技术也达到了历史巅峰，郑和七次下西洋就是最好的例子，最大出行规模达到 240 艘，海员和航行时间在当时也是前所未有的，且拥有世界上最大的船只。英国历史学家孟席斯在《1421：中国发现世界》一书中写道："郑和的航行比哥伦布早 87 年，比麦哲伦早 114 年，他开辟了贯通太平洋西部与印度洋等大洋的直达航线。"

四是经济实力世界第一。在世界古代历史上，除罗马帝国短暂地获得过"经济实力世界第一"的称号外，中国一直是世界上最富裕的国家：1250 年的杭州人口已经超过 100 万，而欧洲最大的城市巴黎人口才 10 万，可想而知差距有多大。自从打开海上和陆上的贸易之路，中国的茶、瓷器和丝绸远销海外，换回大量的真金白银。此外，明朝的国土辽阔，军事实力也非常强大。明朝全盛时期的疆土面积达 1370 万平方公里，超过鼎盛时期的西班牙和葡萄牙。武器和军工产值世界第一，世界上第一颗水雷就是中国制造的，还有远程大炮、步枪、震天雷、毒气弹等。科技实力也稳居世界第一。

第二，世界贸易的发展为商帮海外贸易拓展了国际市场，使中国抢占世界中心位置。明代海外贸易从传统的"市舶司贸易"向近代的"海关贸易"转化，实质是从"朝贡贸易"到"商舶贸易"的转变，即从明中叶开始，国内外形势皆出现重大变化，朝贡贸易萎缩，"弘治新例"出现，朝贡贸易体系走向崩溃，商舶贸易逐渐主导海外贸易。

明代海外贸易具有鲜明的政治属性，是在以海外诸国为藩属的国际外交体系之中成为明朝"怀柔远人，固番人心，且以强中国"的政治手段（李庆新，2007）。郑和下西洋开辟和繁荣了"中国—大西洋"航线，丝绸和茶叶的出口使得外国白银大量流入中国。据统计，鸦片战争以前，国外流入中国的白银多达3000万吨之多，大大改变了传统"重农抑商"的理念，为商业的蓬勃发展创造了良好的机会与氛围。

第三，传统"个体家庭"商业模式逐渐瓦解，以乡党为特征的"商帮"走上历史舞台。在明清时期，以个体家庭为劳动单元的商业模式远远无法满足4亿人的生活所需，更遑论满足日增的海外贸易需求。因此，面临粮、棉、油、麻、丝、茶等大宗生产与运输，以"血缘和亲缘"关系建立起来的传统个体家庭生产模式无法满足需求，商业经营力量延伸至"乡缘"，通过乡党之间的互相联引而形成的基于"乡土亲缘"关系的商人集团化经营形式——"商帮"正式登上历史舞台。

第二节　商帮的边界与文化特质

与商帮发展历史、管理与发展模式以及文化渊源等主流研究相比，商帮边界的划分一直是该领域的薄弱环节，为数不多的研究主要是从两个方面展开：一种是按经营者原籍划分；另一种是按区域划分。

从中国的人口迁移史来看，按照经营者原籍划分的难度极大。这是由于中国历史上有记载的大规模人口迁徙就达十余次，从东汉末年到衣冠南渡，从安史之乱到靖康之耻，从湖广填四川，再到闯关东、走西口，人口的迁徙成为中国文明中最为壮阔的波涛。在商帮正式登上历史舞台的明清时期，清顺治十年（1653 年），为了充实人烟稀少的东北地区人口，凡是迁往辽东的百姓，皆可获得口粮、种子和耕牛，同时还免缴三年钱粮。据不完全统计，至康熙四十八年（1709 年），关外的鲁民"多至五十万有余"。清朝末年，清政府在近内蒙古西部推行放垦政策，以山西、陕西为主体的内地农民，大量迁往归绥（今呼和浩特），即河套平原所在地，这就是历史上的"走西口"。新中国成立前，该区域移民发展到大约 370 万人。"走西口"从根本上改变了河套平原以牧业为主的经济形态，转变为以农业为主的农耕文化。"走西口"的队伍中除了农民，还有大量商人的身影，他们推动了当地商业的发展和先进产业体系的建立，金融和工业也逐渐发展起来，如包头最古老的商号之一——复盛公，就是由山西祁县和徐沟的乔姓、秦姓二人于1818 年创立，最初经营草料和黄豆，后来以经营油、粮、米、面的"六陈行"（即粮店）为主。

由此可以看出，由于大规模和频繁的人口迁徙，使得以经营者原籍进行商帮边界的划分非常困难。随着人们个人隐私及信息保护意识的提升，经营者原籍的信息搜集不仅可获得性差，而且工作量极大，因此，按区域划分是当前主要的研究方向。因为商帮具有鲜明的区域性，商帮文化更是区域文化的重要组成部分。但是当下，普通意义上的区域多是以省级行政区划为边界，这种通用的划分方式没有考虑到文化的差异，经常出现隶属于同一区域文化的地区被分割到两个或者更多的省份，比如，江苏南部的苏州、无锡和常州三市与浙江省同属吴越文化，使用的方言都是吴语，但是却被划入江苏省；安徽淮河以北地区基本上与河南、山东西部同属中原文化，却被行政区分割开了；属于徽文化的婺源县被划入江西省……从历史溯源可以发现，这种文化的割裂是逐渐形成并扩大的。

在唐朝以前，我国行政区划实行"郡县"两级制，但由于管理幅度大，管理郡县数量过多而导致管理成本较高。唐朝推行了行政区划改革，尝试"三级管理体系"，按照长江、黄河、秦岭、剑阁等主要山川河流地理屏障将全国分为 10～15 个"道"。北宋在"15"个"道"的基础上再次进行"细分"，划分为 24 个"路"，这种区域划分思路与天然地理屏障间的联系非常紧密，文化分割的情况并不严重。但是，到了元朝，蒙古中央统治集团出于对"地方割据"的担忧，放弃了以天然地理屏障为标准的区域划分，设立了"行省"，每个行省内部会横跨一个或数个大型山脉或河流，从而加剧了文化分割。从元朝起，历经明清和中华民国，行政区划的基本思路和格局一直再未发生重大变革，而已有研究表明，现有行政区划所导致的文化分割在地方保护主义的助推下，加剧了非正式制度的冲突和不信任，进而造成交易成本的增加，此外，被分割城市与持相同文化的邻省和城市之间的贸易成本也在不断增加（沈立人和戴园晨，1990；周黎安，2004；龙小宁和王俊，2014）。因此，文化割裂导致的商帮地理边界的模糊划分大大制约了研究的深入，特别是对商帮文化这种与区域性紧密相关的软性要素的研究。

针对该现象，一些学者探索性地基于"萨丕尔—沃尔夫假说"，以语言作为商帮边界的划分标准（谢永珍和袁菲菲，2020）。在此基础上，本书认为科学的商帮边界的划分必须要兼顾"地域"与"文化"两个要素的融合，因此提出了基于"差序格局"（地域）和"萨丕尔—沃尔夫假说"（文化）的"地域—文化"双重商帮边界划分方法：

第一，"差序格局"是 20 世纪 40 年代末由著名社会学家费孝通先生提出的。他认为，西方传统社会结构更接近根根分明的捆柴，不同个体根据宗教、家庭、协会等多元关系组成不同团体而形成"团体格局"；而中国传统社会结构则更接近水面投石时从内而外推开的波纹，以自己为中心、以亲疏关系为纽带，构成由近及远的社会关系网，称为"差序格局"（费孝通，1948）。差序格局中的"亲疏远近"不局限于血缘、姻亲关系，还能拓展到地缘关系，中国商帮就是遵从"差序格局"，围绕商帮"起源地"而形成的互助合作的组织形式，比如晋商以"平遥""祁县""太谷"为起源地,陕商以"三原"和"泾阳"为起源地;闽商以"福州""泉州""莆田"为起源地等。据此,本书以商帮起源地为轴心,以100公里为半径,初步划定商帮区域边界。①

第二,"萨丕尔—沃尔夫假说"认为"语言是一种社会文化现象",具有社会和认知的双重属性。相关研究表明,语言的结构和形式决定了人们的思想和文化规范,是特定文化模式和思维方式的呈现,是文化的同化与传承(Whorf,1956;王亦高,2009;李锡江和刘永兵,2014;赵子乐和林建浩,2017)。因此,将语言作为商帮边界的划分,有助于从本质上诠释商帮的文化特质。因此,根据《中国语言地图集》汉语言分类和地级市行政边界,本书对传统的十大商帮进行整合形成九大商帮:晋商、徽商、鲁商、苏商(洞庭商帮)、浙商(甬商商帮和龙游商帮)、闽商、粤商、赣商(江右商帮)和陕商。

从商帮文化特质上看:"义利并举"和"诚信经营"是各商帮文化的共性所在,也是共同遵循的文化内核,然而,由于区位资源和区域文化的差异,各商帮也形成了自身独特的文化气质:晋商、徽商、陕商、鲁商、赣商等内陆商帮,由于其背向海洋,商业网络以"陆路"为主,因此被称为"山贾",商业文化往往保守、固本,一些商帮还倡导"商而优则仕"的理念,在时代变局下,产业结构与传统资本的转型升级难以完成,在发展历程中都曾走向衰落、亟待重振;而以苏商、浙商、闽商、粤商为代表的沿海商帮因其面向大海、商业辐射网遍布世界各地,形成了开放包容的多文化融合氛围,守正创新,尊商重商,在时代变局下,通过产业结构和资本结构的调整与升级化危机为转机,以"新商帮"的身份蓬勃发展。九大商帮的地理范围及文化特质如表2-1所示。

---

① 本书借鉴彭晓等相关研究以及各城市与其相邻城市的距离均值均大于100公里,起源地影响范围不宜过大,故本书以100公里为半径,初步划定商帮区域边界。

表 2-1 九大商帮区域范围与文化特质

商帮	区域范围	传统文化特质
晋商	太原、大同、朔州、忻州、吕梁、晋中、阳泉、长治、晋城、临汾、呼和浩特、包头、乌兰察布、鄂尔多斯、巴彦淖尔、榆林、延安、济源、新乡、焦作、安阳、鹤壁、张家口、邯郸	又称"晋算盘",三大良商之一,诚信、节俭、朴实,具有家国情怀
徽商	黄山、宣城、池州	又称"徽骆驼",三大良商之一,贾而好儒,左儒右贾,崇尚"商而优则仕"
陕商	咸阳、西安、铜川、宝鸡、渭南、汉中、安康、商洛	又称"陕棒槌",三大良商之一,重诚信,讲贾德,义重于利,具有家国情怀,著名的边商,敢拼敢为
鲁商	威海、青岛、聊城、济南、济宁、烟台、潍坊、日照、东营、临沂、淄博、滨州、菏泽、莱芜、泰安、枣庄、德州	深受儒家思想影响,讲求"仁、义、礼、智、信",重承诺,守信用,服务周到,以和为贵,任贤重能,互惠互利
赣商	景德镇、九江、宜春、南昌、抚州、鹰潭、吉安、上饶	又称"随阳雁",义利并举,重贾德,形成了典型的"货郎经济",小资本,重传统
苏商	苏州、无锡、常州	儒学根基厚实,诚信经营,竞合共赢,开拓创新,勇于争先,与时俱进,敢拼敢闯,兴办实业
浙商	湖州、嘉兴、杭州、绍兴、宁波、舟山、衢州、金华、丽水、台州、温州	又称"不死鸟",牢记古训,崇尚诚信价值,散财济民、回报桑梓,闯荡世界,敢于冒险,市场导向,引领创新
闽商	南平、三明、龙岩、宁德、福州、莆田、泉州、厦门、漳州、潮州、汕头、汕尾	典型的侨商,诚实守信,报效桑梓,回馈家乡,敢打敢拼,具有不断自我改革和自我创新的意识
粤商	广州、深圳、珠海、东莞、佛山、中山、江门、茂名、肇庆、湛江、清远、阳江、云浮、北海、钦州、玉林、贵港、梧州、贺州	重视文化融合和守正创新,推动中国工商业和技术创新的先驱者

第三节　商帮文化视角下社会责任
建设的同群效应研究

一、研究假说的提出

"同群效应"（peer effect）是指某一个体的行为会受到其所在群体内其他个体行为的影响，同群个体间的信息交流和模仿学习能够影响个体决策，进而使同群个体的行为呈现出相对一致性，这一行为是个体在信息不充分条件下的理性行为（Manski，1993；Hoxby，2000），与中国古谚语"近朱者赤，近墨者黑"所蕴含的寓意相同，又可称为近邻效应、同伴效应、羊群效应等（Ding et al.，2009）。"同群效应"被广泛应用于经济管理领域，它对原有经典经济理论进行了拓展，在个体与市场之间的对应互动关系之外加入了"同群者"的影响，并主要应用于"企业行为决策"。很多学者已经在并购行为决策（Haunschild，1993；万良勇等，2016）、现金股利及相关投资决策（Chen and Ma，2017；王建琼和党瑶，2022）、研发及创新决策（Jacqueminet，2020；郑丽和陈志军，2020）和风险承担（Leary and Roberts，2014；连玉君等，2022）等领域验证了同群效应的存在。

近年来，随着 ESG 投资的兴起[①]，特别是新冠肺炎疫情大流行后，国际社会更加注重维持生物多样性和经济的可持续发展，全球经济复苏过程中的"绿色成分"显著加深，ESG 投资迎来了迅猛发展，截至 2020 年，ESG 资产规模超过 35 万亿美元，占全球总资产管理规模的 1/3

---

① ESG 投资是指在投资研究实践中融入 ESG 理念，在基于传统财务分析的基础上，通过 E（environmental）、S（social）、G（governance）三个维度考察企业中长期发展潜力，希望找到既创造股东价值又创造社会价值、具有可持续成长能力的投资标的。

（Gillan et al.，2021）。在此背景下，以"环境保护"和"企业慈善捐赠"为代表的"责任性"投资决策中存在"同群效应"的相关研究开始慢慢兴起，并成为热点。阿尔特斯等（Aerts et al.，2006）对加拿大、法国、德国上市公司环境披露情况进行分析，验证了同群效应的存在。彭镇等（2020）则从慈善捐赠视角证明了企业慈善捐赠行为存在同群效应，且同地区、同行业企业的慈善捐赠行为会显著正向影响企业的慈善捐赠决策。相比较而言，内涵更丰富、涉及利益主体更加多元的企业社会责任的履行是否存在同群效应，特别是从文化视角进行的相关判断性研究则较少。

从本质看，以商帮文化为视角对企业社会责任履行的同群效应进行判断即是研究"区域商业文化"是否对企业"群体行为"带来显著影响。已有研究表明，区域文化会显著影响"群体行为"（Greif，1993；Greif et al.，1994；王孝钰等，2022）。因此，作为区域文化重要组成部分的商帮文化同样会通过"同群效应"的"放大器"机制显著影响企业履行社会责任的意愿。以陕商为例，陕西深受几千年传统礼仪教化，且作为"帝国商人"，比其他商帮更加具有"家国情怀"，在义利观上，与其他商帮义利并举的文化不同，他们秉承"义在利先，义在利上"，而这些文化通过"家规""店规""帮规""行律"深刻影响着所有陕商的商业行为。

商帮文化还会通过强化"同群效应"来降低企业履行社会责任的成本与风险：一是降低信息不对称。企业在履行社会责任的时候往往不存在客观标准，由于各企业信息获取能力存在差异，群内的大企业往往掌握更多的公共信息，此时模仿同群大企业的社会责任决策，不仅可以降低搜寻成本，还可以降低决策的非预期风险，做出合理的社会责任决策（Lieberman and Asaba，2006）。二是更好地应对监管升级。近年来，国家高度重视企业社会责任体系建设，"十四五"规划明确提出，要推动民营企业守法合规经营，鼓励民营企业积极履行社会责任、参与社会公益和慈善事业。因此，政府在进行资源分配的时候，会优先考虑那些积极履行社会责任的优质企业，并会对违反社会责任的企业进行处罚。

因此，通过向"负责任"的企业学习，并组成社会责任共建联盟，不仅可以使企业有效应对监管，而且还可以获取政府的政策扶持（戴亦一等，2014）。三是积极融入区域产业链。当前，全球产业链供应链加速重构和重塑，区域产业链在提升"产业韧性"和保障"产业安全"方面发挥了更为重要的作用，"产业链社会责任"和"产业集群社会责任"等以"责任联盟"为载体的社会责任共建越来越受到认可（张丹宁和唐晓华，2012），因此，通过"同群效应"来模仿和学习先进企业的社会责任履行经验，可以更好地融入以先进企业为链主的产业链，从而获得更多的商业机会与合作。因此，本文提出有待检验的核心假说 2 - 1。

假说 2 - 1：从商帮文化视角出发，企业在社会责任履行时存在同群效应。

二、样本选择、变量选择和模型设定

（一）样本选择

基于"地域—文化"双重商帮边界划分方法，以各上市公司年报、Wind 数据库以及 CSMAR 数据库为数据来源，对 2011～2020 年中国 A 股上市公司进行了遴选，并对其所属商帮展开分析，具体方法如下：

第一步，以中国 A 股上市公司作为研究对象，根据九大商帮的起源地，分别利用公式（2 - 1）和公式（2 - 2）计算出各上市公司到九大商帮起源地的距离。各商帮的起源地如下：平遥、祁县、榆次、太谷和临汾（晋商）；歙县、休宁、婺源、祁门、黟县、绩溪（徽商）；广州（粤商）；泾阳、三原（陕商）；周村（鲁商）；福州、泉州、莆田（闽商）；鄞县、奉化、慈溪、镇海、定海、象山、龙游、常山、衢县、开化、江山（浙商）；景德镇、樟树镇、河口镇、吴城镇（赣商）；吴县（苏商）。通过 R 语言调用高德地图 API 接口得到各个起源地的经纬度坐标以及各上市公司办公地点所在地的经纬度坐标，计算出各上市公司到九大商帮起源地的距离。其中，RAD 表示每个弧度的弧长，α 是上市公司与商帮起源地的圆心角，λ_C 和 λ_M 分别表示上市公司办公地址的经度和纬度，ω_C 和 ω_M 为九大商帮起源地的经度和纬度。选取距离在 100 千米以内的上市公司（共 1569 家）[①] 作为本章初步的研究对象。

第二步，根据表 2 - 1，以语言为文化特质进行区域划分，与第一步得到的 1569 家上市公司办公地址进行匹配，进一步遴选出符合条件的上市公司，共计 1161 家。

$$DISTANCE = RAD * \left(\frac{p}{2} - artan\left(\frac{cosa}{\sqrt{1 - cosa * cosa}} \right) \right) \bigg/ 1000$$

$$(2 - 1)$$

$$cos\alpha = sin\omega_C \times sin\omega_M + cos\omega_C \times cos\omega_M \times cos(\lambda_C - \lambda_M) \qquad (2 - 2)$$

第三步，对基于"地域—文化"双重商帮边界划分方法得到的样本进行如下处理：第一，剔除金融类企业以及 ST、*ST 的样本；第二，剔除"捐赠"和"排污费及清理费"缺失的样本；第三，剔除模型中各控制变量有缺失值以及相关数据异常（如资产负债率大于 1）的样本；第四，相关连续变量均在 1% 和 99% 水平上进行 Winsorize 处理，最终选取 884 家上市公司，共计 5063 个样本观测值。

（二）变量的选择与度量

1. 被解释变量：每股社会责任贡献（CSR_pershare）

"每股社会责任贡献"是上海证券交易所发布的《关于加强上市公司社会责任承担工作的通知》中提出的指标，该指标能够较好地反映上市公司社会责任承担情况，指标值越大表明该上市公司社会责任承担的情况越好（沈洪涛等，2011；陈丽蓉等，2015；陈峻等，2016），其计算公式见式（2 - 3）。

[①]　某上市公司如果距离两个或者多个起源地距离均小于 100 千米，选取距离最短的起源地作为其所属商帮类型。

$$
\begin{aligned}
\text{每股社会责任贡献} = (&净利润 + 所得税费用 + 营业税金及附加 \\
&+ 支付给职工以及为职工支付的现金 \\
&+ 本期应付职工薪酬 - 上期应付职工薪酬 \\
&+ 财务费用 + 捐赠 - 排污费及清理费) \\
&\div 期初期末总股数平均值① \qquad (2-3)
\end{aligned}
$$

2. 核心解释变量：企业社会责任的同群效应（Peer）

企业社会责任作为一种社会行为，涉及多种类型的利益相关群体，不同群体对企业社会责任的定义和收益皆不相同，但是企业履行社会责任的行为往往会受到同一群体内其他企业社会责任行为的影响。本章将同年份且隶属于同一商帮的上市公司定义为"同行"，且将"同行"在同一年每股社会责任贡献的平均值作为企业社会责任"同群效应"的代理变量。

3. 控制变量

借鉴与综合已有研究，本章设置了如下控制变量：公司规模（Size）、资产负债率（Lev）、公司盈利能力（Roa）、现金流比率（Cash）、董事会规模（Board）、独立董事比例（Indep）、产权性质（Soe）、公司上市年龄（Listage）、第一大股东持股比例（Top1）、审计关系（Big4）（陈丽蓉等，2015；许年行和李哲，2016）。此外，加入了"年度哑变量"及"行业哑变量"，以控制年度和行业固定效应。主要变量含义以及衡量标准如表2-2所示。

表2-2　　　　　　　　　　主要变量设置及说明

变量类型	变量名称	变量含义	衡量标准
被解释变量	CSR_pershare	每股社会责任贡献	见公式（2-3）
解释变量	Peer	企业社会责任的同群效应	同群企业（除本企业）在同一年每股社会责任贡献的平均值

---

① 其中，"捐赠"和"排污费及清理费"来自上市公司财务报告附注。

变量类型	变量名称	变量含义	衡量标准
控制变量	Size	公司规模	年末资产的自然对数
	Lev	资产负债率	年末总负债/年末总资产
	Roa	公司盈利能力	净利润/总资产平均余额
	Cash	现金流比率	经营活动产生的现金流量净额除以总资产
	Board	董事会规模	董事会人数
	Indep	独立董事比例	独立董事/董事人数
	Soe	产权性质	国有控股企业取值为1，其他为0
	Listage	公司上市年龄	ln（当年年份 – 上市年份 + 1）
	Top1	第一大股东持股比例	第一大股东持股数量除以总股数
	Big4	审计关系	公司经由四大会计师事务所（普华永道、德勤、毕马威、安永）审计为1，否则为0

（三）实证模型

设定模型（2 - 4）来验证在商帮文化视角下，企业社会责任履行是否存在同群效应。

$$CSR\_pershare_{i,b,t} = \beta_0 + \beta_1 \times Peer_{-i,b,t} + \gamma \times ControlVariables_{i,t}$$
$$+ \delta \sum Ind + \lambda \sum Year + \varepsilon_{i,t} \qquad (2-4)$$

模型（2 - 4）中，被解释变量由每股社会责任贡献（$CSR\_pershare_{i,b,t}$）来衡量；主要解释变量 $Peer_{-i,b,t}$ 表示去除 i 企业外的同群企业在同一年每股社会责任贡献的平均值。$ControlVariables_{i,t}$ 表示控制变量组合。$\sum Ind$ 表示行业固定效应，$\sum Year$ 表示年份固定效应。本章主要关注 β_1 是否显著。

三、实证结果及分析

(一) 变量描述性统计

主要变量的描述性统计结果如表 2 - 3 所示。"每股社会责任贡献"的均值为 1.412，与最大值 6.897 存在较大差距，说明上市公司的企业社会责任承担水平仍存在较大的进步空间。同商帮（同行）同年的社会责任承担水平均值的标准差较小，呈现出较好的一致性。在主要控制变量方面，"公司规模"的均值为 22.068，标准差为 1.134，存在企业规模差异。"资产负债率"均值为 0.412，"现金流比率"均值为 0.050，"公司盈利能力"均值为 0.048，标准差为 0.062，说明上市公司的盈利能力较为均衡，整体差距不大。"董事会规模"的均值为 8.445，"独立董事比例"为 37.5%，符合《关于上市公司建立独立董事制度的指导意见》的要求。"产权性质"的均值为 0.229，说明非国有控股企业占比较大。"第一大股东持股比例"均值为 34.2%，说明股权相对集中。研究样本中仅有 3% 企业的财务审计是由"四大会计师事务所"完成的，这也从一定程度说明本书的研究样本以中小型企业为主。

表 2 - 3　　　　　　　　变量的描述性统计

变量名称	样本量	平均值	标准差	最小值	p25	中位数	p75	最大值
CSR_pershare	5063	1.412	1.229	-0.760	0.637	1.113	1.848	6.897
Peer	5063	1.457	0.308	0.801	1.237	1.441	1.634	2.264
Size	5063	22.068	1.134	20.081	21.217	21.941	22.712	25.380
Lev	5063	0.412	0.201	0.060	0.247	0.406	0.562	0.863
Roa	5063	0.048	0.062	-0.242	0.019	0.046	0.080	0.218

变量名称	样本量	平均值	标准差	最小值	p25	中位数	p75	最大值
Cash	5063	0.050	0.068	-0.157	0.011	0.050	0.090	0.236
Board	5063	8.445	1.615	4.000	7.000	9.000	9.000	17.000
Indep	5063	0.375	0.052	0.333	0.333	0.364	0.429	0.571
Soe	5063	0.229	0.420	0.000	0.000	0.000	0.000	1.000
Listage	5063	1.881	0.933	0.000	1.099	2.079	2.708	3.296
Top1	5063	0.342	0.148	0.096	0.229	0.320	0.430	0.762
Big4	5063	0.030	0.170	0.000	0.000	0.000	0.000	1.000

（二）变量间相关性分析

变量间的相关系数如表2-4所示，结果表明同群效应变量（核心解释变量）与每股社会责任贡献（被解释变量）存在显著正相关关系（1%显著性水平），假说2-1得到初步验证，控制变量与同群效应变量和被解释变量不存在严重多重共线性问题，模型选取合理。

（三）基准回归结果

企业社会责任同群效应的基础回归如表2-5所示，回归（2）和回归（3）依次加入控制变量和行业固定效应与时间固定效应，结果表明企业社会责任的同群效应（Peer）的系数都在1%水平下显著为正，这说明在商帮文化视角下，企业社会责任履行时存在同群效应，即处于同商帮内的企业，会受到商帮文化的影响，特别是受到群内社会责任表现良好企业的引领，通过学习，提高自身社会责任履行的意愿与建设水平，因此，假说2-1得到支持。

表2-4

变量间相关性分析

变量	CSR①	Peer	Size	Lev	Roa	Cash	Board	Indep	Soe	Listage	Top1	Big4
CSR①	1	0.095***	0.227***	0.105***	0.525***	0.269***	0.090***	-0.036*	0.077***	-0.161***	0.160***	0.131***
Peer	0.118***	1	0.059***	0.003	0.066***	0.089***	-0.051***	0.069***	-0.052***	0.006	-0.080***	0.010
Size	0.279***	0.055***	1	0.524***	-0.154***	0.038***	0.218***	-0.049***	0.356***	0.540***	0.059***	0.164***
Lev	0.128***	0.005	0.532***	1	-0.459***	-0.149***	0.105***	-0.043***	0.221***	0.410***	-0.020	0.015
Roa	0.473***	0.021	-0.079***	-0.395***	1	0.394***	0.004	-0.004	-0.139***	-0.333***	0.134***	0.074***
Cash	0.252***	0.085***	0.029*	-0.166***	0.378***	1	0.044**	-0.002	-0.001	-0.016	0.072***	0.106***
Board	0.057***	-0.052***	0.252***	0.103***	0.027	0.047**	1	-0.643***	0.256***	0.153***	-0.039***	0.091***
Indep	0.006	0.059***	-0.069***	-0.052***	0.016	0.033*	-0.547***	1	-0.055***	-0.048***	0.080***	-0.061***
Soe	0.064***	-0.057***	0.378***	0.234***	-0.072***	-0.003	0.276***	-0.061***	1	0.431***	0.170***	0.049***
Listage	-0.142***	0.008	0.501***	0.416***	-0.277***	-0.003	0.145***	-0.059***	0.397***	1	-0.162***	0.034*
Top1	0.115***	-0.076***	0.123***	-0.010	0.146***	0.073***	-0.008	0.099***	0.192***	-0.154***	1	0.051***
Big4	0.148***	0.010	0.212***	0.016	0.069***	0.106***	0.089***	-0.057***	0.049***	0.028*	0.076***	1

注：表格上三角为 Spearman 相关系数，下三角为 Pearson 相关系数；***、**、* 分别表示显著性水平为 1%、5%、10%。

① 表2-4 中 CSR 为表2-2、表2-3 中 CSR_pershare 缩写，即每股社会责任贡献。

表 2 - 5　　　　　　　　　　　　　基准回归结果

变量	CSR_pershare		
	(1)	(2)	(3)
Peer	0. 469 ***	0. 324 ***	0. 170 ***
	(7. 70)	(6. 87)	(2. 84)
Size		0. 304 ***	0. 304 ***
		(15. 75)	(15. 65)
Lev		1. 878 ***	1. 827 ***
		(20. 36)	(19. 63)
Roa		10. 074 ***	10. 075 ***
		(37. 35)	(36. 19)
Cash		1. 754 ***	1. 734 ***
		(8. 32)	(8. 04)
Board		- 0. 030 **	- 0. 017
		(- 2. 48)	(- 1. 41)
Indep		- 0. 066	0. 017
		(- 0. 20)	(0. 05)
Soe		0. 191 ***	0. 266 ***
		(5. 09)	(6. 83)
Listage		- 0. 396 ***	- 0. 394 ***
		(- 19. 05)	(- 18. 39)
Top1		- 0. 439 ***	- 0. 237 **
		(- 4. 12)	(- 2. 21)
Big4		0. 362 ***	0. 350 ***
		(2. 97)	(2. 93)
Constant	0. 729 ***	- 5. 981 ***	- 6. 161 ***
	(8. 53)	(- 14. 78)	(- 14. 99)
Industry	No	No	Yes
Year	No	No	Yes

续表

变量	CSR_pershare		
	（1）	（2）	（3）
N	5063	5063	5063
Adj. R²	0.014	0.435	0.463

注：括号中是 t 值，***、** 和 * 分别表示在 1%、5% 和 10% 的水平上显著，并且所有回归都利用 Robust 选项控制了异方差问题。

控制变量中，企业规模（Size）、企业盈利能力（Roa）、现金流比率（Cash）与被解释变量每股社会责任贡献显著正相关，这说明企业规模越大、盈利能力越强、偿债能力越强，履行社会责任的意愿就越强，建设水平也越高。资产负债率（Lev）显著为正，表明债权人在监督企业履行社会责任的过程中起到了重要的作用。相较于非国有企业，国有企业的每股社会责任表现更好，这说明国有企业在完成经济效益目标的同时，也兼顾了社会责任。公司上市年龄（Listage）显著为负，说明新成立的上市公司更加重视社会责任的履行。此外，购买四大会计师事务所审计服务的上市公司，社会责任建设水平更高。① 总体来说，控制变量的回归结果与现有研究的结论基本一致（陈丽蓉等，2015；许年行和李哲，2016）。

（四）稳健性检验

1. 更换回归样本量

上文是基于距商帮起源地 100 千米的距离进行的研究，这里进一步选取距商帮起源地 90 千米、80 千米、70 千米、65 千米的企业样本去检验结论的稳健性。结果如表 2-6 回归（1）~回归（4）所示，主要解释变量 Peer 均在 1% 的水平上显著为正，这说明从商帮文化视角出

---

① 受到四大会计师事务所审计的公司往往都是大公司，大公司均会制定较为合理的社会责任政策，故在社会责任方面表现较好。

发，商帮企业社会责任的履行存在同群效应，与前文结论一致，研究结论具有可靠性。

表 2 - 6　　　　　　　　　　　稳健性检验结果

变量	CSR_pershare			ln_donate		Donate_rev
	（1）	（2）	（3）	（4）	（5）	（6）
距离	90 千米	80 千米	70 千米	65 千米	100 千米	100 千米
Peer	0.306 ***	0.196 ***	0.203 ***	0.173 **	0.429 ***	0.335 ***
	（5.39）	（3.11）	（2.92）	（2.51）	（4.69）	（4.15）
Control	Yes	Yes	Yes	Yes	Yes	Yes
FE	Yes	Yes	Yes	Yes	Yes	Yes
N	4230	3431	3033	2781	5061	5062
Adj. R^2	0.462	0.448	0.452	0.453	0.212	0.046

注：括号中是 t 值，*** 、** 和 * 分别表示在 1% 、5% 和 10% 的水平上显著，并且所有回归都利用 Robust 选项控制了异方差问题。

2. 替换被解释变量

慈善捐赠作为企业履行社会责任最为常见的形式，能够较好地衡量企业履行社会责任的水平（许年行和李哲，2016）。本章使用"企业慈善捐赠"的对数值 ln_donate，以及"慈善捐赠与营业收入的比值"Donate_rev 替代"每股社会责任"来衡量企业社会责任的建设水平，结果如表 2 - 6 回归（5）~ 回归（6）所示，主要解释变量 Peer 均在 1% 的水平上显著为正，这说明从商帮文化视角出发，商帮企业社会责任的履行存在同群效应，与前文结论一致，研究结论具有可靠性。

3. 遗漏变量与回归偏误

企业社会责任的履行受到诸多因素的影响，为了获得科学客观的同群效应的一致估计，必须尽可能控制与模型被解释变量和模型核心解释变量都相关的变量，然而囿于某些变量的难以获得性和难以测度性，本章不能观测和收集到所有相关变量，为了保证结论的稳健性，本章选取奥斯特（Oster，2019）提出的方法进行稳健性检验。

奥斯特（2019）证明，当模型可能存在不可观测的遗漏变量时，可采用估计量 $\beta^* = \beta^*(R_{max}, \delta)$ 获得真实系数的一致估计。该估计量需要设定两个关键参数，分别是可观测变量与不可观测变量的比例 δ 以及模型中最大的 R_{max}。第一个参数 δ 是方程的选择比例（selection proportionality）。δ 定义了不可观测变量相对于可观测变量的重要性。第二个参数 R_{max} 度量了可观测变量和不可观测变量对被解释变量 Y 的解释能力，奥斯特（Oster，2019）进行了随机模拟并整理、检验了现有文献结果，采用奥斯特的建议，本章将采取以下方法对实证结果进行稳健性检验：首先，δ 取 1，R_{max} 取 1.3 倍当前回归拟合优度，如果 $\beta^* = \beta^*(R_{max}, \delta)$ 落在了估计参数的 95% 置信区间内，则结果通过稳健性检验。其次，R_{max} 取 1.3 倍当前回归拟合优度，计算使 $\beta = 0$ 时 δ 的取值，如果 $\delta > 1$，则结果通过稳健性检验。结论如表 2 - 7 所示，两种方法都通过了稳健性检验。

表 2 - 7　　　　　　　　　　敏感性分析

检验方法	判断标准	实际计算结果	是否通过
（1）	$\beta^*(R_{max}, \delta) \in [0.232, 0.416]$	$\beta^*(R_{max}, \delta) = 0.278$	是
（2）	$\delta > 1$	$\delta = 6.420$	是

四、异质性分析

（一）"海商"与"陆商"同群效应异质性分析

商帮的发展与其所属区位和商路范围密切相关。明清时期，内陆贸易规模远超海外贸易，因此以山陕商人为代表的内陆商帮凭借其区域优势、资源禀赋和政策红利等迅速发展，其规模和速度远超闽粤等沿海商帮。改革开放后，随着中国发展政策逐渐向东部沿海地区倾斜，沿海商帮凭借着开放的区位和多文化融合的优势迅速发展，完成了由传统商帮向"新商帮"的蜕变，目前已经成为中国商帮的"主力军"。

在企业社会责任履行方面，如表 2 - 8 的 A 部分所示，无论从 T 检验还是从 Wilcoxon Z 检验来看，"海商"商帮企业社会责任履行水平都显著高于"陆商"商帮企业。从同群效应来看，由于群内优秀的企业较多，且"海商"商帮的发展与崛起多得益于其处于"文化交融"地理节点，因此学习模仿机制更加强化。相反，内陆商帮多因其区位相对闭塞，背向海洋，则易守成求稳，且由于经济发展相对滞后，更多的投资会集中在研发和扩大生产规模等核心业务上，对于企业社会责任的投入相对较少，故提出以下假说：

假说 2 - 2："海商"商帮企业社会责任履行的同群效应显著优于"陆商"商帮企业。

表 2 - 8　　　　　　企业社会责任履行水平组间差异检验

A 部分	海商		陆商		T 检验	Wilcoxon Z 检验
	平均值	中位数	平均值	中位数	2.755 ***	2.052 **
CSR_pershare	1.436	1.131	1.317	1.060		
B 部分	崇商		轻商		T 检验	Wilcoxon Z 检验
	平均值	中位数	平均值	中位数	2.789 ***	2.289 **
CSR_pershare	1.435	1.131	1.313	1.053		
C 部分	革新		固本		T 检验	Wilcoxon Z 检验
	平均值	中位数	平均值	中位数	- 0.248	- 0.740
CSR_pershare	1.409	1.126	1.418	1.093		

注：*** 、** 和 * 分别表示 $p < 0.01$、$p < 0.05$、$p < 0.10$。

（二）"崇商"与"轻商"同群效应异质性分析

"崇商"和"轻商"体现的是商帮文化下企业对待商业的态度。以陕商为代表的一些商帮秉承"商而优则仕""以商致富，以农守之"的思维，将商业作为谋求仕途和光耀门楣的手段，称其为"轻商"文化，相反，以闽商为代表的一些商帮则秉承"以商为主"的思维，商帮内形成了"崇商"的文化氛围。相比较而言，国有企业在兼顾经济利益的同时，更要负担起攸关国计民生的社会责任，其"义重于利"的社会属性更加鲜明，因此被选取作为"轻商"的代表；而民营企业则具有更强的"市场敏感性"，因此可以作为"崇商"的代表。

在企业社会责任履行方面，如表2-8的B部分所示，非国有企业占主导的商帮中企业社会责任履行水平都显著高于国有企业占主导的商帮。从同群效应角度来看，一方面，政策支持是有限的，非国有企业需要加强企业社会责任成为"优质企业"来获取政府在补助、税收和信贷等领域的倾斜；另一方面，民营经济面临着更加激烈的竞争，因此模仿学习氛围更为浓厚。故提出以下假说：

假说2-3："崇商"商帮企业社会责任履行的同群效应显著优于"轻商"商帮企业。

（三）"革新"与"固本"同群效应异质性分析

"革新"与"固本"是商帮文化"创新精神"的体现，如晋商强调"保守"、赣商强调"重传统"，故其创新文化多以"固本"为主；而粤商强调"敢为天下先"、浙商强调"爱拼才会赢"，故其创新文化多以"革新"为主。"革新"与"固本"更多地体现企业在面对危机和实现可持续发展时对"创新"和"变革"的态度。借鉴已有研究（彭红星和毛新述，2017；杨兴哲和周翔翼，2020），将高技术企业占主导的商帮视为具备"革新性"的商帮，反之则为"固本性"的商帮。①

在企业社会责任履行方面，如表2-8的C部分所示，无论从T检验还是从Wilcoxon Z检验来看，"固本性"商帮企业社会责任的建设水平与"革新性"商帮企业并无显著差异。从同群效应角度来看，"革新

---

① 高科技企业的行业代码为C25、C26、C27、C28、C29、C31、C32、C34、C35、C36、C37、C38、C39、C40、C41、I63、I64、I65、M73。

性"商帮企业往往面临更加激烈的竞争环境，更倾向于去模仿和学习同行企业的"技术创新"决策，而企业社会责任的建设属于"组织创新"，因此重视度不够，模仿较少。而"固本性"商帮企业多存在于高污染高消耗等能源化工型传统产业，往往更加重视履行社会责任。故提出以下假说：

假说2-4："固本"商帮企业社会责任履行的同群效应显著优于"革新"商帮企业。

"海商"与"陆商"同群效应异质性分析如表2-9回归（1）和回归（2）所示。回归（1）核心解释变量 Peer 的系数为0.163，且通过了5%的显著性检验，这表明"海商"企业在社会责任履行时存在同群效应；回归（2）核心解释变量 Peer 的系数为0.180，且通过了10%的显著性检验，这表明"陆商"企业在社会责任履行时同样存在同群效应。但"海商"企业与"陆商"企业在社会责任履行时同群效应大小并无显著差异，拒绝了假说2-2。

表2-9　　　　　　　　企业社会责任履行同群效应异质性分析

变量	CSR_pershare					
	（1）	（2）	（3）	（4）	（5）	（6）
	海商	陆商	崇商	轻商	革新	固本
Peer	0.163 ** (2.06)	0.180 * (1.84)	0.159 ** (2.04)	0.072 (0.71)	0.083 (0.083)	0.282 *** (3.06)
Control	Yes	Yes	Yes	Yes	Yes	Yes
Industry	Yes	Yes	Yes	Yes	Yes	Yes
Year	Yes	Yes	Yes	Yes	Yes	Yes
N	4056	1007	4098	965	3417	1646
Adj. R^2	0.471	0.500	0.473	0.481	0.466	0.507
组间差异	-0.170 [0.890]		0.086 [0.490]		-0.198 [0.105]	

注：圆括号中是 t 值，方括号中是 p 值，*** 、** 和 * 分别表示在1%、5%和10%的水平上显著，所有回归都利用 Robust 选项控制了异方差问题。

"崇商"与"轻商"同群效应异质性分析如表2-9回归（3）和回归（4）所示。回归（3）核心解释变量Peer的系数为0.159，且通过了5%的显著性检验，这表明"崇商"商帮企业在社会责任履行时存在同群效应；回归（4）核心解释变量Peer的系数为0.072，但不显著，这表明"轻商"商帮企业在社会责任履行时不存在同群效应。且"崇商"商帮企业在社会责任履行时与"轻商"商帮企业同群效应大小并无显著差异，假说2-3也被拒绝。

"革新"与"固本"同群效应异质性分析如表2-9回归（5）和回归（6）所示。回归（5）核心解释变量Peer的系数为0.083，但不显著，这表明"革新"商帮企业在社会责任履行时不存在同群效应；回归（6）核心解释变量Peer的系数为0.282，且通过1%的显著性检验，这表明"固本"商帮企业在履行社会责任时存在同群效应。但"革新"商帮企业与"固本性"商帮企业在社会责任履行时同群效应大小并无显著差异，拒绝了假说2-4。

五、拓展分析：企业社会责任履行同群效应的学习机制

（一）机理分析

同群效应的本质是"抄作业"，即在同一商帮内，群内企业更倾向于向"优等生"学习。从商帮文化对企业行为的影响来看，主要存在三种模仿规律：一是"先内后外"式学习规律。由于商帮文化的同源性会降低企业的学习成本，所以同群内的企业会优先模仿群内文化特征、制度背景相同或相近的企业，然后再模仿群外企业（陈仕华和马超，2011；万良勇等，2016）。二是"优等生模范"式学习规律。企业往往会以群内规模大、口碑好和效率高的企业为榜样，学习其先进经验，并通过学习力争融入优秀企业的供应链或产业生态体系，获得更多的发展机会。三是"追赶者倒逼"式学习规律。优等生在接受其他企业学习的同时，也面临着被"潜在优等生"升级替换的风险。同群效

应的传导路径同时也是社会压力的传导路径，分为三种：第一种是"由上至下"，即"优等生"会将压力传导给"普通生"；第二种是"平行传导"，即压力在特征相同或相近企业之间进行传导；第三种是"由下至上"，即社会压力倒逼，指的是压力会由"普通学生"传导给"优等生"[①]（彭镇，2020），这是典型的"追赶者倒逼"，会让优秀企业在感受到追赶压力的同时向普通企业学习。

非国有企业之间大多是竞争关系，存在创新和知识溢出，因此易产生学习模仿行为。国有企业除了兼顾自身利益目标外，还需要承担起更强的社会责任担当和使命，且具有义务性、被动性和非营利等特点。此外，在社会责任履行中，公众对国有企业的期望高于非国有企业，为了避免承担社会责任过少而遭受公众舆论指责和利益损失，国有企业往往会模仿同群内其他企业，做到"不求有功，但求无过"。这种基于产权性质的"先内后外"式学习规律在以往基于行业、地域划分同群范围的研究中均已得到证明（万良勇等，2016；彭镇等，2020），但各商帮企业之间在社会责任履行时是否仍旧遵循这种"先内后外"式学习规律尚未得到证实，故提出以下假说：

假说2-5：基于产权差异，商帮企业在社会责任履行时遵循"先内后外"式学习规律。

此外，现有同群效应的相关研究已证实同群企业间遵循"优等生模范"式学习规律和"追赶者倒逼"式学习规律（彭镇等，2020；连玉君等，2022）。但基于商帮类型划分同群范围，各商帮企业之间在社会责任履行时是否仍旧遵循这种规律尚未得到证实。故提出以下假说：

假说2-6：商帮企业之间在社会责任履行时遵循"优等生模范"式学习规律。

假说2-7：商帮企业之间在社会责任履行时遵循"追赶者倒逼"式学习规律。

[①]　"优等生"指的是绩效好、规模大、业界口碑好的企业、地位高的优秀企业，"普通生"指的是各方面表现相对较差的企业。

(二) 机理检验

为了验证上述假设，本章采取莱瑞和罗伯茨（Leary and Roberts，2014）的处理方式，从企业产权性质、企业规模、企业绩效三个方面出发，并将"高营收"和"高绩效"企业定义为"优等生"的主要特质，继而分析商帮文化视角下企业社会责任履行同群效应的学习路径。

实证分析过程中，本章使用股权性质、营业收入、资产收益率对企业进行分组。其中，如果企业的实际控制人为政府机构，则将企业 i 归为国有企业组，否则将企业 i 归为非国有企业组，P_N 和 P_Y 表示同群企业中国有企业（企业除 i 外，下同）和非国有企业平均社会责任水平；如果企业 i 的营业收入位于同群企业的前30%，则将企业 i 归为大企业组，否则将企业 i 归为小企业组，P_S 和 P_L 表示同群企业中大企业组和小企业组企业平均社会责任水平；如果企业 i 的资产收益率位于同群企业的前30%，则将企业 i 归为绩效较好企业组，否则将企业 i 归为绩效较差企业组，P_B 和 P_G 表示同群企业中绩效较好企业组和绩效较差企业组企业平均社会责任水平。实证结果如表 2 – 10 所示。

表 2 – 10　　　　　　企业社会责任履行同群效应影响路径分析

变量	CSR_pershare					
	（1）	（2）	（3）	（4）	（5）	（6）
	产权国有企业	产权非国有企业	优等生大企业	普通生小企业	优等生绩效好	普通生绩效差
P_N	0.128 ** (2.06)	0.007 (0.18)				
P_Y	0.018 (0.21)	0.234 *** (3.54)				
P_S			− 0.039 （− 0.48）	0.114 *** (2.86)		

续表

变量	CSR_pershare					
	（1）	（2）	（3）	（4）	（5）	（6）
	产权国有企业	产权非国有企业	优等生大企业	普通生小企业	优等生绩效好	普通生绩效差
P_L			0.589 *** (3.09)	− 0.047 （− 0.58）		
P_B					0.071 （0.87）	0.163 *** （3.22）
P_G					0.616 *** （3.03）	− 0.077 （− 0.76）
Control	Yes	Yes	Yes	Yes	Yes	Yes
Industry	Yes	Yes	Yes	Yes	Yes	Yes
Year	Yes	Yes	Yes	Yes	Yes	Yes
N	1161	3885	1649	3409	1649	3409
Adj. R^2	0.497	0.478	0.385	0.492	0.350	0.299

注：括号中是 t 值，***、** 和 * 分别表示在 1%、5% 和 10% 的水平上显著，并且所有回归都利用 Robust 选项控制了异方差问题。

在表 2 - 10 中，由回归（1）可知，在国有企业组，P_N 的回归系数为 0.128，且通过了 5% 的显著性检验，P_Y 回归系数并不显著，这说明国有企业社会责任履行的行为仅会受到同群内国有企业的影响，满足"先内后外"式学习规律。由回归（2）可知，在非国有企业组，P_N 的回归系数不显著，P_Y 的回归系数为 0.234，且通过了 1% 的显著性检验，这说明非国有企业社会责任履行行为仅会受到同群内非国有企业的影响，满足"先内后外"式学习规律，假说 2 - 5 得以证实。

由表 2 - 10 回归（3）可知，在大企业组，P_S 的回归系数不显著，P_L 的回归系数为 0.589，且通过了 1% 的显著性检验，这说明大企业履行社会责任的行为仅会受到同群内小企业的影响，遵循"追赶者倒逼"

式学习规律，假说 2 - 7 得以证实。由回归（4）可知，在小企业组，P_S 的回归系数为 0. 114，且通过了 1% 的显著性检验，P_L 的回归系数不显著，这说明小企业履行社会责任的行为仅会受到同群内大企业的影响，遵循"优等生模范"式学习规律，假说 2 - 6 得以证实。

由表 2 - 10 回归（5）可知，在绩效较好的企业组中，P_B 的回归系数不显著，P_G 的回归系数为 0. 616，且通过了 1% 的显著性检验，这说明绩效较好的企业履行社会责任的行为仅会受到同群内绩效较差的企业的影响，遵循"追赶者倒逼"式学习规律，假说 2 - 7 得以证实。由回归（6）可知，在绩效较差的企业组中，P_B 的回归系数为 0. 163，且通过了 1% 的显著性检验，P_G 的回归系数不显著，这说明绩效较差的企业履行社会责任的行为仅会受到同群内绩效较好的企业的影响，遵循"优等生模范"式学习规律，假说 2 - 6 得以证实。

上述研究结果与本章预期基本一致，概括而言，从商帮文化视角出发，企业社会责任履行时同群效应学习机制同时遵循"先内后外"式学习规律、"优等生模范"式学习规律和"追赶者倒逼"式学习规律。

第四节　商帮文化视角下产业集群社会责任建设的分析框架

一、要素甄别

对"商帮"已有研究进行 1984～2022 年的文献计量发现，"中国知网"最早以"商帮"为题的论文发表于 1984 年，通过文献计量，对排名前 40 位关键词进行内涵辨析，将相同含义整合后，获得了 23 个"核心关键词"。通过对关键词的突现度进行分析，可以明晰研究热点的更迭，如表 2 - 11 和图 2 - 2 所示。

表 2 – 11　　　　　　基于文献计量的商帮研究关键词

排序	关键词	词频（次）
1	徽商、徽州商帮、徽州商人、徽商文化、Huizhou Merchant	163
2	明清时代、明清、近代、ming and qing dynasty、清代	146
3	宁波帮、宁波商帮	138
4	商帮、商人、business group	136
5	商帮文化、文化、商文化、商业道德	113
6	晋商、山西商人、Shangxi merchant	108
7	浙江商人、浙商、新浙商	32
8	江右商帮	30
9	企业家	24
10	龙游商帮	20
11	会馆	18
12	闽商	17
13	洞庭商帮	15
14	粤商	12
15	中国	11
16	陕西商帮	10
17	山陕商人	10
18	胡雪岩	9
19	商品经济	9
20	经营指导	9
21	鲁商	7
22	诚信	7

从已有研究中可以看出，商帮研究的热点主要集中在两个方面：一个是"共性要素"，即商帮出现的时间（明清时期）、商帮文化（以诚信为主核）、商品经济、企业家和会馆等；另一个是具体的热点商帮，包括徽商、宁波商帮、浙商和晋商等。因此，文化、企业家和会馆等要

素应该被纳入商帮文化视角下产业集群社会责任建设的研究框架中。

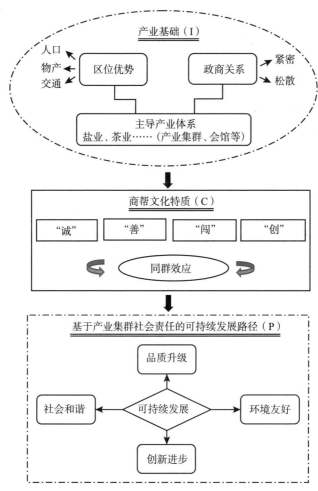

图 2-2　商帮文化视角下产业集群社会责任建设的 ICP 框架

二、商帮文化视角下产业集群社会责任建设的 ICP 框架

本书旨在通过对商帮和产业集群社会责任已有文献研究进行梳理，结合对徽商、浙商和晋商等主要商帮发展历程的追溯，挖掘、传承、发

扬商帮文化蕴含的精神内核，总结和探寻传统商帮走向衰落的教训以及新商帮成功转型的可持续发展基因，为当下中国企业家的培育和实现企业可持续发展提供参考和借鉴。据此，本书构建了以"商帮文化"为"中介桥梁"、以"同群效应"为"放大器"来加速推进产业集群社会责任建设而助力中国企业可持续发展的"ICP框架"，该体系遵循"产业基础—商帮文化特质（同群效应）—可持续发展路径"的逻辑思路，如图2-2所示。

（一）产业基础（I）

产业基础（industrial foundation，简称"I"）是产业集群社会责任建设和实现商帮可持续发展的动力和基石，没有产业体系的支撑，就无法实现产业结构的优化升级，更遑论产业的可持续发展。产业基础中包括"区位优势""政商关系""主导产业体系"三个要素。鉴于中国商帮从发展初期就具备鲜明的"官商"特征，且很多商帮的兴起与衰落都伴随着政策的变更，因此区域优势与资源以及政商关系会影响商帮所在区域的"主导产业体系"，而这些产业在发展鼎盛时期也具备了显著的"集聚"特征，并形成了以会馆、行会为协调机构的早期产业集群雏形，为商帮的发展壮大提供了坚实的产业基础。

1. 区位优势

商帮的本质其实是"地域商人团体"，是基于商帮诞生地的经商风习、人口集聚程度、物产资源及交通条件等发展形成的，因此，商业地理基础是商帮得以形成、发展和走上历史舞台的基本保障要素。从商业地理形成因素来看，"交通地理位置""物产资源""人口状况"是影响商帮发展最为关键的三个地理要素（朱光耀，1996）。

（1）交通与地理位置。有利的地理位置和便捷的交通运输条件是商帮形成与发展的决定性要素，如果一个地区拥有发达的水陆交通枢纽区位，成为大规模商品流通的集散地，则为商品流通提供了极大的方便。基于地理位置与交通优势，各个商帮形成了不同的国际和国内的商路。

从贸易指向上看，商帮可以被分为两类：一类是基于陆运和河运而发展形成的"内陆商帮"；另一类是基于海运发展形成的"海洋商帮"。前者具有代表性的是鲁商，山东地处我国东中部地区，从陆路来看，东南各省进京，山东都为必由之路，而且山东北部的临清、惠民，西南部的菏泽及南部的临沂自古就是咽喉要道。山东的河运也十分发达，大运河流经山东，每年往返船只不计其数。后者具有代表性的是粤商，在大航海时代，粤商在海上贸易中大放异彩，据统计，从明朝后期到清朝中前期，粤商重要分支——"福佬族群"通过海上贸易输入白银五亿两以上。

（2）物产资源。中国幅员辽阔，地大物博，各地迥异的自然条件和社会条件孕育出了多种多样的地方特色产品，这种差异性和多元性引致了区域间商品的流动，也基于资源差异形成了商帮之间不同的商品结构和主导产业布局，加速了商品在全国范围内的流通与交易。

以徽商为例，古徽州地处皖南崇山峻岭中，山峦起伏、烟云缭绕，素有"七山半水半分田"之称，虽然耕地贫瘠，但是物产却非常丰富：桐油、茶叶、粮食、木材等特色产品成为徽商走上商业舞台主要交易的商品。晋商中的泽潞商人凭借其悠久的商业传统和本地手工业生产基础，也成为晋商发展历程中一支不容小觑的商业力量。泽潞商人发源于明清时期山西省东南部泽州（今山西省晋城市）和潞州（今山西省长治市）地区，两地盛产桑麻和绸缎，特别是"潞绸"行销国内外，获利丰厚。

（3）人口状况。区域内人口聚集的数量是推动或阻碍商品经济发展的基本因素之一。人口不仅是劳动力供给的主要来源，也是市场需求的重要组成部分。人口数量大且分布集中的区域极易形成消费容量大、商品品类多元化的区域大市场，因此，人口状况是影响商帮商业地理基础的核心要素之一。以江右商帮的发源地江西为例，在宋徽宗时代，江西人口占全国的1/10，到了元明时期，江西仍保持这种经济优势，明代时，江西人口虽次于浙江，但仍居全国十三布政司的第二位，正是由于人稠地狭，所以才有"无赣不成商"的发展局面。潮汕商帮所在的地区面积仅 1 万平方公里左右，人口却有 1000 多万，而且还在不停地增长。"土狭民稠"的地理环境，使得潮汕人不得不向外发展，而且逐渐形成规模。

2. 政商关系

中国传统社会一直以"农业立国"为基本国策。在"士农工商"中，商人的地位最低。因此，商人们常常寻求政府庇佑，而官府也需要商人的财富支持，故"官商合影"和"官商一体"成为中国商业史上突出的社会现象。纵观中国商帮发展的进程可以发现，诸多商帮的衍生、兴起与衰落都与政府特权契约及政策红利紧密相关，即"兴也政策、亡也政策"，因而"政商关系"构成了中国商帮发展模式中一个关键的影响因素。

传统商帮晋商的兴起就是源于明朝政府的"开中制"，衰败于明中期出台的"开中折色制"。凭借在明清交战时期对清军的支持，晋商与政府建立了良好的官商协作关系，曾一度受到清政府的特殊礼遇，迎来了巨大的发展契机。然而，随着盐业的衰败，即使晋商转型到茶叶生意，后期也由于清政府签订的《天津条约》《北京条约》《中俄陆路通商章程》三大条约，在同俄商的竞争中仍始终处于不利地位。清末，由于错失票号业的转型机会，号称"现代银行的乡下祖父"的晋商再次走向衰败，最终以没落收场。

以"儒商"著称的徽商与政府的关联也很紧密。徽商世代以"功名利禄"和"家族荣耀"为奋斗目标。清朝时，徽州籍的状元多达 19 位，几乎占了所有状元的 17%，而凭借"朝中势力"，徽商的兴起与衰亡与政府和政策红利的关联十分紧密。同晋商兴起相似，徽商的发家也源于食盐的"开中制"和"开中折色制"，万历年间"纲法"政策的实施更是将徽商的事业推至顶峰，一时可谓富可敌国！乾隆在下江南时得到徽商江春的接待时也大为感叹："富哉商乎，朕不及也。"凭借"朝中势力"，徽商成为皇宫木材的专业采购商。可惜的是，徽商没有将辉煌进行到底，兴于盐业，却也败于盐业，随着盐业的垄断经营权在道光十二年（1832 年）被废止，徽商由于缺乏接续产业，从此一蹶不振，走向没落。

自达官绅士以及氓庶无不以礼相接，与地方长吏过从款洽。

——《沙溪集略》卷4《文行》

淮阴当南北日冲之地，士大夫毂击之区，君延纳馆餐，投辖馈遗。而尤注意计偕，寒素者赖君踊跃穷途，飞翼天衢。

——歙县《竦塘黄氏宗族》卷5

至今仍然活跃在商界的粤商也在发展过程中得益于政策的红利。"广州十三行"的诞生就是源于17世纪80年代康熙皇帝取消海禁，实行"开海贸易"而迅速发展起来；1757年，乾隆皇帝下令关停三个海关，只允许在广州进行交易，"一口通商"时代的到来让粤商的发展更为迅猛。但是在得益于政策红利的同时，粤商也受困于此。由于连年的战争，清政府各种索捐和逼捐的捐款名目以及对外商实施超国民待遇的"保甲制度"等，皆让粤商苦不堪言。1842年，第一次鸦片战争失败，《南京条约》签订，五口通商开放，粤商就此失去了政策的庇护。

总之，"政商关系"是决定中国商帮兴起、发展和没落的关键因素之一，在中国商帮的演进历程中发挥了举足轻重的作用。但是我们也要清楚地看到，任何一个商帮，如果仅仅凭借政府给予的特权与政策的红利来获取利润，其发展模式就是非常脆弱而缺乏自主性的，无论多么丰厚的利益，最终都会一一失去，它永远只能是一项生意，而不可能成为永续的事业，前瞻性的战略和持续性的商业创新才是商帮发展与存续的不竭动力。

3. 主导产业体系

在中国经济史上，虽然自然经济占据了主导地位，但是商业经济仍然拥有一席之地。不同地域的商人或凭借自然资源，或凭借区位优势，都围绕特定的行业形成了自己的优势产业，这也为各个商帮的蓬勃发展提供了坚实的经济基础，也实现了不同经济区域间的服牛乘马，周流天下、贩贱鬻贵，互通有无。

如果在推动中国商帮形成、发展和衰落中起到最为重要作用的产业体系中选择某一产业的话，那么答案一定是"盐业"。古今中外，盐的生产经营都存在不同程度的垄断。中国古代各朝代政府都设有专门的部门和官职来管理盐的生产、运输、分配和销售。中国有 2600 多年的食盐专营制度，应该说是全球最古老的垄断了。然而到了明代，由于"开中制"的推行，"中盐利厚"，以"徽、晋、陕"为代表的边省商民"纳粟换引"的积极性激增，在食盐市场高额利润的刺激下，三大传统商帮飞速发展和壮大起来。除了"边商"，以"淮盐"著称的扬州也有商人群体的崛起。扬州有面积广袤的"两淮盐区"，北接山东，南接两浙，淮河横贯其间。盐在古代是战略物资，实行国家管控，扬州也因此成为极为重要的盐策要地，早在西汉时，吴王刘濞就在扬州筑城，煮盐铸钱，富甲一方。扬州之盐产自两淮，但都在扬州城转运，代表着国家食盐管控的重要环节，获利丰厚可想而知。

"黑茶一何美，羌马一何殊，羌马与黄茶，胡马求金珠"。明代文学家汤显祖《茶马》的诗句描述了中国"茶马互市"的繁荣。中国的茶马古道在从唐宋到明清的时代更迭中，通过互补贸易，稳定了边陲，优化了人民的消费结构，是中国历史上以马帮为主要交通工具的民间国际商贸通道。中国茶马古道有三条：第一条是"陕甘茶马古道"，是中国内地茶叶西行并换回马匹的主道，唐朝时发展成为丝绸之路的主要干线之一；第二条是"陕康藏茶马古道"（蹚古道）；第三条是"滇藏茶马古道"，其中前两条茶马古道都是陕西商人开发的。天畴三秦，陕西的秦巴山区是中国最早种植茶叶的地区，因此，茶业也是陕商六大产业之一。统计资料显示，西北边陲对陕西茶业需求量极大，明代紫阳茶区每年所产 119 万斤茶，清代每年所产 1100 万斤茶，悉数西运换取战马，由此也开发了历史上的第一条茶马古道——陕甘茶马古道。

除了汉族商帮外，很多少数民族得益于所在区域繁多的物产，也形成了自己的特定产业，据此也发展出具有浓郁民族特色的少数民族商帮，比如地处云南大理的喜洲商帮和鹤庆商帮等。云南的普洱茶被称为

"云南三宝"之一，喜洲商帮就在大理地区建立起了茶叶种植和加工基地，近则销往云南各地，远则销往四川、西藏、越南、老挝、缅甸和印度等地区和国家。在清朝时，普洱茶发展成为云南给清廷的"贡品"，声名鹊起。云南的普洱茶被誉为"能喝的古董"。2023 年云南茶园面积达 803 万亩，同比增长 0.9%，约占全国茶园总面积的 1/6，居全国之首。全省干毛茶产量 55.7 万吨，较 2022 年增长 2.3 万吨，同比增长 4.3%，产量为全国第一。云南茶全产业链产值达 1504.2 亿元，连续 4 年超千亿元并稳定增长。① 此外，云南号称"动植物王国"，中药材资源也十分丰富，茯苓、麝香、三七、雄黄、虫草、贝母和黄连等药材产量非常充沛，药业发展迅猛。早在唐宋时期，药材就成为云南商人主要贩卖的商品之一。截至 2020 年，云南药材产业自 2016 年以来种植规模就稳居全国首位，种植面积在全国占比高达 14%，产量占比超过 1/3，其中三七产量全国第一，在全国比重达到 97%，灯盏花产量占全国的比重高达 95%，石斛产量占全国的比重达到 70%，成为云南省名副其实的"主导产业"。

> 独有普洱号刚坚，清标未足夸雀舌。
>
> 点成一椀金茎露，品泉陆羽应惭拙。
>
> 寒香沃心俗虑蠲，蜀笺端砚几间设。
>
> 兴来走笔一首诗，韵叶冰霜倍清绝。
>
> ——清·乾隆皇帝《烹雪用前韵》
>
> 洗尽炎州草木烟，制成贡茗味芳鲜。
>
> 筠笼蜡纸封初启，凤饼龙团样并圆。
>
> 赐出俨分瓯面月，瀹时先试道旁泉。
>
> 侍臣岂有相如渴，长是身依灈露边。
>
> ——清·查慎行《谢赐普洱茶》

虽然明清时期商品经济的发达程度有限，但是不同商帮所在区域的

---

① 资料来源：《2023 年云茶产业绿色发展公报》。

主导产业也呈现出鲜明的"集聚特征"式发展，形成了早期的产业集群雏形，比如江右商帮形成了以景德镇为中心的瓷器产业集群、以遂川为核心的茶产业集群以及以樟树为核心的药材产业集群等。同时，各地独具文化特色和多重功能的会馆也在商帮"集群化"发展进程中发挥了重要的作用，以江右商帮的万寿宫为例，会馆既是庙会交易场所，又是调解、裁决纷争的场所，既可以举办公益慈善事业，又可以提供商业中介服务，是当代产业集群"行业协会"的早期形态。

> 故里愁难会，思戚思朋思邻居，好似巨星百寿图；
> 同乡欣得聚，问山问水问桑梓，犹如明月万经书。
>
> ——江西会馆正殿圆柱楹联

（二）商帮文化特质（C）

对中外商帮发展史进行梳理可以发现，任何商帮的治理都离不开其所处的文化制度环境，而商帮文化则是商帮在长期经营实践中形成的，是所在区域文化和商业文化的有机融合。经济学家们一致高度重视文化因素。道格拉斯·诺斯（Douglass North）提出，有效率的制度是经济发展的前提条件，文化制度为经济发展奠定了基础（西方世界的兴起）。历史比较制度学派领军人物阿夫纳·格雷夫（Avner Greif）教授对"马格里布商人"和"热那亚商人"进行比较，揭示了文化与社会因素对不同经济制度的影响。

马格里布商人是犹太商人的后代，这些犹太商人于公元十世纪离开了政治环境日益不安全的巴格达，最初移民到北非的突尼斯，这些从马格里布跟随而来的犹太商人在埃及被称为马格里布商人……我们不清楚在 11 世纪有多少马格里布商人，只知道他们的数目不小：在 175 份文件中，提到了 330 个不同的名字，大部分马格里布商人投资在商品中的价值从几百第纳尔到几千第纳尔不等，而当时在福斯塔特，一个中产阶级家庭实际开支一般是 2~3 第纳尔。

为了应对贸易的不确定性和复杂性，马格里布商人通过海外代理人进行操作，海外代理人是能够为商业冒险提供服务的人，并与位于另一个贸易中心的商人分担和分享资本或利润，或者两者都分享……正如一个商人对他的海外代理人写到："我的所有利润来自你的口袋。"另一个人也写道："没有别人的帮助，很难成事。"

——阿夫纳·格雷夫《大裂变：中世纪贸易制度比较和西方的兴起》

同样，中国商帮的"文化特质"（Culture Trait，简称"C"）也深受产业基础的影响，"内向型产业体系"或"外向型产业体系"、尊崇的精神领袖与图腾、会馆行会的建设风格以及承担的功能，同时包括基于"诚信"等诸多商帮义利观共性内涵基础上形成的特殊文化气质等都会对商帮的可持续发展产生重要的影响，也是决定不同商帮核心竞争力的关键所在。由于"一方水土养一方人"，不同的商帮形成了迥异的文化特质："学而优则贾"的文化融入了晋商的血液；"敢为天下先"是粤商独立进取和勇于开拓的商业精神；吃苦耐劳、稳重实干是鲁商流淌不息的精神血脉……

> 人有意意有念念有欲欲有贪贪得无限
> 道生一一生二二生三三生万万象皆空
>
> ——亳州山陕会馆大门对联

> 慕管鲍高风云秦关度汾河共浮江汉而来千里平安利市更添三分利
> 值春秋佳日奏郑曲效楚舞兼采蘋蘩以献一堂礼乐尽诚联报十分恩
>
> ——汉口山陕会馆大门对联

中国商帮的文化发展呈现了两种不同的模式：一种是在区域内拥有高度统一的文化特征；另一种是在区域内形成了"多文化"的文化特征，且具有较高的文化融合度，粤商就是典型代表。粤商可以分为"广州帮"和"潮州帮"；"广州帮"比较盛行的是"三十六行"，到了清朝就演变成了著名的"十三行商"；潮州自古出商人，"潮州帮"是现在潮州、汕头和揭阳三个地区商人的总称，主要从事海上贸易，在中国沿海各省和东南亚诸国从事海洋贩运。

拥有多元文化的商帮还有浙商，也可以分为两派：一派是湖州帮，一派是宁波帮。前者地处浙江西部，是著名的水乡和鱼米之乡。古语有云："苏湖熟，天下足。"生丝是湖商的主导产业，特别是湖州南浔七里村所生产的"辑里蚕丝"，一直是中国及欧洲市场的抢手货。湖商在鼎盛时期有"四象八牛七十二金狗"的美誉。历久不衰、欣欣向荣的宁波帮是今天浙商的典型代表，被誉为历史上两大最成功的商帮之一，并为中国民族工商业的发展做出了突出的贡献，推动了中国工商业的近代化进程。宁波商人在金融、贸易、航运、制造等行业凭借其敢于开拓创新的精神创造了百余个"第一"：第一艘商业轮船、第一家机器轧花厂（通久源轧花厂）、第一家商业银行（中国通商银行）、第一家日用化工厂、第一家保险公司（华兴保险公司）、第一家由华人开设的证交所（上海证券物品交易所）、第一家信托公司（中易信托公司）、第一家味精厂、第一家灯泡厂……

"南浔以丝商起家者，其家财之大小，一随资本之多寡及经手人关系之亲疏以为断。所谓'四象、八牛、七十二狗'者，皆资本雄厚，或自为丝通事，或有近亲为丝通事者。财产达百万以上者称之曰'象'。五十万以上不过百万者，称之曰'牛'，其在二十万以上不达五十万者则譬之曰'狗'。所谓'象'、'牛'、'狗'，皆以其身躯之大小，象征丝商财产之巨细也。"

——中国经济统计研究所发行的《吴兴农村经济》（1939 年版）

不管中国商帮文化呈现了怎样的"百花齐放"和"百家争鸣"，从文化内核来看，其体系大致可以分为四类："诚"文化、"善"文化、"闯"文化和"创"文化，如图 2 - 3 所示。

"诚"文化：以"诚信"为内核，这是中国商帮文化的底色与基色。在中国几千年商帮发展历程中，虽然不同区域的商帮都形成了自己独特的文化特质，但"诚信""义利并举"是中国各地商帮共同信奉的原则，诚信为本、仁德至上、货真价实、童叟无欺，这些历经百余年而不衰的文化底蕴为今天企业社会责任的建设提供了良好的土壤与精神内核。

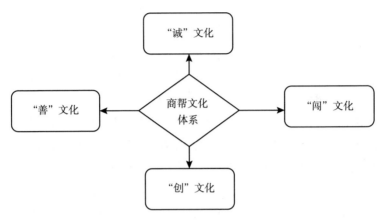

图 2 - 3   中国商帮文化体系

"善"文化：以"善施"为内核，商人们乐善好施，通过打造"商业 + 慈善"的经营模式回馈乡梓，报效国家，通过资助弱势群体，投身于公益事业，特别是在国家危难时予以支持等"商业向善"的行为体现了中国商人群体爱国爱家的传统美德。

"闯"文化：以"拼搏"为内核，打破土地和粮食等资源和要素的桎梏，探寻新的发展道路。中国很多商帮的发展都是源于"穷"，即人多地少，倒逼商人们培养出闯荡精神，负贩天下，走南闯北，走街串巷，甚至漂洋过海，这些苦难与窘境反而形成了中国商人在逆境中不畏艰险、敢拼敢闯的吃苦精神。

"创"文化：以"创新"为内核，这是决定商帮能否实现"基业长青"和可持续发展的重要文化保障因素。在经过原始积累取得商业成就的同时，中国商帮发展出现了分化：有的商帮秉持"开放"思维，在危机时，敢于创新，加速产业结构和资本结构的转型升级，开拓新市场、布局新产业，重视人力资本的培养，从而直至今日仍然活跃在中国商业舞台上；而有的商帮则局限于"小农经济"文化，抱着"小富即安"的想法，没有将吃苦耐劳、敢于打拼的精神转化为敢于突破、开放创新的企业家精神，从而在历史长河中衰落并退出。

（三）基于产业集群社会责任的可持续发展路径（P）

基于产业集群社会责任的可持续发展基因（path of sustainable development based on industrial cluster social responsibility，简称"P"）是决定商帮能否实现由"传统商帮"到"新商帮"蜕变的重要因素，更是决定商帮能否在中国式现代化进程中实现高质量发展的关键所在。

基于产业集群社会责任的建设可以让商帮企业提供更加优质的产品和服务，这是企业存在的最基本的功能，也是社会责任建设的基石与底线。当前，我国已经成为名副其实的消费品制造和出口大国，消费者升级使得消费需求正从"有"向"优"转变，因此如何启动品质建设，更好地满足人民日益增长的物质文化需求，是社会责任建设和企业实现可持续发展的基础。

应对气候变化，落实"双碳"行动，不仅需要国家层面做好顶层设计，更需要企业的积极参与，全产业链践行绿色低碳理念，对企业既是责任，也是可持续发展的内在要求和机遇。因此，通过产业集群社会责任的建设，可以通过产业链的协同创新和深度合作来助力"双碳"行动的落地，为企业实现可持续发展和打造核心竞争力提供良好的产业生态。

以"社会和谐"为社会责任建设目标，饱含"家国情怀"，是中国企业社会责任建设所特有的文化内涵，也是新时代企业家必备的涵养。"家国情怀"是中华优秀传统文化中最独特的精神品格，也是企业进步、社会革新和推动国家经济社会发展的隐性力量。在新时代，中国的商帮企业可以通过产业集群社会责任的共建，大力发扬工匠精神，提升中国制造品质，打造享誉世界的中国品牌，把企业发展同国家繁荣、民族振兴和人民幸福结合在一起，为国担当，为国分忧！

"创新进步"是产业集群社会责任建设和企业实现可持续发展的最核心的因素与推动力。商帮能否实现可持续发展的关键核心在于"人"，而商帮文化会显著影响"人"的思维，进而影响一系列的决策。"诚信"是中国商帮共性的文化内涵，也是社会责任意识的根基，因此，从创新角度来看，有两个最为重要的因素：一是"富有社会责任的人才与企业家精神"；二是"结构创新与升级"。

首先是富有社会责任的人才及企业家精神。在 700 多年云谲波诡的时代变革和惨烈竞争中，各路商帮历尽坎坷，却从未退出舞台，这绝非是历史机遇或地缘优势可以解释的。维系商帮成长背后的力量是什么？答案是"企业家精神"，这是商帮存续和基业长青的基本保障。然而，由于所处区域资源禀赋和文化背景的差异，不同商帮在人才的价值取向和精神品质培养模式上迥然不同，这也在很大程度上导致了商帮不同的发展命运，决定了它们的历史沉浮：如果提到"敢为人先"的企业家精神，宁波商人首屈一指，宁波背靠四明山，地处东海岸，一望无际的大海也极大地影响了宁波文化和人文内涵，使宁波的人文内涵更呈现出山水文化和海洋文化的特征，培育了宁波人开放、博纳、兼容的胸怀，更历练了其"闯海""弄潮""敢为天下先"的精神。如果要谈及对人才的"道德教育"，则是晋商做出了表率。三年学徒的教育机制将"道德教育"放到了首位，进入山西票号当学徒，要遵守很多严格的规定：第一，不准喝酒；第二，不准抽大烟；第三，不准嫖女人；第四，不得兼任别号的掌柜。

其次是结构创新与升级。通过对不同商帮的发展脉络进行梳理可以发现，是否具有创新精神、能否实现产业结构和资本结构的转型升级以及是否具有开放性的商帮文化特质是决定不同商帮能否蜕变重生、华丽转身而屹立于商海不倒的关键因素，也是商帮的可持续发展基因。粤商中的潮州帮，又被称为"潮汕商人"，是少数由传统商帮成功转型为"新商帮"的商人群体。潮州帮以海洋为通道，以海上贩运来获取利益，不仅通达中国沿海各省，足迹更是遍布东南亚诸国，形成了独具特色的"海洋性格"，"开放性"所赋予的"活力"是其最典型的可持续发展基因。作为著名的"侨乡"，开放性同时助力实现了其"产业结构"和"资本结构"的转型优化。潮州商人兴起于"贩运"，原始资本来自海上贸易，以及"鸦片专卖权"。而在 1906 年禁止鸦片后，潮汕商人战略性地将"贸易资本"和"鸦片资本"投入现代工业和银行业：

1916 年潮商郑培之、郭子彬合资创办鸿裕纱厂，两年之后创办了鸿章纺织染厂，实现了产业结构向工业化的转换，潮汕商人历经近千年，依然在商业舞台绽放异彩的成功因素就是来自其锐意创新和勇于变革的文化基因与底色。

陆商篇

第三章

陕　　商

隔面讲盘终有弊，当场唱价终无欺。

开店慎本自然久，诚实不欺遵信还。

——陕西商谚

　　"秦中自古帝王州"，陕西是中华民族的文明发祥之地之一，省会城市西安更是十三朝历史古都。作为政治中心，陕西自古商业发达，神农氏时就有"日中为市，致天下之民，聚天下之货"的说法。后来得益于明朝政府为陕西量身定制的"食盐开中""茶马交易"等政策，陕商登上了历史舞台，并凭借其独特的商业气质拥有多个称谓：一谓"秦商"，喻其发展历史久远，著名的"秦蜀古道"就是中国丝绸之路上重要的大动脉，秦商也曾与晋商在历史上被合称为"秦晋大贾"；二谓"西商"，因其主要活动地区在西部，因此他们与晋商也被并称为"山陕商人"，又名"西商"；三谓"山贾"，因其活动范围主要是内陆地区，背向海洋，有别于浙商、苏商、粤商、闽商等"海商"，因此得名。陕商在明清朝近500年的岁月里，为沟通中西部贸易联系、满足西部各民族生活所需以及促进西部地区经济发展做出了巨大贡献。

第一节　产　业　基　础

陕西山川雄伟，土田衍沃，水土丰饶，有"八百里秦川"之美誉，是中华文明的源头之一，从华胥到华夏，从华夏到中华，陕西形胜雄武，帝王之资，周、秦、汉、唐在此肇基兴盛。因此，陕西在中国文明史上的分量举足轻重：一个陕西省，半部中国史！悠久的历史，深厚的文化底蕴，优越的地理位置，为陕西的商帮发展提供了有利条件。

一、区位优势

（一）交通与地理位置

1. 基本情况

陕西四塞雄风，左崤函，右潘冢，雄关环抱，群峦耸峙，地理位置优越，交通便利，具有显著的区位优势。在古代北方政治文化中心，陕西"关中"是进入西北的战略要地，西出可以控制河西走廊，南下可以控制巴蜀，是"进可攻退可守"的关键，具有其他省份不可替代的区位优势。此外，陕西作为古丝绸之路的起点，汉代张骞在2000 年前就从陕西的长安出发，历尽艰辛打通了中国通往中亚的丝绸之路，陕西在丝绸之路经济带的经贸往来中具有承东启西、连接南北的重要作用。明朝的陕西已是边关地区，明代的陕西布政司统领 8 州19 县，管辖区包括东起华阴、南起紫阳、北至河套、西达肃凉的西北大部分地区，边地直到今天的嘉峪关。清朝时期，为了加强对边疆的治理，实行陕甘分省，陕西辖区内缩，管辖 8 府 90 余县，势力范围辐射西北大部分地区。

（秦地）号称陆海，为九州膏腴。所谓"陆海"，颜师古注：言其地高陆而饶物产，如海之无所不出，故云陆海。

——班固《汉书·地理志下》

天下车书一统同，怀柔西域远从风。番蒙回部通川藏，都在三秦节制中。

——叶澧《甘肃竹枝词》

大陇西来万岭横，秦亭何处但荒荆。汧西考牧方分土，陇右山川尽姓嬴。

——杨恩《秦亭》

2. 商业辐射网

作为典型的背向海洋的内陆商帮，陕商与海洋经济和全球化接轨较晚，因此其经营范围主要以国内为主，鲜有涉及海外，主要形成了西北、西南和江南（扬州）三条主要的国内商路。

（1）西北商路。明清时期，陕商主要的经营范围在陇、青、蒙、陕的西北，主要是把陕西包括汉中、兴安、四川保宁等府在内的紫阳茶区的商品输向甘陇。明代陕西茶商的运茶路线是从安康等地出发，入汉江后由船运人背马驮运至石泉县，经石洋交界的茶镇，运至洋县，然后经洋县、西乡等地到达汉中。明代政府在汉中设有茶叶批验所，对西去的茶叶进行检查分选，分两路运往甘陇：一路可沿褒斜道经留坝、凤县、两当达天水秦州，然后经清水达庄浪等地甚至北上宁夏，或可经甘谷、武山、陇西、临洮达临夏河州；另一路则从汉中到勉县、略阳进入甘肃成县、西和、山民县达林潭一带，然后进入兰州，经此进入丝绸之路，销往陇西部各地，或可由西进入青海销售。

一驿过一驿，驿骑如星流。平明发咸阳，暮及陇山头。

陇水不可听，呜咽令人愁。沙尘扑马汗，雾露凝貂裘。

——岑参《初过陇山》节选

（2）西南商路。西南商路主要是把四川雅安、灌县、邓峡、名山、射洪等州县在内的川南茶区的茶叶输往康藏地区。到清代，西北茶叶市场上，湖茶占主体地位。同时，西北的茶叶市场也进一步向西扩展，甚至深入新疆各地，其路线是将湖茶由资江装船运益阳，再换船入洞庭湖到汉口，到汉口后再经汉江转丹江到龙驹寨上岸入泾阳。湖茶在泾阳加工为成茶。成茶从泾阳出发，经长武、平凉、定西后至兰州，然后再分销西北各地。清代修建了运茶新驿路后，茶叶又可以从凤翔、经宝鸡到达秦州（王俊霞，2010）。

（3）江南商路。由于"淮盐"质优利厚，扬州成为陕商发家致富的主要历史原点，也成为陕商第二个故乡，主要的产业领域是"盐业"。三原的梁家、泾阳的张家、西安的申家、临潼的张家都是扬州有名的大盐商。而这些盐商在传统"重农抑商"的思想影响下，将光耀门楣和奢侈享受作为精神归宿和人生追求，于是纷纷在扬州买官、购置别室、豢养"瘦马"①，这种做法虽然促进了扬州在建筑、音乐、文化等领域的发达，也为陕商日后的衰落埋下了隐患。

此外，陕西布商也经常下江南贩布，东路至汴梁入大运河，南路入龙驹寨趋汉口。明代时，丹江水道因月亮潭巨石阻隔而通航不畅，陕西布商一般是携银趋汴梁弃车登舟，沿运河顺流而下至苏松收购土布。清代丹江水运通航后，从湖北所贩之布皆可由汉口入汉江，再入丹江，经陕南的龙驹寨直接运回到西安、三原等地，然后销往西北各地。此外，陕商也成为"南布北来"发展进程中的重要节点，把江南的棉布贩运至西北，推动了中国近300年的棉布贸易。

> 商人河下最奢华，窗子都糊细广纱。
> 急限饷银三十万，西商犹自少离家。
>
> ——《扬州竹枝词》

（二）物产资源

陕西拥有比较丰富的自然资源。

---

① "瘦马"特指明朝以来扬州地区的一项畸形产业，即低价买来幼女，养成后再高价卖出。由于这与商人低价买来瘦马，养肥后再高价卖出的经营方式一般无二，又因买来的贫女大多瘦弱，故人们将这类女子称为"瘦马"。

1. 矿产资源

陕西矿产资源丰富，矿产潜在经济价值超过 42.5 万亿元，居全国第一位。目前探明储量的有 91 种，居全国前 10 位的有 55 种：居第一位的有盐矿、水泥灰岩等 7 种；居第二位和第三位的有煤、天然气、钼、汞、高岭土等 20 种。陕西榆林市在 2.5 万平方公里范围内找到平均厚度达 120 米的盐矿，目前已探明储量 8857 亿吨，预测储量 6 万亿吨，潜在价值达 33 万亿元，居全国第一位。全省含煤面积 5 万平方公里，已探明储量 2700 亿吨。正在开发的陕北神府煤田，已探明储量 1600 亿吨，是少有的优质动力煤田。陕北天然气田是世界级陆上整装天然气田，已探明储量 6391 亿立方米。黄金储量居全国第五位，产量居第四位，钼精矿产量占全国的 1/2。

2. 植物资源

陕西生态条件多样，植物资源丰富，种类繁多。现有林地 593 万公顷，森林覆盖率 28.8%；天然林 429 万公顷，主要分布在秦巴山区、关山、黄龙山和桥山。秦岭巴山素有"生物基因库"之称，有野生种子植物 3300 余种，珍稀植物 37 种，药用植物近 800 种。沙棘、绞股蓝、富硒茶等资源极具开发价值；生漆产量和质量居全国之冠；红枣、核桃、桐油是传统的出口产品；药用植物天麻、杜仲、苦杏仁、甘草等在全国具有重要地位。

3. 水力资源

陕西有河流 583 条。以秦岭为界，北属黄河水系，南属长江水系。黄河水系境内主要有渭河、泾河、洛河、无定河。长江水系境内主要有汉江、丹江、嘉陵江。全省地表水年径流量 426 亿立方米，水力发电蕴藏量 1400 万千瓦。汉江是全省最大的河流，年流量占全省总流量一半以上。经过多年开发利用，全省现已建成各类灌溉工程 18 万处，灌溉面积 141 万公顷，占耕地总面积的 42%。

（三）人口状况

根据《西安人口志》记载：西安至今发现仰韶文化时期原始居民

村落遗址六七十处，总人口约为 7 万人。两周时期，丰镐两京人口在 15 万以上。西汉京兆尹管辖 12 县，总人口约 48 万。唐天宝元年，京兆府 20 县人口约 196 万。唐朝后，长安失去京都地位，西安人口急剧下滑，北宋元丰三年，西安九县人口仅 24 万。元朝宪宗二年人口不足 8 万，人口数量回到原始社会时期。根据《陕西通志》记载：嘉靖二十一年，西安府有人口将近 160 万；清朝时期西安府辖 15 县和 1 散州，嘉庆二十五年，总人口达到 140 万。西安 2023 年末常住人口 1307.82 万人，比上年末增加 8.23 万人。其中，男性人口 667.52 万人，占 51.04%；女性人口 640.30 万人，占 48.96%。性别比为 104.25（以女性为 100，男性对女性的比例）。城镇人口 1044.69 万人，城镇化率 79.88%。出生人口 10.75 万人，出生率 8.22‰；死亡人口 10.28 万人，死亡率 7.86‰；自然增长率 0.36‰[1]。

"陕西所属西安、凤翔、乾州、扶风、咸阳、临潼等府、州、县旱伤，人民饥窘，携妻挈子出湖广、河南各处趋食，动以万计。"

——正统十年（1445）陈镒奏

二、政商关系

陕商的发展、壮大与衰亡都是与政府和政策高度相关的，与其他商帮相比，很多"量身定制"的政策让陕西这个本不宜产生大型商帮的土地上诞生了一个名闻全国的大商帮，且驰骋中国商界达五百年之久。

（一）缘起于"食盐开中"

"食盐开中"是明政府为陕西量身定制的政策，也是最早在陕西实行的。明王朝建立以后，为了防御元朝残余势力的南犯，在东起山海关、西至嘉峪关的崇山峻岭间沿长城一线设置了 9 个边防重镇，即所谓的"九边重镇"，驻扎近 80 万大军，无形当中形成了一个巨大的军事

---

[1] 西安市人民政府官网 - 城市概况 - 人口状况，http://www.xa.gov.cn/。

消费带。为了吸引商人纳粟于边，明政府以出让食盐的销售权为代价，也就是所谓"召商输粮而与之盐"的开中法，鼓励商人将内地生产的粮草、棉花、布匹等商品运往边关重镇。当时食盐是官方的专卖品，商人替政府运送军需物资到指定地区，换取政府发出的盐引，再到盐场换取生活必需的食盐来销售，可以获得厚利。明初的"开中法"是政府依赖商人运送军需物资到北方边疆的政策。"开中法"助推了中国两大商帮的崛起——陕商和晋商。明朝的"九边重镇"当中，有两个靠近山西：大同和太原（又称三关镇、太原镇、偏关镇），有四个靠近陕西：延绥（榆林）、宁夏、固原和甘肃。山陕商人凭借地理优势迅速崛起。

（二）繁盛于茶马交易陇上行

"茶叶开中"是明政府为陕西量身定做的第二个政策，是对"食盐开中"的补充。当时，北方游牧民族吃牛羊肉喝奶酪，又少蔬果，因此需要茶来去油解腻助消化，这种"宁可一日无肉，不可一日无茶"的生活方式对于中原的茶业形成了巨大的市场需求。因此明王朝为巩固其政权，一方面对元蒙残余势力进行军事打击，另一方面则在经济领域对蒙古各部采取严密的防范政策。永乐三年（1405 年），明政府开设辽东马市与女真族进行互市。弘治三年（1490 年）政府将"食盐开中"的办法移植到边茶管理，对陕西实行"边茶开中"。

当时，政府实行"榷茶"，即由政府实行茶业专卖，唯有陕西实行"边茶贸易"。陕商享有此政策红利的原因有二：一是源于其地处边疆；二是由于其具有雄厚的茶产业基础。为了打破"官茶垄断"带来的腐败，陕西实行的"边茶开中"使陕商又一次享受到政策红利，为其发展特别是茶商的发展提供了因利乘便的历史机遇，呈现了"茶园增加不知几处，年产量达到 113 万斤的盛势"。

（三）随军贸易赶大营

清朝政府对西北疆域的管控很严，设哈密军予以防守。在疆域拓展和防卫的过程中，粮草军饷主要沿陕甘转运，同时也制定了允许商人携带货物、随军出关的政策，史称"随军贸易"，又称"赶大营"，而参与其中获利最多的就是陕商。由于这种贸易具有独特的垄断优势，所以获利非常丰厚，陕商的商路得以拓展，财富也得到快速积累，为其在中西部贸易通商中的发展壮大再次提供了政策的便利。

一猪价银十数两，小猪与鹅四五两，鸡鸭数两，酒一斤亦数两。

——皇朝续文献通考

三、主导产业体系

（一）传统产业体系及早期集聚

陕西物产丰富，依托当地的资源，陕西商帮所在区域形成了多样化的资源依赖型产业体系。此外，得益于官府"食盐开中""茶马交易""布马交易""棉布征实"等政策红利，陕商形成了七大主导产业体系：政策驱动型产业有盐业、茶业、布业；资源驱动型产业有木业、烟业、皮毛制品业和药业。

1. 盐业

明初确立了"开中法"，允许商人运粮到边镇，用粮食换取盐引，陕商利用政府政策进军淮扬盐业，盈利颇丰。明末清初，陕西盐商进军四川开发四川井盐，鼎盛时期成为西部最大的盐业集团。晚清时期，陕西盐商在面对新形势的大分化和大改组中失败，盐商从此一蹶不振，特别是在两淮盐场，由于不能和徽商竞争而陆续退出，陕西本土市场则被晋商占领，四川的盐井业也由于战乱导致资本不够，市场迅速萎缩，盐业产业未能成功延续至今。

"川盐投资，秦人占十之七八，川人占十之二三。"

——王余杞《自流井》

2. 茶业

明初为巩固边防实行了"茶马交易"的经济政策，陕商利用陕西极佳的地理位置，贩茶于边疆，开创了中国第一条茶马古道。茶业在清朝光绪年间（1875～1908年）达到鼎盛，陕西泾阳直到宣统时期一直为"副茶"和紫阳绿茶的加工焙制中心。然而到了清末，由于陕甘总督左宗棠推行西北茶制改革，扶持以湘军为基础的官僚资本，凭官票销茶，陕西茶业大不如前。

"明制汉郡产茶，汉民不得自行贸易，于是立市茶法，命秦陇商领茶引，采茶于汉，运之茶司推其半，易马于番。"

——《洮州厅》

3. 布业

明朝初年，朝廷实行"赋税征实"和"布马交易"政策，为陕商大规模贩运江南标布和鄂豫土布创造了非常有利的经营条件。从明初至民国的500多年，整个南北棉布的流通都被陕商所垄断。清末至民国，土布市场受到外国洋布和洋纱的排挤而迅速衰落，经营土布的陕西布商在洋布的打击下纷纷破产歇业，布业产业未能成功延续至今。

"大妇弓弹中妇绩，绿鬟小妇当窗织，莫辞劳，吴中贾来价正高。"

——《棉布谣》

4. 木业

清乾嘉时期，秦巴老林的全面开发使陕西木商迅猛发展起来。鼎盛时期，清末著名的木材商号中的八大号都来自陕西，如李家和宋家等。然而，到了清光绪年间，由于木商对老林资源的掠夺性开发，使得木业资源日渐枯竭，陕西木商的发展遇到重挫。

"所出木植，近至西同，远及晋皆赖之。"

——《清史》

5. 烟业

清代初期，烟草种植从山西传入陕西，陕西很快成为烟叶的重要产地，后来陕商到甘肃经商，便将烟草的种植和吸食传入兰州，在兰州垄断了水烟产业，兰州水烟业经历了光绪二十年（1894年）和民国十年

（1921 年）的黄金时代，迅速发展到历史上的最高峰。民国后期，陕西烟商在外国机制卷烟打击下纷纷破产，只能在市场投机中惨淡经营。"九一八"事变后，陕西烟商已经由原先最盛时的大小烟庄 130 余家，锐减到只剩十数家的悲惨境地。

"烟于岭南、江东诸州及齐鲁秦晋间往往有之……而黄甫川市口比他处较盛，昔年行茶者与烟并至，每岁额课千余金，不数年，边口既众。"

——康熙十二年《延绥镇志》

"水烟者，起于甘肃之兰州。兰州五泉山下产烟草，既制，必隔水吸之，入腹而后吐，醉人尤易"。"初时人畏其力猛，食者绝少，渐自秦而晋，而豫，而齐鲁燕宋，大江以南，今且遍天下无不至矣"。

——王诉《青烟录》

6. 皮毛制品业

皮毛制品是陕西主要特产，统称为"西口皮货"。因为陕商经常身穿老羊皮袄，所以也被称为"毛毛客"，"西商"这个称号也是由于陕商经营皮货生意而得名的。陕西泾阳是皮货主要集散地，聚集着皮货作坊近 40 家，经营者不下万人，每年鞣制黑白羔皮、二毛皮和老羊皮等 2 万余斤。在清末时期，陕西更是成为四大硝皮中心之一，作坊众多，规模庞大。1876 年，外国人在中国设立皮革厂，大量收购中国的皮革，导致中国的皮货业失去了经营的独立性，走上了买办的道路，皮毛制品业未能成功延续至今。

贩牛、羊、毛革与买卖茶业之商甚巨……汉商多饶裕，皆陕人。

——李刚《陕西商帮》

7. 药业

陕西以西之广大西北地区高山巨川、长河深涧、天苍野茫、水洌泉甘，尤以秦岭、巴山、鸟鼠、祁连、天山首尾相连，具备各种中药材生长的绝佳天然环境，是中国药材的天然宝库，尤以党参、柴胡、秦艽以及红花等闻名。凭借着资源优势，陕西的三原成为全国闻名的药材市场，陕商也以药济世，悬壶救人，被称为"西帮"。来自甘肃和秦地的药材在三原加工炮制成著名的"西口药材"，此地药店林立，是全国中药材特别是西部中药材加工集散中心，300余家店铺在这里聚集，并诞生了像全盛裕、际盛隆以及同春丰等知名品牌，形成了显著的集群优势。

> 东关大贾善生财，百货分六门市开。
> 传说兰城新到货，昨宵商贩自东来。
>
> ——《湟中竹枝词》

（二）早期产业集群中介组织——山陕会馆

由于陕商与晋商的合作，陕西会馆多是以"山陕会馆"的联合形式出现的。在各地会馆前，都会有铁筑的丈余旗杆作为会馆商业文化的标志：旗杆上有四枚钱的云斗，并在主楼"悬鉴楼"镶嵌着刻有"既和且平"的巨匾，体现了陕商"和气生财"和"平安盈利"的期盼。在会馆拜殿两山的匾额上多是书写"公平交易"和"义中取财"，体现了陕商义利并举的经商理念。

> 秦人会馆铁旗杆，福建山西少这般；
> 更有堂戏难及处，千余台戏看一年。
>
> ——清代成都《竹枝词》

最初创立山陕会馆是为了给流寓异地的山陕商人提供住宿和存放货物，类似于今天的"招待所"。后来，随着商帮规模的扩大，山陕会馆的功能也逐渐多元化，发挥着交际所、议事厅、游乐场、夜总会、疗养院等功能，同时更要维护客帮商人在异地的各种利益。会馆既是同籍商人乡情的归宿，又是精神家园。这些场所就是产业集群中"行业协会"的雏形，山陕会馆在山陕商人经商的过程中起到了"联乡谊""敬神麻""安故旅""化矛盾""庇利益""享信息"的功能。

> 昔事王壁，朱孔颖，皆籍系西陇，西行于亳，求财谋利，联袂偕来，丞谋设会馆，以为簪盖之地。
>
> ——《重修大关帝庙碑记》

> 门楼严谨势崔嵬，荟萃神明紫气来。

操守兼行孔方至，碑亭不语疑云开。

结邻尚义垂千古，悟道丹心服九垓。

偶露浮华商女恨，超然功过任人裁。

——李奎封《山陕会馆》

（三）现代化产业体系与"集群化"发展

陕西省大力推动产业现代化发展，通过产业链和创新链深度融合加快构建现代化产业体系①：在高端机床、半导体与集成电路、光子、先进金属材料、新能源汽车等重点领域全面提升产业核心竞争力；全面促进人工智能、量子通信、物联网与工业互联网等新兴产业和未来产业发展，促进科技成果与产业化融通发展。同时，陕西省将培育大数据产业作为发展数字经济的重要抓手，协同推进数字产业化和产业数字化，持续做大做强数字经济核心产业，预计到 2025 年，陕西省将建成国内有重要影响力的大数据、集成电路、软件和信息服务、光子 4 个千亿级产业集群，全省数字经济核心产业增加值占地区生产总值的比重超过 10%②③。

陕西省以打造产业集群和重点产业链为路径实现重点产业规模扩张和质量提升，通过制造业"强链群"推动高端装备、电子信息、汽车、医药等产业集群的建设，同时通过两级"链长制"培育数控机床、重卡和煤化工等产业链。在高端装备制造业，推动新州 700 飞机项目列入"十四五"重点项目，推进重大短板装备创新研发。在电子信息产业领域，促进三星芯片、比亚迪高端智能终端产业园等重大项目不断发展。在现代化工业领域，积极推进陕北 5 个千亿级能化产业集群建设。陕西省各市也针对本地的产业化基础提出了发展规划，如西安市明确提出打造 3 个千亿级产业集群、5 个百亿级企业，实现装备制造业的跨越式发展④。

为了更好地推动产业集群发展，陕西省对"十四五"战略性新兴

---

① 《实施"两链"融合加快构建现代化产业体系三年行动方案（2021—2023 年）》。
② 《陕西省"十四五"数字经济发展规划》。
③ 《陕西省加快推进数字经济产业发展实施方案》。
④ 《西安市装备制造业产业发展规划（2019—2021 年）》。

产业进行布局，全省共规划了九大产业组团，分布在全省六市一区。这九大战略新兴产业组团不仅包含了新兴产业，也包括了传统产业升级换代，基本覆盖了全省主要的工业基地和科技创新区域，这些入选的新兴产业园区能够发挥自身特长，不断创新驱动，在各自产业做出成绩，助力陕西经济社会健康、快速发展，如表3-1所示。

表3-1　　　　　陕西省"十四五"战略性新兴产业布局

序号	产业组团	具体区域	重点领域
1	西安高新区组团	雁塔区、长安区、鄠邑区	信息技术、新能源汽车、生物医药、人工智能产业
2	西安经开区组团	未央区、高陵区	新能源汽车、节能、轨道交通设备
3	西安航天基地组团	长安区	航天装备、卫星及应用产业
4	西安航空基地和富阎组团	阎良区、渭南富平县	航空制造、新材料
5	榆林高新区组团	榆林	新能源、新材料、装备制造、无人技术
6	宝鸡高新区组团	宝鸡	钛及钛合金、节能与新能源汽车、石油钻采装备、数控机床
7	咸阳高新区和沣西新城组团	咸阳秦都区、西安沣西新城	新型显示器件、智能终端、大数据与云计算产业
8	汉中经开区组团	汉中	高端装备制造、现代材料、生物医药产业
9	杨凌示范区组团	杨凌区	智慧农业、生物医药、生物育种、基因工程

资料来源：《陕西省国民经济和社会发展第十四个五年规划和二〇三五远景目标纲要》。

第二节　商帮文化特质

明代著名学者顾炎武在《富平李君墓志铭》中这样评价陕商："关

中多豪杰之士，其起家商贾为权利者，大抵崇孝义，尚节概，有古君子之风。"陕商作为最早崛起、曾一度被称为商帮之首的大帮，他们崇拜关公，在黄土横亘、沟峪纵横的黄土地上形成了"质本天成"的文化特质，以及"诚实不欺、不尚空言、求真务实"的商业文化，这种商业精神使陕商被赋予了"陕棒槌"的雅号，如图 3-1 所示。

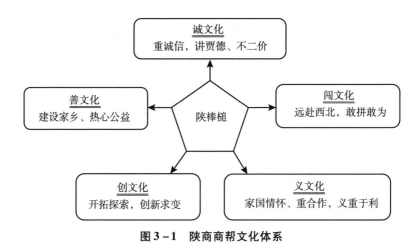

图 3-1　陕商商帮文化体系

一、诚文化

陕商信奉"诚信厚重"的经营理念，这是其纵横商界 500 年的基本品格。陕商不欺不诈，随行就市，按质论价，正因如此，被誉为"人硬、货硬、脾气硬"的"三硬商人"。清末文人郭嵩焘说："中国商贾夙称山陕，山陕人之智术不及江浙，权算不及江西湖广，而世守商贾之业，惟其心朴而心实也。"陕商将"诚信"孕育在"家训""店规""行律"中，密如蛛网般的以"诚信"为基础的经商准则让陕商获得了"三大良商"的美誉。

二、善文化

作为兴盛数百年的一大商帮，陕商从厚重的黄土地上崛起，走出潼关，创造了辉煌历史。大多数的陕西商人在外地发家致富以后，都会返回故土回报这片哺育他们的黄土地。陕商拥有热心公益的美德，他们不吝金钱，热爱建筑，为家乡建设做出了贡献。陕西商人通过贩盐、贩茶、贩布匹、皮货交易、开当铺、票号等发财致富后，在家乡大兴土木，建造高房大院。

三、闯文化

从骨子里传承的血脉来看，陕商的"闯劲儿"不足，八百里秦川，沃野千里，自神农氏教民稼穑以来，陕西农业发达，小农经济在这里得到充分的发展，与经商闯荡相比，人民更倾向于"力农致富，耕读传家"。

三十亩地一头牛，老婆娃娃热炕头；
一亩豆子换豆腐，一亩芝麻够吃油。

——关中民谣

然而，陕商虽然并不崇尚"闯荡"，但一旦踏上商途，其骨子里蕴藏的豪迈骁勇和坚强刚勇让陕商敢于冒险，并以"西部牛仔"之态，在南方人难以适应的西北携资江湖，万里投荒，并走遍大半个中国。陕商涉猎的大宗商品贸易覆盖盐、茶、布、水烟、皮货等诸多领域，其活动足迹遍布西北、西南地区以及北方部分省市。一直到清朝晚期，陕商仍活跃在南北商贸的旅途中。正是在背井离乡的闯荡下，陕西商人弘扬了万里投荒的创业打拼精神。李亦人先生在《西康综览》中写道："陕人之富于涉远性经营商业，不辞艰辛，亦所罕有者。"清代四川民间流传着这样的歌谣："豆腐老陕狗，走遍天下有，皇上开当铺，老陕坐柜台，盐井陕帮开，曲酒陕西来。"足见陕商商路之宽，规模之大。

过了嘉峪关，两眼泪不干；
前看戈壁滩，后看鬼门关。

——《清诗选》

川人不善经营，尤畏远道，故不能与陕人竞争，陕人之富于涉远性经营商业，不辞艰辛，亦所罕有者。

——《西康综览》

四、创文化

陕商高度重视"贾道"与"文化"的融合，首创"贾道"儒生功。陕西一直是中国的文化中心，重视文化传承，讲究耕读传家是陕商特有的历史传统，因此，陕商多出儒商，比如三原的秦后渠、王经济和高陵的张忠轩等。更有一些商人在积累足够的财富后"弃商为儒"，温氏家族、胡氏家族、康氏家族等很多陕商在经商发家后，著书立说，成为名儒。虽然"贾道儒生"提高了陕商人力资源的文化基础与综合素质，但"轻商"的文化基因却也一直根植在陕商的血脉中，也为其衰落埋下了隐患。

陕商颇具探索精神和创新精神，令人称道。《解密陕商》一书中指出，秦商创造了中国明清商业史上的"八个第一"，包括开创了中国历史上第一条茶马古道——陕甘茶马古道、中国历史上第一条盐马古道——定边盐马古道、中国历史上最早的"合伙股份制"企业制度、中国历史上最早的以"日分"为主要形式的契约股份制、中国最早的"歇家""锅桩"民族贸易中介形式以及"天下第一会馆"——社旗山陕会馆等，陕商的开拓精神由此可见一斑。

秦商探索出了"驻中间、拴两头"的经营模式，把总号设在产销两地的中间，一头拴着产地，在那里设立"座庄"，负责组织生产；另一头拴着销售地，在那里设立"分庄"，负责销售。这种模式最大限度地降低了经营成本，又有效地防范了产销两个环节的风险，使秦商在经营中独占鳌头，从明朝初年到清朝晚期，整个南北布匹交易几乎被秦商垄断。

此外，陕西商人在藏区经营"五属边茶"时，采取的主要经营模式也是"驻中间，拴两头"的购销一体化模式。"本庄"用于通盘指挥、协调边茶贸易。在茶区设立坐庄分店，收购、焙制茶叶并运往康定总店。在藏区设分店，分销各路藏族商民，并运回藏区的药材、麝香、毛皮等作为回程货，从而形成了购、销一条龙的经营模式（刘立云，2018）。

五、义文化

在十大商帮中，最具有"忠义孝勇"家国情怀的当属陕商。作为帝国商人，陕商气吞六合，他们崇拜关公，崇仰"仁义礼智信"的国家情怀，在"义"和"利"面前，陕商并没有选择义利并举，而是重"义"而轻"利"，"见利忘义"和"唯利是图"最为陕商所不齿，处处体现了"士在上则立功于国家，士在下则致行于闾里"的爱国情怀。富平商人李尽心主动请求"输金助边险"，问及数额时，答曰"唯命耳"，后又嫌"五十金"太少，最后捐赠上千金。[①] 清末庚子国变，陕西商人纷纷捐资，渭南焦家捐银 5 万两；渭南常家捐银 10 万两，捐粮5000 石；曹家捐银 3 万两；西塬贺家捐银 10 万两；泾阳吴家捐银 5 万两，马家捐银 10 万两。陕西遍地都是"资政大夫"，体现了陕商"以商事国"的爱国精神和情怀（李刚，2013）。

陕商还颇具"合作"的大义精神。在诸多商帮中，山陕商帮是屈指可数的联合商帮之一，关公的忠义品格是他们共同的精神指引，山陕商人崇拜关羽，因而呈现出明显的"义利观"和忠义仁勇的从商风格。凭借着直爽的性格，陕西商人勇字当先，厚重质直，重情重义，邻里之间守望互助，合作者之间同气连枝。山陕商人共建会馆筑牢经商友谊。一方面，山陕商人捍卫利益，通力合作联合抗衡徽商；另一方面，两省地域相连，互有来往，生活习俗相似，地域联系为他们携手经商提供了地利。"秦晋之好"揭示了陕西和山西两省的姻亲之好，这种亲缘关系和对关公的推崇为他们的合作经商致富提供了人和。在明代，山陕商人

---

① 温纯：《温恭毅公文集》卷十一。

经常携手合作，被统称为"西商"，遍布全国的山陕会馆是他们精诚合作的见证。

第三节　基于产业集群社会责任建设的可持续发展路径

一、陕商衰落的表征与原因

陕商的式微与衰落始于晚清时期，呈"波浪式"衰退。最早出现衰退的产业是盐业，特别是在 19 世纪 50～70 年代云南回民起义后，社会的动荡加速了陕西盐商的退出，使其失去了重要的云南市场，正如相关史料中描写的"延蔓阖省，地方全行糜烂，户口逃亡几尽，其时西商遭害者亦十之八九，遂各歇业不前，黔省盐务势以中绝"[①]。继盐业后，陕商的其他产业也在不断走向衰落：茶业在印度茶叶的冲击下未能及时找到出路；布商市场在洋布冲击下不断缩小，尤其是民国之后，需求持续低迷；由于过度开发，林业资源近乎枯竭导致商号倒闭。究其原因，陕西商帮的衰落既有历史环境的影响，也有自身发展的局限性，这里从外因和内因两个方面进行探讨。

（一）外因

1. 内部起义和外部战争

晚清时期，中国处于内忧外患之中。滇陕回民起义的爆发使陕西商人处于动荡不安之中。频繁的起义使得陕商主要经营的商品市场受到重创。同时，回民起义将主要矛盾指向地主阶级和商人集团，陕商为了支持清政府的镇压耗费了大量的人力与物力，在起义结束后陕西富户的财

---

① 唐炯：《四川官运盐案类编（卷一）》，第 7～8 页。

产所剩无几，同时部分陕商家破人亡，无心经营。除了内部战争之外，鸦片战争也使陕商经营的市场日趋动荡，最终在盐业、茶叶、木材等产业的逐步衰落中，全面走向没落。

2. 清政府的压迫与经济政策的桎梏

为了镇压太平天国运动，清政府大量征收军饷，在陕西"劝借并施"，这种"强制征收"使得本就艰难经营的陕商彻底断绝了商业经营的希望。在鸦片战争后，清政府被迫签订了不平等条约，为了满足列强的要求，清政府不得不加重税赋，"捐输"等政策使得陕商不惜耗费巨资来获取官位，进一步加剧了陕商的衰落。鸦片战争后，鸦片贸易合法化使得陕西部分地区也开始大量种植鸦片，许多商人纷纷加入从而影响了正常的贸易活动，这些来自政府的压迫与不适宜的经济政策无疑使陕商的经营雪上加霜，最终走向衰败。

3. 西方资本与工业文明的冲击

鸦片战争迫使中国为西方资本和工业文明的进入打开了大门，未能及时抓住发展机遇的陕商成为西方资本和工业文明冲击下失败的典型。机械化生产逐步替代了手工劳作，传统布商市场逐步萎缩；印度茶叶迅速占领了国内市场，国际市场也逐步被取代，这导致陕西商人在盐业逐步衰落后，其他两个主要产业也不断受到重击。与此同时，西方资本进入中国，越来越多的外国人在中国开办工厂，先进的技术和管理运作方式以及优惠的"政策"使得西方资本迅速发展，加剧了陕商的没落。

4. 地理位置的局限性

陕西处于中国西部，深居内陆。西方工业文明对中国传统经济市场和体制的冲击最早发生于东南沿海区域，先进的文明带来的冲击亦是转机。但是，相对于沿海商帮的快速响应，陕商却由于思想观念和区位优势的相对封闭，而没能优先抓住转型机会而错失良机，从而逐步走向衰落。

（二）内因

尽管陕西商帮在明清时期的商界具有举足轻重的重要地位，但也无法改变其与农业的联系，无法改变其在发展中暴露出来的局限性。陕商获得的资本积累除了投资土地外，也有许多商人选择将带回来的大量商业资本窖藏起来，这种心态不仅反映了他们"以末尽财、以本守之"的保守思维，也体现了小农意识的根深蒂固。这与江南地区商人积极发展手工业的情况形成了鲜明的对比，也为日后的衰落埋下了伏笔。

1. 安土重迁的思想和家族情怀

陕西商人是从农村走出来的，安土重迁的思想始终伴随着他们，他们极其重视以亲情为纽带的家族，这种自作自食、安贫恋家的生产方式和生活方式使得陕商极易滋生"封闭自守"的心态，因此缺乏创业开拓的胸怀。这种思想使得陕商无论到哪里经商，都会将赚到的银子带回家乡，用于在家购置房产和地产等，而并非用于开拓新的业务和市场。同时，典型的农村思想也认为商业具有极大的风险，陕西商人大多认为赚钱之后应当在家乡购置房产来选择稳定的生活，这种相对保守的思维使其较少进行再投资，从而也就无法适应不断发展变化的市场。

半截瓮，截蒜薹，娘让出门做买卖，临行前，娘安咐，回头看看我媳妇，擦的油，戴的花，看着看着放不下，不如在家做庄稼。

——陕西歌谣

2. 大量储存白银和过度奢侈浪费并存

陕商活跃时期正处于世界白银大量流入中国的时期，有学者统计每年从西北各地流入陕西泾阳、三原的白银有 2000 万～3000 万两之多，是清政府财政收入的 1/3，可见陕商赚取的白银数量十分可观。但是这些白银流入陕西之后，出现了大量储存白银和过度奢侈浪费并存的现象。一方面，陕西商人少有扩大生产规模的意识，因此多将赚取到的白银储存起来。另一方面，除了将赚取来的白银储存起来或用于购置房产、地产之外，部分陕西商人开始追求奢靡的生活，"一饭百金，一衣千金，一居万金"的风气盛行。同时，陕商还十分热衷捐官，这都花费了大量的白银。由此可见，原始积累的财富并没有转化为投资来增加生产规模和开拓市场，为陕商的衰落埋下了隐患。

3. 陕商的性格未能与商业经营思维相适应

生长于黄土高原的陕西商人形成了阳刚正直、性情朴实、为人直爽的性格，但这种性格在商业经营中就体现为不善变通和不善交际等。有学者将其总结为"生、愣、蹭、倔"四个特点（李刚，2008）。简单来说，在商业经营上，不计成本与后果；在与消费者和合作伙伴关系上，义重于利；在实际生产中，不拘细节，缺少战略性和前瞻性布局等。这些都使得陕商在商业竞争中居于劣势。

二、从"传统陕商"到"新陕商"的嬗变

（一）发展现状

作为早期丝绸之路的起源地，陕西在西北地区经济发展中有着不可忽视的作用。当下，新陕商正重塑传统陕商的精神风貌，依托自身农业和工业基础打造新时期陕西重点产业链，继续保持陕商的"义举"精神，在不断推动经济发展的同时注重社会发展、协调效率和公平的关系，坚持创新驱动，为西部地区的开发与建设做出更大的贡献。

为了更好地明晰和掌握陕西当前的发展现状，这里从"综合发展指标""经济发展指标""民营经济发展指标""创新发展指标""社会发展指标"和"生态发展指标"六个方面对陕西省发展水平及在全国所处的位次进行了明晰，如表3－2所示。从中可以看出，陕西的规模以上工业企业利润总额、创新经费投入、技术市场成交额以及每十万人口高等学校平均在校数指标在全国表现较好，但在综合指数、固定资产以及生态方面比较薄弱，这为新陕商重塑往日辉煌奠定了坚实的基础，也提出了很多新的挑战。

表 3 – 2　　　　　　　　　　陕西发展现状及在全国所处位次

层次	指标名称（单位）（年份）	数值	全国排名
综合指数	政商关系健康指数（2021）	18.1	27
	中国地区综合发展指数（2020）	98.97	18
	财政发展指数（2020）	45.932	20
	营商环境指数（2020）	46.27	24
	地区生产总值指数（2021）	106.5	25
经济指数	社会消费品零售总额（亿元）（2021）	10250.5	17
	规模以上工业企业利润总额（亿元）（2021）	3605.1	8
	地区生产总值（亿元）（2021）	29801	14
	居民人均消费支出（元）（2021）	19347	22
	人均地区生产总值（元/人）（2021）	75360	12
	第一产业增加值指数（上年 = 100）（2021）	106.3	19
	第二产业增加值指数（上年 = 100）（2021）	105.6	25
	第三产业增加值指数（上年 = 100）（2021）	107.3	21
	固定资产投资（不含农户）增速（%）（2021）	–3	29
	经营单位所在地进出口总额（千美元）（2021）	736448.16	19
	经营单位所在地出口总额比例（%）（2021）	53.9	21
创新指数	国内专利申请数（件）（2020）	99236	16
	国内有效专利数（件）（2020）	184056	18
	各地区 R&D 经费投入强度（2020）	2.42	7
	规模以上工业企业 R&D 经费（万元）（2020）	2684020	17
	规模以上工业企业 R&D 人员全时当量（人年）（2020）	48809	16
	规模以上工业企业新产品项目数（项）（2020）	9810	18
	规模以上工业企业开发新产品经费（万元）（2020）	3063227	17
	技术市场成交额（亿元）（2020）	1758.72	5
	参与智能制造能力成熟度自评估且成熟度二级及以上企业数量（家）（2021）	70	16

续表

层次	指标名称（单位）（年份）	数值	全国排名
社会指数	地方财政一般预算收入（亿元）（2021）	2775.27	16
	地方财政一般公共服务支出（亿元）（2020）	528.47	12
	每万人医疗机构床位数（张）（2020）	68.9	11
	每万人拥有卫生技术人员数（人）（2020）	92	2
	普通小学师生比（%）（2020）	16.33	18
	每十万人口高等学校平均在校数（人）（2020）	4132	3
	有线广播电视用户数占家庭总户数的比重（%）（2020）	56.5	12
	人均拥有公共图书馆藏量（册/人）（2020）	0.55	26
	互联网宽带接入用户（万户）（2020）	1369	14
	公路营运汽车客位数（万客位）（2020）	54.03	17
生态指数	城市绿地面积（万公顷）（2020）	6.59	22
	公园绿地面积（万公顷）（2020）	1.66	19
	建成区绿化覆盖率（%）（2020）	40.8	21
	化学需氧量排放量（万吨）（负向）（2020）	48.88	8
	二氧化硫排放量（万吨）（负向）（2020）	9.37	15
	氮氧化物排放量（万吨）（负向）（2020）	26.62	12
	生活垃圾清运量（万吨）（2020）	550	16
	森林覆盖率（%）（2020）	43.1	12
	城市污水日处理能力（万立方米）（2020）	415.4	18
	液化石油气用气人口（万人）（2020）	55	26
	天然气用气人口（万人）（2020）	1221	15
民营指数	民营上市公司个数（个）（2021）	27	20
	民营上市公司平均营业收入（万元）（2021）	488032	16
	民营上市公司平均总资产（万元）（2021）	827354	20
	民营上市公司平均净利润（万元）（2021）	38944	10
	民营上市公司员工总数（人）（2021）	97267	19
	民营500强企业个数（个）（2021）	5	16

资料来源：《中国统计年鉴》、各省份《统计年鉴》、市场化指数数据库。

（二）发展路径

1. 以产业链为基础不断完善产业体系和产业集群布局

产业链是陕西省建立现代化产业体系的基础。新陕商要落实"链长制"壮大重点产业，尤其是制造业要高质量地发展，通过大力开展延链补链强链行动，着力培育一批千亿级、百亿级"链主"企业和隐形冠军企业，打造万亿级产业集群。[①] 通过政策支持与补贴推动产业链发展，在产业链上中下游以及配套产业方面相互协调，提高陕西省在全国产业布局中的地位。陕商建立现代化产业体系和加速集群化发展不仅要适应国内市场，更应该走向国际市场。通过不断提高自身产品的标准，提升产业竞争力，不断开发国内和国际市场。在"双循环"的历史背景下，抓住机遇，应对挑战，不断推动产业结构升级，打造良好的营商环境，吸引更多资本入驻陕西，为新陕商的崛起奠定良好的基础。

2. 坚持创新发展，增强陕商经济发展活力

陕西具有雄厚的科技实力和人才储备，"每十万人口高等学校平均在校数"在全国名列第三。因此，新陕商应当不断开拓创新，发挥创新在产品升级、经营管理和市场开拓等多方面的作用，不断挖掘新的经济增长点。同时，陕商肩负时代赋予的重任，要力争成为行业的技术先行者。要持续扎实推进创新型省份的建设，目前陕商已经在多方面取得了卓越成果：医药方面，西安天隆科技研发的病毒检测设备和试剂被全球30 多个国家采用，为全球疫情防控贡献了陕西力量；在工业领域，隆基绿能建设了全球单体最大的光伏电池生产研发基地，成为该领域的旗舰企业；在农业领域，陕西成功培育了世界含油量最高的油菜品系；在国家重点工程、民生项目上，陕西也不断贡献自己的智慧，为经济发展做出了巨大贡献。在未来，新陕商要坚持产业链和创新链的深度融合，推动科技成果不断为经济增长服务。

---

① 陕西省 2022 年政府工作报告。

3. 保持"义举"精神，为社会福利添砖加瓦

陕商在明清时期就广施义举，乐善好施，新时代陕商应继续保持这种精神，在不断获取经济利益的同时肩负起社会责任，在不断提高效率的同时注重公平。陕西不断推进企业社会责任落实，通过企业社会责任报告的披露展现陕商在经济、政治、社会以及环境等方面的责任。例如陕西延长石油、陕西煤化工业、陕西投资集团等多家企业都曾发布社会责任报告，在报告中体现了陕商在社会发展中做出的各类贡献。未来陕商在发展的过程中，仍要坚持这份初心，担当社会使命，为社会福利添砖加瓦。

4. 协调人与自然，坚持绿色发展

绿色发展是陕商目前发展的短板，很多关于生态的指标排名居后，这与陕商主要集中在金属和矿产等高耗能和高污染行业有很大关系，从陕西2021年100强企业中可以清楚地看出，前十名大多是化工、石油、有色金属等领域的企业。因此，陕商在未来的发展中要注重绿色发展，改变粗放型的生产方式，优化升级产业结构，坚持落实绿色"一带一路"的发展计划。在绿色发展进程中，要积极发挥科技和创新的作用，坚持完成"双碳"目标。陕商要尽快建立绿色低碳循环发展的经济体系，全过程推行绿色规划、绿色设计、绿色投资、绿色建设、绿色生产、绿色流通、绿色生活、绿色消费，积极推动可再生能源工程建设，在绿色发展上不断进步。同时要在国家发展规划指导之下，坚持绿色发展，协调人与自然的关系，在发展经济的同时，不断推动产业体系绿色升级与转型，全面助推陕西高质量发展。

第四章

晋　商

平阳、泽、潞、豪商大贾甲天下，非数十万不称富。

——《晋录》

"晋商不至，产无所泄"。晋商作为驰骋四方、雄踞商界500余年的大商帮，与徽商、潮商并称中国历史"三大商帮"，在中国十大商帮中具有极其重要的地位和作用。南至香港、加尔各答，北到伊尔库兹克、西伯利亚，东到大阪、神户，西到塔尔巴哈台、喀什噶尔，都会看到晋商的身影。他们不畏艰险，披荆斩棘，在"重本抑末"的传统社会中崇尚商业，将其变为信仰。有说法称，"凡是麻雀能飞到的地方，就有山西商人"，其叱咤中国工商业500余年，鼎盛时期成为中国商帮之首，并被称为"中国近代金融业鼻祖"。

第一节　产业基础

明初在山西设置山西布政使司，使其正式成为省级行政单位，又因山西是"春秋五霸"之一晋国所在地，所以山西商人被称为"晋商"。山西省作为中华文明发源地之一，远古时期就存在人类活动：夏朝早期的统治在山西境内；唐朝时期，山西被高祖视为"龙兴"之地；宋朝时期，山西是中国北方的主要发达地区；元朝时期，今山西境内的大同、临汾（当时称作平阳）、太原是黄河流域著名的都会。这些历史沿革都为晋商的发展和崛起奠定了良好的基础与条件。

一、区位优势

（一）交通与地理位置

1. 基本情况

山西自古就是兵家必争之地，我国一直有"得中原者得天下"的说法，而得中原的关键之一就是要得到山西。东邻太行山，西靠吕梁山，山西自古就是南北交通的要道，北部长城是进入中原地区的必经之路，境内河流更是为交通出行提供了方便，向东越过太行山可至河北，向西越过杀虎口可至内蒙古地区，向南更是可将贸易范围从黄河流域扩大到长江流域，甚至是今广州、香港等地，区位优势十分显著。

天下之形势，必有取于山西。

山西居京师上游，表里山河，称为完固，且北收代马之用，南资盐池之利，因势乘便，可以扼天下之背而搤其吭也。

——顾祖禹、明末清初《读史方舆纪要》

2. 商业辐射网

（1）国内商路。

晋商作为中国曾经的商帮之首，其商业辐射范围遍及全国。从如今晋商会馆的资料来看，晋商出于自身商业利益设立的会馆几乎遍布我国所有行政省区，足见晋商在国内的商业辐射影响力。南至香港，北至内蒙古，东至沿海，西至边疆，晋商通过建立大范围的商业路线布局占据着巨大的市场份额。晋商的形成与发展得益于明代统治者的军事部署，晋商最主要的商贸路线在杀虎口，因此，本书仅以晋商两条最重要的商贸路线为例进行介绍，分别是"西口"和"东口"。

一是西口，即杀虎口。这是晋商与内蒙古交易的主要关口。杀虎口自古以来就是兵家重地，明清时期此地一直常年驻扎军队，为了有效解决此地的军粮需要，政府允许商人运粮，而山西商人就抓住这一历史机遇，将粮食、棉布等各类生活物资送到驻军的边界来获取利益。同时，由于部分军队没有足够的白银来支付粮食等物资，晋商就利用"盐引"来换，这也推动了盐业的兴起与发展。随着清王朝统治力的加强，边疆贸易逐步活跃起来并合法化，晋商将布、茶叶、粮盐等产品运往内蒙古和新疆等地，产品类型逐步丰富，杀虎口成了晋商重要的贸易地点，也形成了大盛魁等知名商家。

二是东口，即张家口。山西由于特殊的地理位置成为中原与边疆的交通要冲，而东口又是汉蒙贸易的重要地点，这就决定了晋商必然要进军张家口。在东口，晋商最初采用"以物换物"的方式，用中原以及南方地区的货物与蒙古人进行贸易往来，从中获取高额利润。晋商为蒙古人提供的是粮食、黑茶、铁锅等生活用品，蒙古人则用鹿茸、麝香、金沙等来换取，晋商积累了丰厚的利润。

> 八家商人皆山右（即山西）人，明末以贸易来张家口，曰王登库、靳良玉、范永斗、王大宇、梁嘉宾、田生兰、翟堂、黄云龙。自本朝龙兴辽左，遣人来口市易，皆此八家主云。定鼎（指定都北京）后承召入都，宴便殿，蒙赐馔……
>
> ——《万全县志》

除了在东口与西口开展贸易外，晋商与全国各省都有着密切的贸易往来，且占据着重要的市场份额和地位。如"庆泰亨"在宁夏枸杞市场中占有半数以上的市场份额；北京的粮食、油盐酒店、纸张、布行等大多由晋商经营；广州的"广生远""广懋兴""广益义"等企业也是晋商开办的……除此之外，从"先有曹家号，后有朝阳县""先有晋益老，后有西宁城"等谚语也可以看出晋商的商业辐射范围十分广泛。

平阳府商人席铭"历吴越，游楚魏，懋迁居积，起家巨万金，而蒲称大家，必曰南席云……"

——韩邦奇《苑洛集》

自甘鄣、银绥、云中、上谷、辽左诸塞，沿以内若秦、燕、青、豫、扬、吴、蜀、楚，通都大邑，凡居货之区，莫不有碧山公使矣。

——张四维《贺洛川陈君恩赐荣亲序》

（2）国际商路。

山西地处中俄恰克图贸易以及欧洲腹地这条国际商路的交通要冲，是北上出塞、直抵蒙俄的交通枢纽，晋商的万里茶道，南起长江中下游平原，西至圣彼得堡。在贸易过程中，晋商将我国内地生产的产品运往其他国家，再从其他国家运回当地的特色产品，在这一来一回中获取利益。晋商贩卖的商品大多数不是山西人自己生产的，而是来自其他省份，例如在对俄蒙的贸易中，晋商所输出的产品是在全国各地采购的茶叶、丝绸和瓷器等，其中的茶叶大多是从闽、赣、湘等地收购的。晋商将烟草、茶叶、绸布、烟、糖、瓷器运往蒙古、库伦、俄国，甚至欧洲。在返回时，将毛皮、牲畜、药材、金沙、呢子、钟表、五金、葡萄干和杏瓜等产品输送回中原以及南方各省。同时，晋商和许多国家形成了重要的贸易关系，甚至占据了垄断地位，如晋商向朝鲜输出布并带回朝鲜的人参；在日本贸易中，在政府的支持下，晋商几乎垄断了生铜的进口等。在贸易过程中，晋商凭借其聪慧和努力，逐步学会了蒙古语、维吾尔语等语言，大大增加了贸易的便利性。

盖外国人初同内地人民市集交易，一切唯恐见笑，故其辞色似少逊顺。经恰克图司员喻以中外一家之道，俄罗斯喜欢感激，信睦尤著。所有恰克图贸易商民，皆晋省人。由张家口贩运烟、茶、缎、布、杂货，前往易换各色皮张毡片等物。初立时，商民俗尚俭朴，故多获利。

——清人何秋涛《朔方备乘》

（二）物产资源

山西省的自然资源较为丰富。

山西省矿产资源丰富，矿种高达 120 种，保有资源储量在全国前十位的有 32 种：煤炭全国第三、煤层气全国第一、铁矿全国第八、金红石全国第二。矿产资源具有沉积矿产分布广泛和重要矿产集中的特点。

山西省的水资源相对匮乏，实际可利用水资源紧缺。山西省主要拥有黄河和海河两大流域，河流数量超过 1000 条，省内黄河流域面积为 97138 平方千米，海河流域面积 59133 平方千米，但人均占有量仅为 381 立方米，约是全国平均水平的 1/5，世界水平的 1/25。这是由于自然和人为等多种原因造成的，如降水多集中于夏季、黄土高原水土流失严重以及过度开发煤炭资源造成水资源破坏等。

山西植被类型丰富，野生植物资源丰富，有国家一级保护植物南方红豆杉，2019 年全省森林覆盖率为 22.8%。在特产方面，太原老陈醋、大同黄花、朔州胡油、阳泉平定砂货、吕梁汾酒、长治党参、运城稷山板枣和晋城红果等都是山西特产。

（三）人口

元朝末年，由于各地频繁爆发农民起义，大部分地区都处于战火之中，人民饱受战乱之苦，生活悲惨。山西省由于地形地势原因，是战乱中为数不多的安宁之地，于是大量难民涌入山西。山西的自然条件决定了其没有足够的耕地，人口快速增加导致人地之间的矛盾日益突出，也正是这样的矛盾使得很多人背井离乡开始经商，推动了晋商的形成与发展。

阳邑民多而田少，竭丰年之谷，不足数两月……耕种之外，咸善谋生，跋涉数千里率以为常，土俗殷富，实由此焉。

——《晋乘蒐略》

二、政商关系

晋商的崛起、发达与衰落都离不开与政府紧密联系的"官商一体化"经营，是与政府高度关联的商帮之一，政治投资是晋商主要的经营手段之一。

盐业是推动山西商人成长为"晋商"的最重要的产业，而晋商盐业的发展也充分体现了晋商和官府之间的紧密联系。盐业的迅速发展得益于明朝时期的"开中制"，再加上晋商所处的地理位置，促进了晋商的快速成长与繁荣，尤其是"纲盐制"的实施更是稳固了晋商在盐业中的市场地位。

晋商十分注重政商关系的维系与经营，一方面体现在晋商积累一定财富后鼓励其后代入朝为官，以便于为家族生意保驾护航，另一方面通过与高官贵族保持良好关系以维护晋商的贸易地位。晋商也是政府军饷供应的重要支持力量。在多次军事行动中，晋商都为政府提供了诸多物资，如平定三藩之乱等。投桃报李，政府的大力支持也确保了晋商处于优待地位，从而获得了更多的官府贸易。庚子事变后，西太后与光绪帝在西逃中得到晋商40万两银的资助，而后清政府将饷款改汇山西票号，次年西太后与光绪帝返京的"回銮差款"汇兑也由山西票号承办。与政府的紧密协作使得晋商在鼎盛时期居于各大商帮之首。

然而，随着清晚期政府的日益腐朽与没落，晋商依附于将倾之大厦而没有实现转型，最终也渐渐退出了历史的舞台，难复辉煌！

三、主导产业体系

（一）传统产业体系及聚集

山西矿产资源丰富，凭借优越的地理位置，晋商在叱咤工商业的500余年中产生了诸多有名的商家，如"大盛魁""日升昌""都一处"等，也形成了很多经营时期超过两百年的商业世家，如榆次常家、祁县乔家、平遥李家等。而支撑这些商业世家和商业品牌形成与发展的基础是晋商的产业体系及其形成的集聚效应。从晋商的形成与市场竞争力的角度观察，其主导产业包括盐业、铜业、茶业和典当与票号。

1. 盐业

明代以前，山西商人在中国工商界并没有占据很重要的地位，或者说与江南地区相比较而言相差甚远。但是明代以后，"开中制"的实施为晋商的发展提供了良好的机遇，盐商是晋商崛起的开始。对于盐商而言，他们的快速发展除了良好的政策机遇外，最主要的是地理位置的优势，尤其是山西的盐池资源。山西的运城盐湖作为世界三大盐湖之一，形成于4万年前，产盐的历史也已有三四千年（刘建生等，2014），为晋商提供了足够的物产资源用于贸易。

凡池盐，宇内有二，一出宁夏，供食边镇；一出山西解池，供晋、豫诸郡县。解池界安邑、猗氏、临晋之间，其池外有城堞，周遭禁御。池水深聚处，其色绿沉。土人种盐者，池旁耕地为畦垄，引清水入所耕畦中，忌浊水，掺入即淤淀盐脉。

——宋应星《天工开物》

盐业在山西的发展由来已久，春秋时期就有开采山西盐池的记载，汉代也十分重视这片土地上的盐池开采与发展。明朝初期，为了给驻扎在北部的军队提供粮饷，政府实施"开中制"，通过颁发"盐引"让赴边防经商的商人获得经营盐业的合法权。山西向北越过长城就是内蒙古，毗邻北部边镇，同时拥有河东盐池提供的丰富资源，加之政府提供的合法经营权，山西凭此快速发展盐业。为了持续保持盐业的垄断权，晋商需要通过运送粮草来不断获取"盐引"，由于本地区无法提供更多的粮食，晋商选择了从外省运粮来保持盐业的垄断权。不仅如此，晋商还将棉布、农具等多种日用品运往北部地区。虽然后期晋商的经营项目日渐增多，也形成了各色产业，但不可否认盐业是其发展的基础。

山西、河南、正定、保定、临清等处军民客商往大同宣府输纳粮草军装，及贩马、牛、布、绢、茶、器皿、果品……

——《明实录》

明朝关于盐的经营权政策也在不断发生变化，在"开中制"后依次采取了"折色制""朋合制""余盐添买制"以及"在边开中""纲盐制"等，晋商也随着这些政策的变化不断改变自身的经营战略，如"折色制"推动了部分晋商向江浙地区逐步迁居，为后来盐业发展提供了更多的便利，同时也为后续产业发展奠定了基础。在实施"纲盐制"后，晋商凭借雄厚的财力迅速垄断市场，成就了很多富甲一方的晋商。

间有山西运商前来镇城，将巨资交与土商朋合营利，各私立契券，捐资本者，计利若干，躬输纳者，分息若干，有无相资，劳逸共济。

——《清理延绥屯田疏》

虽然晋商在历史发展的长河中由于诸多原因退出了中国工商业，但是山西运城盐池始终是我国重要的盐产地，直到今天依然如此。如今山西省积极响应国家各类发展政策，不断推动盐业的发展，运城盐池也由单一开采发展到多种化学品加工，实现了规模化发展。

2. 铜业

山西的冶铜制器源远流长，历久不衰，山西铜镜、大同火锅更是家喻户晓、久负盛名！随着物物交换的市场不断发展，货币逐步出现，税赋也开始规定需要交银两，而不是实物。在明朝"一条鞭法"政策实施后，所有税收皆收取银两，而古代银两除了真金白银外，铜钱也是重要的货币。加之市场经济的快速发展，市场中对于铜钱的需求越来越大，铜在我国逐步成为一种紧缺商品。

铜业的发展与日本的贸易分不开。为了解决铜的紧缺问题，清政府经过考察发现日本具有较多的铜矿资源。但是在当时的技术条件和环境下，远渡日本进行铜贸易是一件极具风险的事情。晋商凭借着胆识与魄力、雄厚的财力以及与官府之间良好的关系挺身而出，最具有代表性的就是介休市商人范氏家族，1699 年、1701 年、1717 年清政府陆续将十三处宝源局的铜交范氏承办，范氏也凭借这种特权获取了以铜为主的对日贸易特许权。在进口铜的过程中，晋商也将我国的丝绸、毛毡、瓷器、笔墨纸砚、药材等多种商品输出到日本，同时还有戏曲、医学等多方面的文化输出，极大地促进了两国商品、文化的交流与社会的进步。

但是，晋商的铜业最终还是走向了衰亡，这是天灾与人为因素共同导致的。尽管晋商在远渡日本的过程中有着坚定的信念和绝对的胆识，但是终究抵不过两国经济环境和政策的变化，特别是天灾的影响。18世纪，日本的铜源由于开采而变得匮乏，于是采取限制出口的政策。同时清政府和日本政府都对其他货物也采取限制出口和增加关税等政策，严重影响了贸易往来，加上海上事故频发，晋商在进口铜的贸易中常常亏损，无法获得利润，铜业逐步衰败。

> 倭铜矿深厂乏，年产年微，倭人额定十万斤内，每船减发一万二千斤。……船大载轻，渡海堪虞。
>
> ——《皇朝经世文编》

3. 茶业

山西并非产茶之地，但茶业却是晋商参与国际贸易的一个强有力的纽带。晋商茶业的竞争力更多地体现在中俄贸易中。1728 年《恰克图条约》签订，为中俄边界贸易提供了合法的场所和地位。同时中国茶叶在俄国市场十分受欢迎，晋商凭借地理优势，在巨大的利益驱动下，开始经营茶业。与其他商帮经营茶叶不同，山西不是茶叶的主要产地，而是通过在其他地区投资建设茶庄或者直接收购茶叶再将其运输到俄国甚至欧洲地区获取利益。在贩卖茶叶的同时，晋商也将俄国毛呢、麝香、金沙等商品带回。这条茶路受到了俄国的重视，晋商也在这条商路上取得了垄断地位。这条茶叶之路有 5000 多千米，南起福州，穿过俄国恰尔图、莫斯科等城市到达西欧。山西茶商垄断地位的形成也离不开信票制度的产生与改变，信票制度推动了晋商交易合法化，能够确保晋商通过正当渠道进入俄罗斯进行茶叶贸易。

> 因陆路所历风霜，故其茶味反佳，非如海船经过南洋暑热，致茶味亦减。
>
> ——《海国图志》

明到清初，晋商将汉中和四川的茶叶运销至西域和俄罗斯；清初之后，采购茶叶的地区大多为福建武夷、湖南安化、浙江建德、安徽霍山；乾隆之后，贩茶主要为湖南与湖北交界的临湘和蒲圻地区（刘建生等，2014）。运销茶叶的方式也由最初的北上陆路方式改变为水路和陆路兼具的方式。

我号买黑茶，首重地土归正，择选产户潜心之家，预文留心上年未摘子茶之货，必根条柔气，精力沉重，油水、色气、香味、种种皆佳，内外明亮，满碗俱青。此茶用心切买。

——《行商遗要》

晋商的茶业虽繁荣一时，但最终还是走向衰落。晋商茶业的衰落在很大程度上是由外界原因导致的：第二次鸦片战争后，中俄签订了不平等条约，西方列强进军中国市场，极大地冲击了原有的茶叶之路。清政府也未能在恶劣的市场环境中保护好本国商人，反而使其处于不利地位，尽管晋商多次改变策略与贩卖方式，但最终也没能胜过俄国茶商，在市场竞争中，万里茶路逐渐消失了。

4. 中国近代金融业鼻祖——典当和票号

典当产业自古就有，明清时期晋商所建立的典当产业更是发展迅速，主要集中在黄河以北的广大华北地区，北京的银钱业几乎为晋商所垄断。晋商经营的典当业增加了更多的功能，除了为国家贡献税收和救济赈灾外，还提供放款于民收取利息、低收高卖赚取利润等业务，可以视为古代金融业的萌芽与发展。晋商的典当产业得到了政府的大力支持，晋商逐渐发展成为典当行业的翘楚。据史料记载，雍正二年（1724年），山西典当行数量位居全国第一，约占全国总数的26%。

票号是晋商对中国商业做出的又一巨大贡献，对使用白银和铜币的古代社会而言，票号的出现带来了诸多便利。晋商的经营范围广、财力雄厚、信誉程度好，加上交通和技术的进步，使得晋商的票号可以做到真正"汇通天下"，票号的发源地平遥古城被称为"中国银行的乡下父亲"。19世纪60~90年代是晋商票号发展的黄金时期，进入20世纪票号不仅遍及全国，甚至在朝鲜、日本等国也设立了分号。但是在内忧外患的历史环境中，晋商自身已经开始衰落，又错过了组建现代银行的历史机遇，山西票号最终也走向衰亡。尽管票号没有成功转型，但其对晋商、中国商业以及中国近代金融业的重要贡献是无法抹去的。

今山西钱贾……散布各省，会票出入，处处可通。

——《显志堂稿》

除了上面探讨的盐、铜、茶、典当、票号产业外，其实晋商的兴起也离不开粮商的贡献，粮商与盐商的发展有共同之处，或者说二者的发展相伴而生。这些产业共同促进了晋商的兴起和繁荣发展，是晋商遍布天下的重要推动力，这个发展过程不仅推动了晋商自身的发展，也促进了全国工商业的繁荣。

"鄙人在海外十余年，对于外人批评吾国商人能力，常无辞以对。独至此，有历史、有基础、能继续发达的山西商业，鄙人常自夸于世界人之前。"

——梁启超

（二）现代产业体系与"集群化"发展

山西正在逐步加快产业结构调整和升级转化，由"一煤独大"向"八柱擎天"转变的多元发展格局正在形成①。山西构建现代化产业体系主要从四个方面发力，分别是打造先进制造业产业集群、培育战略性新兴产业和现代化服务业产业集群、发展壮大农业产业集群以及完善城镇发展体系②，力争在 2025 年拥有在全国市场占有率和竞争力都较高的产业集群，打造信息技术应用创新、大数据、半导体等 3~5 个战略性新兴产业集群。山西构建基于特色化现代产业体系而打造的产业集群是以产业链建设为依托的。山西提出聚焦 10 条重点产业链，计划到 2025 年培育形成 6 条千亿级产业链、4 条 500 亿级产业链③。山西将通过不断提升这些产业链的竞争力来推动省内经济高质量发展，这 10 条重点

---

① 《党的十八大以来山西经济社会发展成就系列报告》
② 《中原城市群发展规划》
③ 《山西省重点产业链及产业链链长工作机制实施方案》

产业链分别是，特钢材料产业链、新能源汽车产业链、高端装备制造产业链、风电装备产业链、氢能产业链、铝镁精深加工产业链、光伏产业链、现代医药产业链、第三代半导体产业链和合成生物产业链。山西产业集群的发展布局是与城市群的区域布局协调统一的，依托山西中部城市群——太忻一体化经济区，计划到2035年，建成"一核双轴多组团"的全面开发格局，旨在建设高能级产业聚集区，包括高水平现代化服务业聚集区、高能级先进制造业聚集地、专精特新中小企业聚集区等①。

同时，山西还致力于打造农业现代化产业体系，培育十大产业集群，全面推进山西农业现代化发展，到2025年，力争十大农业产业集群年产值突破2100亿元，力争培育年产值达到50亿元的企业3～5个②，具体布局的农业产业集群如表4–1所示。

表4–1　　　　　　　　　山西十大农业产业集群

产业集群类型	具体产业集群	标志性产业链	特优基地所在地区
传统优势产业集群	酿品产业集群	清香型白酒产业链、山西老陈醋产业链	临汾、吕梁、晋中、晋北、上党盆地
	肉制品产业集群	系列特色肉制品产业链	雁门关及东西两山、山西中西部、高平、泽州、太谷等地
	乳品产业集群	低温乳品产业链	雁门关农牧交错带
	果品产业集群	苹果、梨、红枣产业链	晋南、晋中、吕梁
新兴特色产业集群	饮品（山西药茶）产业集群	药茶产业链	太行山、太岳山、吕梁山区、管涔山区、恒山、晋南边山丘陵区等
	主食糕品产业集群	杂粮主食糕品产业链	晋南、吕梁山区及北部、晋东南、晋西北
	中医药品产业集群	中成药产业链	太行山、太岳山、恒山、管涔山区、晋南边山丘陵区

---

① 《山西中部城市群太忻一体化经济区空间战略规划》
② 《山西省"十四五"农业现代化三大省级战略、十大产业集群培育及巩固拓展脱贫成果规划》

续表

产业集群类型	具体产业集群	标志性产业链	特优基地所在地区
未来高新产业集群	功能食品产业集群	杂粮功能食品产业链	大同、晋西北、晋北、晋东南、晋西
	保健品产业集群	翅果油保健品产业链	晋中盆地、吕梁平川、恒山、上党、晋南边山丘陵区、晋中、临汾、大同、朔州、忻州等
	化妆品产业集群	功能性化妆品产业链	长治、晋城、大同、朔州、忻州

资料来源:《关于加快推进农产品精深加工十大产业集群发展的意见》。

第二节 商帮文化特质

晋商称雄国内商界长达5个多世纪,"生意兴隆通四海,财源茂盛达三江"是他们的真实写照。晋商因其精打细算和省吃俭用的性格,历史上被赋予了"晋算盘"的雅号。晋商的商业文化精神是在长期的商业活动中形成的一种相对稳定的思想方法、行为范式和价值观念,是晋商文化的核心内容,集中体现为"重商立业"的人生观、诚信义利的价值观、艰苦奋斗的创业精神和同舟共济的合作精神,如图4-1所示。

生意买卖要领财东,赚钱赔本自古常情。
省吃俭用熬成富翁,置房买地福至心灵。
安下生意写立合同,俸股伙计掌柜相公。
走水放账出外登程,褡裢被套马褥鞍笼。
择个吉日搭伴起程,脚骡驼子大家送行。
出外走水戴月披星,起标发货各省驰名。
本多利厚生意兴隆,每月开俸还有千金。
镜面元宝水光纹银,几年光景十万有零。

没有顶戴体面不成，六品职衔顶子水晶。

房屋低小不得威风，修房盖屋地基要平。

————清山西商人《俗言杂字》

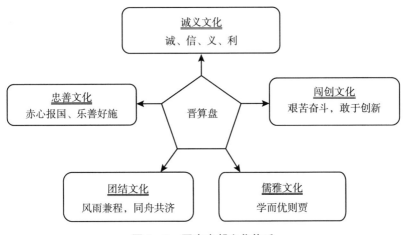

图 4 - 1　晋商商帮文化体系

一、诚义文化

因是关云长故里的缘故，晋商受孔孟之道影响至深。在其"重商立业"思想的影响下，晋商形成了对"诚""信""义""利"独特的理解和行为规范。以诚信、节俭、朴实著称于天下的晋商，坚持儒家伦理思想的内核：先义后利，以义制利，并认为人们追求功利的行为不能纵欲妄为，必须受到公允的社会行为准则的规范和制约，这就是"义"。孟子说，"义，人之正路也"。《左传》说："义，利之本也"，"利，义之和也"。"义"作为一种行为规范与人们的具体利益结合在一起，便形成了晋商在崇尚功利的同时，更注意以义制利、先义后利，甚至舍利取义的思想。

晋商十分珍视诚信，在经营活动中总结出许多商谚，比如"售货无诀窍，信誉第一条""生意没有回头客，东家伙计都挨饿，宁叫赔折腰，不让客吃亏""秤平、斗满、尺码足""诚招天下客，信纳万家财"等。这些都体现了晋商在经商活动中把诚信和声誉看得高于一切，讲究"货真价实"，坚守"童叟无欺"，从不因顾客弱小或年迈而进行坑蒙拐骗，真正做到了将"诚信"作为从事经营活动的基本条件和准则。

二、忠善文化

我国古代大多数商贾在兴旺发达后都能对社会和乡梓进行积极的回报，晋商也继承了我国这一优良传统，成为"忠善良商"的典范。

晋商为国尽忠、赤心报国。清朝末年，晋商为争回煤铁矿权做出了重大的贡献。他们本着不让矿权落入外人手里的宗旨，团结一致，有些巨商主动拿出巨款，最终赎回了山西的煤铁采矿权。《清仁宗实录》记载了晋商的贡献："晋省摊捐款项繁多……统计每年摊捐银八万二千多两。"在全国捐银数中，晋商居于第一位。

晋商扶贫济困、乐善好施。光绪三年（1877年），山西大旱，很多人都因灾难而丧生。晋商乔致庸为赈济灾民，在街上设立粥棚，挽救了无数生命。而且乔家每天在大门外拴三头牛，谁家要用就牵去，傍晚送回即可。像这样的晋商善行不胜枚举。

三、闯创文化

山西地处黄土高原，自然条件差。往来于"茶马之路"的晋商，贩茶于福建、湖南、安徽、江西，销售于大漠之北，千山万水，穿沙漠瀚海，夏则头顶烈日，冬则餐饮冰雪，"饥渴劳病，寇贼虫狼，日与为伴"，年复一年，奔波于商途，尤其经商于新疆、内蒙古、俄国、日本的晋商，更要突破语言和生活习惯之障碍，没有艰苦奋斗的创业精神是难以称雄于商界的，因此，晋商将古代的木制车轮作为自己的图腾。

晋商不仅拥有百折不挠的积极进取精神，还锐意创新，在金融机构创新、金融业务技术创新、金融工具创新与金融制度创新等领域取得了很多惊人的成就，如两权分离、人力资本、银行汇票、转账结算、旅行支票、银行密押、珠算理论与技术等都早于西方。特别是制度创新上，晋商创立了"宝塔式管理系统"，即总号辖分号、分号管分店。各分号掌柜受总号掌柜之聘，携资走马上任打天下，在其势力范围内，拥有经营管理、独立核算、延聘用人、设置分店以及制定商业措施等大权，且各分号之间可以彼此拆借资金，实现各分号内的"酌盈剂虚、抽疲转快"。晋商也高度重视"商业信息"的搜集，山西票号均规定有"正报、复报、附报、叙事报"等制度来搜集各个分号的信息，所属分号必须"三日一函、五日一信"，既报总号又分报连号，真正做到上下同期和横向联系。

"山西土瘠天寒，生物鲜少……盖其土之所有不能给半，岁之食不能得，不得不贸迁有无，取给他乡"。

——清康基田《晋乘搜略》

四、团结文化

晋商笃信"和气生财"，重视社会各方面的和谐相处。在同业往来中，既保持平等竞争，又能做到相互支持和关照。他们称友好的同行为"相与"，凡是"相与"，必须善始善终，同舟共济。晋商在建立"相与"关系的过程中，须经过了解，认为可以共事，才与之银钱往来，否则婉言谢绝。晋商票号有明确的号规，规范了东家和掌柜之间、掌柜和职工之间、职工上下级之间、总号和分号之间、分号和分号之间、本号和他号之间的关系，大德通票号就有要求："各码头人位，皆取和衷为贵。在上位者固宜宽容爱护，慎勿偏袒；在下位者亦当体量身重，无得放肆。倘有不公不法之徒，不可朦胧含糊，外请者就便开销；由祈请用者，即早着令下班回祁出号。"

山西人经商在外，与陕商共同建立了以乡谊为纽带的会馆，即山陕会馆，把同行凝聚在一起，同舟共济，互相支持。这些会馆多数都有自已的资产，甚至还为同仁备有公共墓地。

"区区商号如一叶扁舟，浮沉于惊涛骇浪之中，稍一不慎倾覆随之……必须同心以共济。"

——李宏岭《同舟忠告》

五、儒雅文化

学而优则贾。在我国古代传统社会中，商人并没有受到重视，"学而优则仕"是当时社会所倡导的，大多数人认为"儒"和"贾"的目标不同，"儒为名高，贾为厚利"，但晋商却认为贾和儒可以相通。他们以经商为荣，推出了"学而优则贾"的价值观念，认为不一定要做官才能光耀门庭，经商致富同样可以光宗耀祖。所以大多数晋商自幼学习儒家文化，做到以学保商，以儒义通商。他们用儒的道德准则来规范其商业行为，以儒的价值观来衡量商的价值观，开创了一条商学互补的道路。同时，晋商非常重视教育，注重聘请名师办家学，不遗余力地培养人才。

今初而课读，疑义非常，长而经商，辛苦备至。至于寄际厘市，更有可法者，栉风沐雨，以炼精神；握算持筹，以广志略。

——常氏寿序

第三节　基于产业集群社会责任建设的可持续发展路径

一、晋商衰落的表征与原因

探寻晋商衰落的原因可以发现，晋商既面临着时代历史大环境的

"外患"，自身在思想方面也存在局限性。

（一）外因

清朝末年中国的经济危机与社会危机是晋商衰落的重要外因。清末，旧势力相当强大而新势力尚不成熟，当时的中国社会不具备近代化的条件，晋商的发展与清王朝的命运息息相关（张正明，2003），由于较强的官商一体化经营模式，清王朝和晋商可以说是一损俱损。晋商依附于清政府衰弱的病体上，饱受外国势力与封建势力压榨，在与西方工商业者的不平等竞争中，在自然灾害、社会暴动、海运技术的发展和经济重心转移的冲击下，晋商最终衰落了，具体体现在以下几个方面。

第一，国势衰微，外国资本主义的侵略。鸦片战争后，中国的国门被列强以强硬的手段打开，一系列不平等条约使国内市场被外国势力瓜分，我国的手工业和工商业遭受重大损失。《天津条约》《北京条约》《中俄续增条约》《中俄陆路通商章程》等不平等条约使俄国商人获得诸如免税特权等一系列经济特权，清政府对列强的软弱和不平等条约的特权强化了沙俄对中国的掠夺，而晋商在同外商竞争中得不到有力的支持，逢关纳税、遇卡抽厘，层层盘剥之下，晋商在恰克图的对俄贸易失去了竞争力，从而走向衰败。恰克图贸易兴盛时期，晋商设立的商号有140多家，清末只留下了20多家（黄鉴晖，1993；马燕平，2011）。俄方以强势姿态与中方争夺商业利益，使得原本垄断北亚丝绸之路的晋商在这条通道上的利润极大减少。甲午战争后，外商银行在国内设置的分行逐渐增多，同时官办银行也相继成立，晋商票号业务也不可避免地遭到了冲击。

第二，政府腐败，国内封建主义的遏制。晚清时期，清政府开支拮据，其勒派劝捐助饷的主要承担者便是晋商，商税的滥征和重征使商贸成本加大，利润减少，晋商的竞争能力减弱，流动资金减少。苛重的赋税给晋商发展带来很大困难。以晋商投资矿业为例，软弱的清政府将阳泉等地煤、铁矿的开采权交给了英国福公司，由于山西人民的反抗，英国福公司改强行开采煤矿为讹诈赎矿银275万两，晋商渠氏以山西地亩捐作抵押，向山西各票号筹措赎矿银，但是山西当局却截留了全省地亩捐。渠氏为了归还向各票号筹借的赎矿银，不得不将保晋公司吸收到的股份资本银挪还票号。因此，保晋公司一直处于资金严重短缺的状态，争回了矿权却无法进行正常生产。几经交涉，山西当局对保晋公司的欠款，以现金60万元和一张"见义勇为"奖状，一笔勾销。

第三，时局动荡，战乱频发，商贸环境恶化。山西地区旱涝、地震等自然灾害使人民流离失所，降低了人民的购买力，商品贸易额随之减少；不稳定的社会秩序影响了正常的商贸活动，在长途贩运中经常出现商家被抢、商队被劫的现象。政局不稳极大地加剧了票号的风险。武昌起义时第一家被抢的大票号是"大德恒"；广西军政府强行提走"日升昌"十万两官银；在官商结合的经营模式下，清政府欠下的巨额债款导致"大清银库"——山西票号损失超过1200万两白银（吴比，2011）。清政府的倒台直接加速了晋商经济基础的崩溃。辛亥革命以后，清政府的巨额债款票号自己承担，各地票号又遭遇挤兑风潮，加之战争及各地治安环境的恶化，晋商票号遭受重挫。

（二）内因

晋商衰落的内因可以归结为三点：一是依附封建政府；二是墨守成规；三是受"以末致富，以本守之"传统思想影响等。

第一，"依附封建政府"，是指晋商始终依靠封建政府，实行官商结合的商业策略，将自己的命运和封建王朝的命运紧密捆绑在一起。晋商的很多优势是基于封建朝廷的支持，通过为封建政府服务从而走向兴盛。"成也萧何，败也萧何"，当封建王朝无法支持晋商的时候，晋商的优势也就消失了。1905年，清政府推行"新政"，中国首个国家银行——大清银行成立并发行了纸币，逐渐取代了白银作为流通货币的地位，在官办银行与票号争利的过程中，票号的原始作用被剥夺了。官商结合的经营模式还存在寻租腐败问题，票号为了得到政府的存贷款，往往与官员进行私交，官商勾结，从而将政府的钱存入票号放贷获利，这在一定程度上影响了商业生态的有序运行。

第二，"默守成规"，是指晋商缺少及时转型的魄力，错失发展良机。虽然一些晋商审时度势，发现了以汇兑为主要业务的弊病，率先倡言票号改革，但最终因为多数的守旧者极力阻挠而未果，颇为遗憾。晋商由于思想保守、行动犹豫，最终与机遇擦肩而过。此外，在经营方式中，晋商广泛采取无限责任的股份公司经营方式和总经理负责制，这种制度在资不抵债时要求财东用家产偿还债务，大大降低了抗风险的能力。同时，晋商经营中片面重视人的因素，如总经理负责制在一定程度上造成了一人独大的局面，缺乏有效的制约机制，而且，总号经理等对票号利润"只分盈不分亏"，这种权责不对等的分配方式也是不合理的。此外，在晋商逐渐走向式微的时期，"奢为贵"思想、吸食鸦片和挥霍无度的内部堕落行为使票号经营后继无人，在面临商业危机之际缺乏有胆识的人才"扶大厦之将倾"。

第三，"以末致富，以本守之"，是指晋商的发展被土地投资所束缚。晋商未能紧跟时代步伐与时俱进，对中国近代化缺乏认识，没有通过产业转型和资本转型构建新的产业体系，挖掘新的增长潜力。"山西人大褛套，发财还家盖房置地养老少"道出了晋商在经营获利之后对投资土地和修建院庭的热情。晋商将赚得的钱财或用于捐输助饷、购地置产、宗教办学、慈善赈济，或转化为高利贷资本、窖藏、奢侈消费等。只有少数晋商的资本转投铅矿、曲枋、池盐、植棉及机器采矿业，但是受制于当时产业利润低、商业利润高的形势，商业资本仍然停留在流通领域，没有及时向产业资本转化。当西方商人使用大工业进行生产时，晋商还在守成求稳的思想下故步自封，从而被时代抛在了历史长河中。

二、从晋商到新晋商的嬗变

（一）发展现状

晋商在历史的跌宕起伏中随势而动，逐渐走向兴盛，在时代的大浪淘沙下又逐步没落。"穷则变，变则通，通则久"，伴随着20世纪70年代前后我国民族工业的发展，山西再次乘势出击，新晋商踏上了崛起之路。今天，在经济全球化的主流趋势下，市场经济体系日趋成熟，晋商在长达 500 多年的商业活动中所形成的经营管理模式为新晋商建立现代化企业制度、实现可持续发展提供了借鉴。当下，山西坚持以推动高质量发展为主题，以深化供给侧结构性改革为主线，以国家资源型经济转型综合配套改革试验区建设为统领，以扩大内需为战略基点，在服务构建新发展格局中奋力争先。转型发展已经成为山西的根本出路，在这个过程中，新晋商弘扬传统晋商艰苦创业、重信守约等优良传统，在新基建、新技术、新材料、新装备、新产品、新业态上不断取得突破，将自身发展融入山西发展中，推动全省开放型经济发展迈上新台阶。

为了更好地明晰和掌握山西当前的发展现状，这里从"综合发展指标""经济发展指标""民营经济发展指标""创新发展指标""社会发展指标""生态发展指标"六个方面对其发展的现状及在全国所处的位次进行了总结，如表 4 - 2 所示。从中可以看出，山西在地区生产总值（尤其是第一、第二产业增加值）、财政发展方面以及建成区绿化覆盖率居于全国领先位次，但在消费水平、教育水平以及除建成区绿化覆盖率外的生态方面比较薄弱，在创新方面有很大施展空间，这也为新晋商的崛起带来了机遇和挑战。

表 4 - 2　　　　　　　　　山西发展现状及在全国所处位次

层次	指标名称（单位）（年份）	数值	全国排名
综合发展指标	政商关系健康指数（2021）	13.54	31
	参与智能制造能力成熟度自评估且成熟度二级及以上企业数量（2021）	69	17
	中国地区综合发展指数（2020）	98.05	19
	财政发展指数（2020）	50.82	7
	营商环境指数（2020）	46.74	23
	地区生产总值指数（2021）	109.1	3

续表

层次	指标名称（单位）（年份）	数值	全国排名
经济发展指标	社会消费品零售总额（亿元）（2021）	7747.3	21
	规模以上工业企业利润总额（亿元）（2021）	2949.9	13
	地区生产总值（亿元）（2021）	22590.2	20
	居民人均消费支出（元）（2021）	17191	30
	人均地区生产总值（元/人）（2021）	64821	17
	第一产业增加值指数（上年=100）（2021）	108.1	6
	第二产业增加值指数（上年=100）（2021）	110.2	3
	第三产业增加值指数（上年=100）（2021）	108.3	10
	固定资产投资（不含农户）增速（%）（2021）	8.7	10
	经营单位所在地进出口总额（千美元）（2021）	34512188	21
	经营单位所在地出口总额比例（%）（2021）	61.2	10
创新发展指标	国内专利申请数（件）（2020）	40302	23
	国内有效专利数（件）（2020）	80997	23
	各地区 R&D 经费投入强度（2020）	1.2	23
	规模以上工业企业 R&D 经费（万元）（2020）	1561790	19
	规模以上工业企业 R&D 人员全时当量（人年）（2020）	32547	19
	规模以上工业企业新产品项目数（项）（2020）	6539	19
	规模以上工业企业开发新产品经费（万元）（2020）	1480910	21
	技术市场成交额（亿元）（2020）	44.98	25
社会发展指标	地方财政一般预算收入（亿元）（2021）	2834.61	14
	地方财政一般公共服务支出（亿元）（2020）	423.63	20
	每万人医疗机构床位数（张）（2020）	64.1	17
	每万人拥有卫生技术人员数（人）（2020）	77	13
	普通小学师生比（%）（2020）	13.98	27
	每十万人口高等学校平均在校数（人）（2020）	2688	24
	有线广播电视用户数占家庭总户数的比重（%）（2020）	31.9	23
	人均拥有公共图书馆藏量（册/人）（2020）	0.62	20

续表

层次	指标名称（单位）（年份）	数值	全国排名
社会发展指标	互联网宽带接入用户（万户）（2020）	1252.1	17
	公路营运汽车客位数（万客位）（2020）	33.33	27
生态发展指标	城市绿地面积（万公顷）（2020）	5.66	24
	公园绿地面积（万公顷）（2020）	1.64	20
	建成区绿化覆盖率（%）（2020）	43.9	4
	化学需氧量排放量（万吨）（负向）（2020）	61.98	13
	二氧化硫排放量（万吨）（负向）（2020）	16.05	24
	氮氧化物排放量（万吨）（负向）（2020）	56.34	27
	生活垃圾清运量（万吨）（2020）	460.7	22
	森林覆盖率（%）（2020）	20.5	22
	城市污水日处理能力（万立方米）（2020）	343.1	22
	液化石油气用气人口（万人）（2020）	54	27
	天然气用气人口（万人）（2020）	1116	16
民营经济发展指标	民营上市公司个数（个）（2021）	20	24
	民营上市公司平均营业收入（万元）（2021）	622639	9
	民营上市公司平均总资产（万元）（2021）	1216718	8
	民营上市公司平均净利润（万元）（2021）	44390	6
	民营上市公司员工总数（人）（2021）	54017	25
	民营500强企业个数（个）（2021）	5	16

资料来源：《中国统计年鉴》、各省份《统计年鉴》、市场化指数数据库。

（二）发展路径

1. 参与"一带一路"建设，推动优势产能向国际市场拓展

山西以"一带一路"建设和《区域全面经济伙伴关系协定》（RCEP）为契机完善经贸合作平台，结合转型发展需要，以产业集群为依托，以打造综合物流枢纽为节点，扩大特色优势产品的国际市场份额。通过主动融入国际物流网络，提前布局中亚、中欧线路重要节点，山西省有望进一步加强与"一带一路"合作国家和东盟国家的航空、铁路口岸合作，打造"一带一路"国际货物运输枢纽。支持先进装备、新材料、小杂粮、干鲜果等品牌产品出口，鼓励出口企业在"一带一路"合作国家和 RCEP 成员国家设立海外仓。推动企业对"一带一路"和东盟国家"走出去"，结合东南亚和中亚地区发展需求，推动煤炭、钢铁、水泥等山西优势产能走出去，带动涉煤设备、技术、标准和服务"走出去"。"山西品牌丝路行"活动作为服务山西省参与"一带一路"建设的重要平台，将助力山西省优势产能、特色产业、名优产品和文化旅游"走出去"。

2. 推动区域合作纵深发展，大力承接产业转移

通过深化与日韩、德法等国家以及我国港澳地区的交流合作，融入国家发展布局，强化招商引资，打造出新晋商的安全投资环境、重点招商产业和项目。借助与校友会和商协会合作，多方联系平台展开合作，以产业集群和城市群为建设载体，促进区域间、产业间对接和项目合作。全面承接新兴产业转移，着力构建"一群两区三圈"城乡区域发展新布局，坚持链式招商与集群招商齐头并进，推进优势产业链建链补链延链，在纵向上，要做强做长产业链条，在横向上，要做精做大产业集群，促进特色优势产业集中集聚集约发展。以链长制为抓手，重点培育具有生态主导力的产业链"链主"企业，增强"链主"资源融合能力，增强产业链供应链的韧性。

3. 推动资源型经济转型，构建现代化产业体系

山西坚定不移地推动转型发展，坚持走新型工业化道路，深化供给侧结构性改革，积极推动产业转型，改造提升传统产业，培育壮大新兴产业。山西积极稳妥地化解过剩产能，全面提升行业先进产能占比，不断增强传统优势产业生存力和发展力。山西立足重工业发展基础，进一步拓展产业门类，推动工业行业更趋完备、精细、新型，逐步形成了以煤炭、冶金、电力、装备制造和焦化行业等传统产业为支柱性产业，高端装备制造、新材料、数字产业、节能环保等战略性新兴产业多元发展

的工业体系。在"双碳"战略的背景下，山西持续推进能源革命综合改革试点，不断优化传统能源和新能源、清洁能源组合。

新一代晋商施展才干的舞台无比广阔，新晋商要厚植家国情怀，弘扬晋商精神，做符合时代要求的企业家，将新思想、新能力、新格局、新晋商的价值观贯彻到商业体系中去，为山西省再创辉煌。

第五章

徽　商

徽州保界山谷，山地依原麓，田瘠确，所产至薄，大都一岁所入，不能支什一。小民多执技艺，或贩负就食他郡者，常十九。循新安江往临安，水运昌盛。徽人不辞山高路长，虽远而至，宗亲相扶，求食四方，故兴盛也。

——《徽州府志》

徽商是明清时期一支重要的商业力量，主要来自徽州，包括歙、休宁、婺源、祁门、黟、绩溪六县，即古代的新安郡，因此徽商又被称为"新安商人"，在历史上创造了名扬四方的黄金时代，在中国经济发展史上扮演了举足轻重的角色。明朝时期，徽州经商风气日盛，当时就有"徽俗十三在邑，十七在天下"之说。徽商的活动范围遍及海内外，东抵淮南，西达滇、黔、关、陇，北至幽燕、辽东，南到闽、粤，徽商甚至远渡重洋，到达日本、暹罗、东南亚各国以及葡萄牙等地。正是因为"徽人多商贾"，因此有了"无徽不成镇"的美名，在中国经商史上留下了浓墨重彩的一笔。

第一节　产业基础

徽州"一府六县"，府衙在歙县，下辖歙县、休宁、黟县、祁门、婺源、绩溪。现在，除婺源属江西省上饶市、绩溪属安徽省宣城市外，其他几个县都在今天的安徽省黄山市。徽州脱胎于隋文帝开皇九年（589 年）所置的歙州，宋徽宗宣和三年（1121 年）改歙州为徽州，府治所在为歙县，历宋元明清四代。"安徽"便是取安庆府之"安"、徽州府之"徽"作为省名。起初，徽商主要从事茶叶和木材之类的商业，随后徽州人就把经商目光转移到食品和布匹等日常生活用品中，特别是盐业。明朝发展到中后期，陆路交通已经相当发达，水路运输也得到了发展，徽商在商贸运输方面也更加便捷，无论是大城市，还是偏僻的城镇山村，都遍布着徽商的足迹。徽商以盐、茶、木、典当四者为大宗，积累了丰富的财富，充足的资金使其经商范围更加广泛。

> 徽郡商业，盐、茶、木、质铺四者为大宗。茶叶六县皆产，木则婺源为盛。质铺几遍郡国，而盐商咸萃于淮、浙。
>
> ——陈去病《五石脂》

一、区位优势

（一）交通与地理位置

1. 基本情况

徽州地处皖南山乡，万山之中，"山限水隔"，地理位置偏僻，交通闭塞。在历史上，徽州素有"七山一水一分田，一分道路加田园"的说法。由于地狭人稠，本地每年生产的粮食仅能维持三个月左右，依靠传统的农业经济很难维持生计。因此，"徽地多山少田"的自然条件成为徽商外出谋生的一个重要原因。

水系是徽商通向四方的基础。在徽州地区，新安江、阊江和婺江（乐安河）等重要河流相互交汇，构成了一个庞大的水系网络。其中，新安江是徽州最主要的河流。从新安江可顺流而下达杭州，沿兰江可至金华，而循衢江上游可抵达衢州。抵达杭州后，徽商可顺运河而上，直达扬州。

闾江的存在为徽商提供了另一重要的贸易通道，使他们可以到达鄱阳湖，连接景德镇和长江流域。此外，徽商若翻越北部山脉，即可进入长江流域。他们可沿长江向西，抵达四川等地，或向东，到达扬州等地。这些水路的互相贯通既为徽商贸易的发展提供了便利条件，也为地区经济的繁荣奠定了基础。

2. 商业辐射网

徽商的行动范围非常广，素有"钻天洞庭遍地徽"的说法，著名学者胡适曾经说过，徽州人正如英伦三岛上的苏格兰人一样，四处经商，足迹遍布全国。明清时期，徽商把贸易路线通过长江和大运河等商业路线连接贯通起来，为我国各地区的经贸繁荣和海外贸易的发展做出了杰出贡献。徽商连接南北沟通海外，足迹遍布天下，不仅使全国各地之间的商业道路逐渐畅通，而且远赴海外从事国际贸易，在外国开店、侨居、投资，为中国的资本萌芽和商业发展做出了巨大的贡献。根据学者研究，徽商的经商范围包括"两点"和"六大区域"。"两点"是指北京和广州，这两座城市是明清徽商重点占领的市场。在北至北京和南至广州这一广大区域中，徽商建立起了自己的商业网络。另外，不少徽商还不畏艰难险阻，深入四川、云南、贵州等地进行商业贸易。"六大区域"则是指新安江流域、京杭大运河两岸、长江中下游地区、鄱阳湖周边地区、大庾岭以南珠江三角洲地区、东南沿海地区。徽商以拼闯的精神开辟了在以长江中下游为主的国内商路和以东南亚为主要目标市场的国际商路。

（1）国内商路。

①新安江水道。徽州地处江淮，紧临江浙沪，可沿该水系向东至江浙地区。在列强强势打开中国国门并要求开放通商口岸时，这条商业通道沿新安江顺流而下至浙江省的严州和杭州，成为徽商通往杭州最为便捷的商业通道。由新安江泛舟余杭，纵贯南北的大运河沿线是徽商聚集之地。徽州祁门等地的茶叶可走玉常大道运往邻近的上海、福州、宁波、厦门等开埠口岸，江浙皖闽等省原先南下广州之货物也纷纷改道上海（林清，2011）。徽州的各类山区特产，如茶叶、木材，依靠新安江

运出，急需的粮食、布匹、食盐依靠新安江输入。以新安江为路线，到达浙江建德、淳安，然后到达杭州，再转到扬州、苏州、上海（冬冰等，2009）。

> 徽处万山中，每年木商于冬时砍倒，候至五六月，梅水泛涨，出浙江者，由严州；出江南者，由绩溪顺流而下，为力甚易。
>
> —— （清）赵吉士《寄园寄所寄》

②徽杭古道。这一商道西起安徽省绩溪县伏岭镇，东至浙江省杭州市临安区清凉峰镇，全长 20 余千米，是古时徽商和浙商互通贸易的重要通道，也是古代徽商贩运盐、茶、山货的必经之路，道路有 1 米多宽，蜿蜒在崇山峻岭之中，中间是大理石板铺就，寓意"龙脊"，两侧是鹅卵石或其他石头堆砌，寓意"龙鳞"。徽杭古道是古时以陆路的方式联系徽州与杭州的重要纽带。进入杭州后，徽商可入扬州、苏州、南京，渗透苏浙全境。

③饶河水系。通过该商道，徽商可沿"饶河—鄱阳湖—赣江"南至广州，北至长江以北地区。徽商西挺江西，不仅可以北上，通过大运河往来于京、晋、冀、鲁、豫之间，并远涉西北、东北等地，还可以沿东南进闽、粤，更可以此为跳板，扬帆入海从事海外贸易。作为饶州府治地的鄱阳，位于赣皖商道之上，是最为重要的货物转运中心，在江西与皖南徽州地区的贸易中，徽州祁门等地的茶叶、纸、竹木、漆、盐、百货，浮梁县的景德镇瓷器、茶叶等货物以此路运出；运入的货物主要是大米。徽商南下广州，以经营茶叶、药材等贸易为主，徽州茶商将茶叶通过水路运入广东售给西方商人，同时，徽商也把广州的洋货经该商路输入徽州地区（林清，2011）。

> "大抵东入负祁水入鄱，民以茗、漆、纸、木行江西，仰其米自给。"
>
> ——《祁门县志》

④大庾岭商路。徽商的货船经由吴城从鄱阳湖驶入赣江，溯流而上越大庾岭，南入广东。通过"赣江—大庾岭"到达两广，这是当时内地通向岭南最主要的商运路线，也是徽商入粤经商的必经之途。大庾岭

商路以湖广、安徽及江西为腹地，以两广地区作为商品的销售地或中转地。徽商由赣江溯流而下，翻大庚岭进入岭南，将内地茶叶、瓷器、丝绸等运至广州，转销海外，再携货返回，整个商路沿线的各个城镇也成了徽商的辐辏之地（门亮，2013）。清代徽商从陆路南下外销茶叶，该路线以屯溪为起点，往西南行经休宁到祁门，在祁门三里街入昌江，在"倒湖"进入江西地界，途经景德镇、饶州等地，达到南昌府，西南行经樟树镇、万安、南康等县，在梅岭头入广东省界，复经南雄州、英德县、三水县抵达广州。

⑤长江淮河商路。徽商从徽州到芜湖，控制横贯东西的长江商道和淮河两岸，进而入湘、入蜀、入云贵，沿江一带的大小城镇遍布徽商足迹，这是东南地区通向中原和西北各地的一条重要的商运路线，可由淮河溯流西上经颍河、沙河、贾鲁河而达开封。

（2）国际商路。

徽商通过北洋航线和南洋航线，可直达东北亚、东南亚，甚至远及非洲、欧美。徽商出口最著名的商品是茶叶，它首先在荷兰登陆，其后风靡瑞典、西班牙、普鲁士、法国、丹麦、葡萄牙等国。当时中国每年销往欧洲国家的茶叶大约在 24 万担。嘉靖年间，歙县人士许辰江就"航大海，驾沧江，优游自得，而膏沃充腴，铿锵金贝，诚古逸民中之良贾也"。后来，"许村四兄弟"——许松、许栋、许楠、许梓到泰国、马六甲一带经商，成为发展海外贸易的徽商。还有一位著名的徽商是歙县人士汪直。嘉靖十九年（1540 年），他和乡人一同到广州，建造大船，将硫磺、丝棉等违禁之物贩卖到日本、暹罗（今泰国）等地。嘉靖二十一年（1542 年），他在日本的平户建立起贸易基地，以舟山烈港为基地，取得了东南沿海贸易的控制权。

（二）物产资源

徽州拥有丰富的物产资源，比如木材、茶叶、药材等，其中不乏名品。

首先，木材资源丰富。大自然虽然没有赋予徽州人良田沃土来种植粮食，但是却提供了山林竹木的生长基地。徽州休宁境内林木繁茂，林业面积达到 17.98 万公顷，活立木总蓄积 971 万立方米，森林覆盖率为 82.17%①，素有"徽杉仓库"之称誉。漫山遍野的毛竹、楠木、樟木、青檀、杜仲、棕榈等珍贵树种和经济林木储量丰富，尤其是杉木。婺源许多商人就是靠着贩运木料而发家的，范成大在《骖鸾录》中记载，"休宁山中宜杉，土人稀作田，多以种杉为业。杉又易生之物，故取之难穷"。

其次，水利资源丰富。徽州山区交通不便，但其境内有新安江，其支流可与徽州六邑相连通，沿江东下可达杭州，十分便捷。北境有水阳江、青弋江；西境有秋浦河，均流入长江；南境有阊江、婺水，南流西折入鄱阳湖；东西境有马金水流入浙江金兰盆地，联结闽粤之要冲；东境有新安江、武强水，东注钱塘、东海。这些水流共同铺就一张放射水网，成为徽商挟贽四出的走廊。

最后，徽州山区盛产名茶。地处皖浙赣交界地区的徽州，地貌以山地丘陵为主，亚热带季风湿润气候为徽州人种茶、制茶提供了天然优势。在宋代，徽州的名茶有早春、英华、胜金、雀舌等；明清时期，歙县绿茶闻名遐迩，不仅有绿茶佳茗，而且松萝茶、黄山毛峰等茶叶名品问世；鸦片战争后，祁门红茶享有盛名（郑佳节等，2007）。

此外，徽商不仅将本地盛产的竹、木、瓷土、生漆、茶叶等特产向外运销，而且歙砚、徽墨、澄心堂纸、汪伯立笔等素负盛名的文房四宝也是当地特产，如歙县、绩溪两县交界地"龙须"就盛产名纸，有"麦光、白滑、冰翼、凝霜"等多种类别。

（三）人口

徽州是个移民地区，汉代以前，这块土地只生活着史称"山越人"的居民。徽州处"吴头楚尾"，属边缘地带。汉代以前人口不多，经过了晋末、宋末、唐末的三次衣冠南渡，北方大量人口迁移到皖南徽州。由于徽州人口的不断增加，人口资源已经变成沉重的人口负担，据史料记载，明初徽州人已超过 50 万了，地狭人稠，土地贫瘠，产量极低，

① 资料来源：休宁县人民政府官网，https://www.xiuning.gov.cn/。

徽州人为了寻求和拓展生存空间，开始向四周迁移扩散，向北至山东、北京，向东遍及江苏、浙江，向南则可远达福建、广东。他们以这些省份的各大城市为中心，积极参与到当地经商活动中（王智汪，2022），实现了"以贾代耕，外出谋生"。

> 徽州介万山之中，地狭人稠，耕获三不赡一。即丰年亦仰食江楚，十居六七，勿论岁饥也。天下之民，寄命于农，徽民寄命于商。而商之通于徽者取道有二：一从饶州鄱、浮，一从浙省杭、严，皆壤地相邻，溪流一线，小舟如叶，鱼贯尾衔，昼夜不息。一日米船不至，民有饥色，三日不至有饿莩，五日不至有昼夺。
>
> ——康熙《休宁县志》

二、政商关系

从徽商的兴起与发展来看，徽商与政府政策红利关联性不强，但是政策对其发展也有一定的推动作用，主要表现在"盐业"。明代"开中制"使得晋商通过运输粮食获取盐引，从而获得高额利润。徽商在高额利润的吸引下，也加入了运粮的队伍并发展成为具有影响力的盐商。为了保持自己经营商业的有利地位，徽商也会通过和官府重要官员保持良好的关系来寻求庇护与发展，主要通过钱财贿赂、攀附姻亲、跻身官僚队伍（刘艳琴，2009）等手段。

三、主导产业体系

（一）传统产业体系及早期集聚

安徽物产丰富，依托当地的资源，徽商所在区域形成了多样化的资源依赖型的产业体系，并形成了一定的集聚区域。从经济贡献度和产品竞争力来看，徽商所在区域形成的主导产业主要有四个：盐业、茶业、木业和典当业。

1. 盐业

明初（1370 年），"食盐开中"催生陕西盐商，即陕人先把粮食送到边关陕西、内蒙古一带，再根据送达粮食的数量换一个特许去买盐，做盐的生意。当时陕西有很多粮食，离边关又近，运送方便，故陕西盐商崛起。明朝中叶（1492 年），叶淇变法，开中改折色，可用银换盐引，当时产盐最好的就是两淮地区，安徽的区位优势凸显，从此，徽商宗族的力量得以显露，通过集资募资，用一个家族、一个宗姓的钱集中起来形成规模化交易，大量运盐到扬州，与陕西商人展开激烈的竞争。而扬州，也成为当时中国盐商的集结地。

明末以来，徽州盐商已形成集团，控制了"淮盐"的产、供、销特权，在这种条件下，徽商中的"总商"所攫取的盐业高额利润是惊人的，因此积累了极其雄厚的原始资本。如《淮醝备要》云："闻父老言，数十年前淮商资本之充实者，以千万计，其次亦以数百万计。"所以时人亦有"江淮繁富，为天下冠"的说法。而且徽州盐商人数也大占优势，据光绪《两淮盐法志》记载：自明嘉靖至清乾隆期间，在扬州的著名客籍商人共 80 名，徽商独占 60 名，山、陕各占 10 名。嘉庆《两浙盐法志》记述，明清时期，在浙江的著名盐商共 35 名，其中徽商就占 28 名。由此可见徽商在两淮两浙盐业界的显赫地位。

到了道光时期，盐业的改革势在必行。首先就是更改管理方式，之前管理盐商的专门机构——盐运司，现已改成由两江总督直接管理。当时的两江总督陶澍改变了盐商们的经营方式，盐商们不再拥有垄断的权力。在清朝晚期，盐业处于僵而不死的状态，青盐大规模开采之后，价格便宜的青盐占据了市场，随后国家直接管理盐业，安徽盐商逐渐退出历史舞台①。

2. 茶业

高山云雾出名茶，徽州有着悠久的种茶历史。徽州地处亚热带，重

---

① 徽商四大行业之盐商，https://www.sohu.com/a/120371552_383516。

峦叠翠，雾色空蒙，土地肥沃，气候温和，宜茶宜林，茶叶便成为徽商赖以发迹的主要行业之一。

徽州商人经营茶叶，史料可查，始于明代。唐元和十一年（公元816年），诗人白居易的名诗篇《琵琶行》中曰："商人重利轻别离，前月浮梁买茶去。"这说明原属祁门之浮梁远在1100多年前就已成为茶叶的集散地。唐咸通三年（公元862年），歙州司马张途著《祁门县新修阊门溪记》中记载："千里之内，业于茶者七，八矣。由给食、供赋，悉恃祁之茗，色黄而香。贾客咸议，逾于诸方。"由此可见当时祁门茶市相当兴隆。宋代《贡茶录》称："早春英华，来泉胜金"，诸名茶皆出自徽州。徽州是茶叶产区，徽商的内销茶经营多以"茶庄"进行销售，明代即有茶叶运销京津，迄后遍及东北、鲁、豫、江、浙、沪等地。清代是徽州茶商的鼎盛时期，乾隆年间，徽商在北京设有茶行7家、茶庄千家以上，在津、沪的茶庄也不下百家，在多地形成了显著的集聚效应。

徽商茶叶经营日盛，逐渐由大城市延伸到小城镇，江、浙等一些小镇也有了徽商开的茶店。当时，内销茶花色品种甚多，有松萝、六方、毛峰、烘青、炒青等数类数十种，后又有各种花茶，所以有"茶叶卖到老，名字记不清"之说。安徽茶商在外开茶庄，各地均有，明清歙人吴景华、吴永祥、吴炽甫在京经营茶叶，均成为赫赫巨富[1]。清中期以前，徽州茶商主要活动于南北二线：南为广州，外销为主；北为北京，输往内蒙古等非产茶区。清道光以后，上海通商口岸打开，徽州茶商为适应上海对外贸易的需要，主要经营地点向上海转移。道光十八年（1838年），绩溪人程有相在上海创设"程裕新"茶号，历经7代。清末民国初期，仅绩溪人在沪开设的茶号就有33家，形成了早期的茶产业集群，其中汪裕泰茶庄有6个发行所，被誉为"茶叶大王"。抗日战争以前，徽州人在沪从事茶叶经营的商号达数百家。

---

[1] 徽商四大行业之三：茶商，http://minsu.httpcn.com/info/html/190011/PWAZRNC-QXVPW.shtml。

"未见屯溪面，十里闻茶香，踏进茶号门，神怡忘故乡。"

——清民谣

"徽商凑集，贸易之盛，几埒南翔。"

——嘉定县志

"浮梁歙州，万国来求。"

——茶酒论

3. 木业

徽州地区自古山高水美，盛产木材，在徽州的万山丛中，北有号称"云雾之乡"的黄山，南有峰峦叠嶂的天目山，绵延不绝。徽州地区属于亚热带湿润季风气候，降水丰富，夏季无酷暑，冬季不严寒，不利于农作物的生长，却成了竹木生产的基地，森林覆盖率很高。其中有许多珍贵树种和经济林木，如楠木、樟木、青檀、杜仲、棕榈等，特别是杉木，木理通直，坚韧耐腐，是上等的建筑用材。另外，徽州还有满山遍野的毛竹。早在宋代，徽州就已出现木商，以婺源为主，休宁次之，祁门、歙县又次之。徽州木材主要借助长江主干道进行水运，发往苏杭、北京等地。徽州木材比较容易加工，而且足够坚固和美观，万历年修乾清宫、坤宁宫，天启年修皇宫所用的主要木材均为来自安徽。明清时为扩大木材资源，徽商远赴江西、湖广、四川，贩木苗疆，货木三楚，编排放入长江，输往江南占据市场①。

徽州木商几乎垄断了整个江南木业，且以婺源人居多，所谓"婺源贾者率贩木"，而且徽州木商还形成了四条木材外销的渠道："新安江—杭州""绩溪—青弋江—江南沿江城市""阊江—鄱阳湖—江西""婺水—乐安江—饶州府"。

"盐商木客，财大气粗。"

——徽地谚语

"广挟金钱，依托势要，钻求割创付，买木十六万根，勿论夹带私

---

① 资料来源：何刚：《中国徽商——商业智慧的传承与超越》，清大紫荆管理博士课程教育中心，2020 年 6 月 25 日，http://www.pxemba.com/News/dba1363.html。

木不知几千万根。即此十六万根，税三万二千余银，亏国课五六万两。"

——冬官记事

4. 典当业

明清时期，典当是当时贸易和物品融资抵押最简单的一种方式。徽商主要从事"典铺"，主营不动产抵押放贷，贷款量大，回赎期长，主要针对富户，故有云："质库拥资孳息，大半徽商。"徽州典当商遍及长江中、下游一带。长江以北，徽州典当商也占据较大的市场份额，《明神宗实录》中记载了河南巡抚沈季文的言谈："今徽商开当，遍于江北。赀数千金，课无十两。见在河南，计汪充等二百一十三家。"此外，北京、山东、福建、广东诸地也都有过徽州典当商的踪迹。经营典当业以休宁人最为活跃，明人凌濛初在《初刻拍案惊奇》中描写的休宁商山大财主吴大郎，有百万家私，号称"吴百万"，是经营典当业的巨商。清末翰林许承尧在《歙事闲谭》中称："典商大多休宁人……治典者亦惟休称能。凡典肆无不有休人者，以专业易精也"。

> "吴志典"在扬州，家有十典，江北之富未有其右者；
> 休宁人孙从理在吴兴，前所增置典铺上百所；
> 清代歙商许家，资物之肆四十余所，厮役庀养2000人；
> 余氏典当"立三堂"也是有名的徽商典铺；
> 商山吴氏，所殖业，皆以典质权子母，几乎殆十世矣；
> 清江浦汪家，经营典肆200余年，典当世家"
>
> ——何刚《中国徽商——商业智慧的传承与超越》

（二）早期产业集群中介组织

尽管商业竞争十分激烈，但是"徽骆驼"在市场中尤其是在外地经商过程中依旧保持着团队协作的精神，通过以众帮众、同舟共济来共渡难关，正如绩溪民谣唱的那样："有生意，就停留，没生意，去苏州。跑来拐到上海，托亲求友寻码头。同乡肯顾爱，答应给收留。"最具有代表性的就是会馆和公所的设立，徽商的会馆主要用于同乡商人的联系和互帮互助，会馆建立的目的则是维护整个徽商的利益，增强竞争力，处理和其他商人之间的竞争以及平息内部发展的矛盾，对于徽商的发展有着不可忽视的作用。

（三）现代产业体系与产业集群

安徽省依托创新发展构建现代化产业体系，依托合肥综合性国家科学中心和中国科学技术大学等平台，加快重大新兴产业基地、产业工程等建设，坚持创新驱动发展并在财政税收、服务保障等多方面大力支持。目前安徽已经在智能语音、新能源汽车等多个领域取得了建设性的成果，比如在智能家居方面，安徽省明确提出到 2025 年形成世界级智能家电（居）产业集群，产业总产值突破 6000 亿元，百亿元企业 10 个以上，国家级企业技术中心 6 家等目标①。

安徽省高度重视县域特色产业集群（基地）的建设，首次通过 27 个特色产业集群名单，2020 年批复 21 个，2023 年新增了 8 个特色产业集群，如表 5 – 1 所示。

表 5 – 1　　2023 年安徽县域特色产业集群（基地）建设成效评估得分靠前名单

序号	县域特色产业集群（基地）名称	所属地级市	产业领域
1	安徽省凤阳县硅基新材料特色产业集群（基地）	滁州市	材料类
2	安徽省明光市凹凸棒新材料特色产业集群（基地）	滁州市	材料类
3	安徽省太湖县功能膜新材料特色产业集群（基地）	安庆市	材料类
4	安徽省霍邱县铁基新材料特色产业集群（基地）	六安市	材料类
5	安徽省东至县精细化工特色产业集群（基地）	池州市	材料类
6	安徽省宁国市先进高分子材料和高端金属材料零部件特色产业集群（基地）	宣城市	机械制造类

---

① 《续写"家电之都"新辉煌——我省打造世界级智能家电（居）产业集群》，安徽省人民政府网，2021 年 9 月 27 日，http://ah.gov.cn/public/1681/554084611.html。

续表

序号	县域特色产业集群（基地）名称	所属地级市	产业领域
7	安徽省长丰县汽车零部件特色产业集群（基地）	合肥市	机械制造类
8	安徽省天长市智能测控装置（仪器仪表）特色产业集群（基地）	滁州市	机械制造类
9	安徽省含山县绿色智能铸造特色产业集群（基地）	马鞍山市	机械制造类
10	安徽省南陵县快递物流智能装备制造特色产业集群（基地）	芜湖市	机械制造类
11	安徽省泗县汽车零部件制造特色产业集群（基地）	宿州市	机械制造类
12	安徽省来安县轨道交通装备特色产业集群（基地）	滁州市	机械制造类
13	安徽省广德市汽车及零部件特色产业集群（基地）	宣城市	机械制造类
14	安徽省泾县电机泵阀特色产业集群（基地）	宣城市	机械制造类
15	安徽省无为县电缆特色产业集群（基地）	芜湖市	电子电气类
16	安徽省芜湖市湾沚区生活电器特色产业集群（基地）	芜湖市	电子电气类
17	安徽省肥西县电气机械和器材特色产业集群（基地）	合肥市	电子电气类
18	安徽省舒城县电子信息（光电显示）特色产业集群（基地）	六安市	电子电气类
19	安徽省霍山县大别山生态食品特色产业集群（基地）	六安市	农副食品加工类
20	安徽省怀远县绿色农产品特色产业集群（基地）	蚌埠市	农副食品加工类
21	安徽省芜湖市繁昌区健康食品特色产业集群（基地）	芜湖市	农副食品加工类
22	安徽省砀山县果蔬食品特色产业集群（基地）	宿州市	农副食品加工类
23	安徽省黟县乡村旅游特色产业集群（基地）	黄山市	轻工、旅游及其他类
24	安徽省界首市资源循环利用特色产业集群（基地）	阜阳市	轻工、旅游及其他类
25	安徽省石台县乡村旅游特色产业集群（基地）	池州市	轻工、旅游及其他类
26	安徽省桐城市节能环保特色产业集群（基地）	安庆市	轻工、旅游及其他类
27	安徽省旌德县生物医药特色产业集群（基地）	宣城市	轻工、旅游及其他类
28	安徽省怀宁县绿色纸塑特色产业集群（基地）	安庆市	轻工、旅游及其他类
29	安徽省利辛县轻纺服饰特色产业集群（基地）	亳州市	轻工、旅游及其他类

第二节　商帮文化特质

在中国长达 600 余年的工商业发展历史中，徽商称雄 300 余年，已经形成了自己独特的商帮文化。"徽骆驼"是徽商精神最好的代表，正如《辞海》中的解释："徽州不产骆驼，此乃喻徽州人正义奋斗、宁死不屈之性格。"骆驼是干旱沙漠地区主要的畜力和交通工具，在人们眼中是吃苦耐劳和勤奋的象征，用"徽骆驼"形容徽商也十分恰当地体现了其身上"坚忍不拔""团结协作""不断进取"等丰富的精神内涵。同时，徽商以陶朱公的"贾儒相通"为经营坐标，做生意讲求"左儒右贾，以义博利"，是典型的"儒商"，如图 5-1 所示。

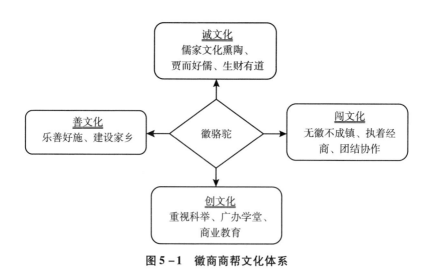

图 5-1　徽商商帮文化体系

一、诚文化

徽商是深受儒家思想影响的商帮之一，其"贾而好儒"的特点也广为人知。儒家思想对徽商影响十分深刻，推动其形成了"生财有道"

的义利观，在经营过程中强调"以诚为本"和"将质量放在首要位置"的思想。徽商许宪将这种精神总结为"惟诚待人，人自怀服；任术御物，物终不亲"。徽商在经营过程中真正做到了童叟无欺、诚信经营，这是推动徽商称雄商界 300 余年的重要原因。

南宋休宁知县祝禹圭说，"山峭厉而水清激，故禀其气、食其土以有生者，其情性习尚不能不过刚而喜斗，然而君子则务以其刚为高行奇节，而尤以不义为羞"。

《新安休宁名族志》中记载明代张洲本来潜心儒业，并多次参加科举考试，但屡试不中，只好放弃求学，而转向经商。由于他在经商的时候讲诚信，人人都愿意与他做生意，所以他的事业也就渐渐地发展起来，并最终成为巨贾；当别人进行欺诈的时候，歙县名商吴南坡却讲求诚信，在市场上获得了信誉，只要看到是吴南坡的货物，人们就会抢着购买（陈建林等，2013）。

二、善文化

徽商在追求商业发展和勤俭节约的同时也具有无私奉献、乐善好施的品质，在国难或者天灾面前徽商都会奉献出自己的一份力量：赈灾救民、福利救济、翻修水沟和街道、开办义学、建立义冢……徽商为社会贡献了自己的力量。如徽商鲍志道与其子鲍淑芳在嘉庆年间淮河和黄河暴发水患时，捐银 300 多万两、捐粮 10 万担，嘉庆十年"集议公捐米 6 万石助赈"，同时他们还开设义学、建设家乡等，嘉庆帝为其题写了"乐善好施"的匾额，该匾额至今仍在歙县棠樾牌坊群中。徽商这种家国情怀及乐善好施的品质是其商帮品质的精神内核。

汪允俅，"居扬州，好善乐施。谙药性，施紫雪丹再造丸，一粒千金，弗屑也。岁暮周恤孤寡，世称笃行君子。子廷埏，字度昭。立瓜州普济堂，活几千人"。

——《两淮盐法志》

汪应庚，"居扬州，家素丰，好施与，如煮赈施药、修文庙、资助贫生、赞襄育儿，激扬节烈、建造船桥、济行旅、拯覆溺之类，动以数十万记。与朱与白、吴步李齐名，当事闻于朝，赐光禄寺卿。乾隆五年，民饥，两淮立八厂，应庚独立捐赈，活数十万。台省入告，贞珉于蜀冈之巅"。

——《安徽史学》

三、闯文化

徽商特别能吃苦，民不染他俗，勤于山伐，能寒暑，恶衣食，早已成为徽商品格中的基因了。人多地少是推动徽商外出经商的重要原因，徽商所处之地多为高山密林，三次移民潮使得人地矛盾更加激烈，为了解决生存问题，徽商外出谋生路。徽商如骆驼一般吃苦耐劳，长途跋涉，勇闯商海，不畏失败，有着"无徽不成镇"的说法。

这种闯文化更是体现在徽商对商业经营的执念，正如有人形容的那样，徽商"出至10年、20年、30年不归，归则孙娶媳妇而子或不识其父"，甚至有徽商终其一生在外追求商业发展而未返家。徽商在经商过程中克服了自然条件的艰苦和商业经营的风险，凭借其敏锐的商业眼光成为富甲一方的商帮，同时也形成了"开拓进取"的闯精神。

前世不修，生在徽州，十三四岁，往外一丢；包袱雨伞，夹着就走。

——徽州谚语

四、创文化

在儒家文化的影响下，徽商十分注重教育，热衷于学堂和试馆的建设，真正做到了"十家之村，不废诵读"。据康熙《徽州府志》记载，徽州有社学562所，县塾5所，至于各家族自己建设的私塾和学堂就更多了，在科举中出现过"连科三殿撰，十里四翰林"、父子同为"尚书"等佳话。有人曾统计过，徽属六县明清时期中举人者近千人，中进士者也有 600 余人。徽商注重教育不仅局限于修建学堂，还包括支持学子参加科举，在学子参加科举的路上会馆会为其提供最大的帮助，富商也会资助寒门子弟的科举费用等。这些重视教育的行为也为徽商的发展提供了人才储备。

徽商在教育内容上非常注重商业教育，如商业运作、商业经验、商业数学等，出版了《图经水陆路程图》《士商类要》《算法统宗》等书籍。同时徽商也以和文人雅士结交为荣，如"扬州二马""二江先生"。徽商还习惯于养家班，如徐尚志的老徐班、江广达的德音班、曹文埴的庆异班。据统计，乾隆时期，扬州著名戏班一半以上是徽商的家班（陈建林等，2013）。

竹山书院惜尘村，东壁图书半剥空，金锋弦歌声已杳，石狮依旧啸秋风。

——曹家珍《雄村志行》

尝观家由人兴，人以才见，才之高下，功之大小因焉。未有无其才而可以兴者也。然才之所就，亦匪易矣。古者家有塾，党有庠，俾子弟外出就傅；课以诗书，守以礼义，扩充其天赋之赍，而防闲其外诱之习，以为立身修业之基。

——《休宁查氏肇禋堂祠事便览》

第三节　基于产业集群社会责任建设的可持续发展路径

一、徽商衰落的表征与原因

徽商的衰落过程并非直线下降，而是呈螺旋式起伏后渐渐衰落。其衰落始于清朝末年，在太平天国运动后彻底走向了衰落。探寻徽商衰落的原因可以发现，其中既有那个时代历史大环境的影响，也有徽商自身在文化和思想上的短板，这里从"外因"和"内因"两个方面进行分析。

（一）外因

1. 清朝末年中国的经济危机与社会危机

清朝末年，在西方工业文明以及官商结合带来垄断红利逐渐减弱的双重冲击下，中国传统农耕文明发生剧烈变动，封建经济制度日趋瓦解，民族危机日益加深。徽州商帮的衰落是由盐商的失势开始的，其失势原因主要是受政府政策的直接影响，具体表现之一就是由陶澍进行的盐法变革取消了徽商对于食盐销售的垄断权，据《清史稿》载，"时两淮私枭日众，盐务亦日坏"，道光帝命陶澍进行盐法改革。道光十二年（1832 年），陶澍先拟行"票盐法"于淮北，后推及其他地区，这使徽州盐商从此失去了其世袭的行盐专利权，导致原来官商一体化的包销制被打破。而且，由于该法的推行并没有能因地制宜，淮南盐商更是陷入困境。同治三年，曾国藩上疏："淮南盐务，运道难通，筹办有两难，一在邻盐侵灌太久。西岸食浙私、粤私而兼闽私，楚岸食川私而兼潞私，引地被占十年，民藉以济食，官亦藉以抽厘，势不能骤绝……"不仅是盐商，徽商其他行业也因清廷为了摆脱统治危机而进行的各方面政策变革遭受大小不等的损失。

2. 战乱频繁、家破人亡，财失商毁

清朝末年，民不聊生，战乱四起，国内有各地农民起义；对外，清政府先后经历两次鸦片战争，在中法战争、甲午海战以及八国联军战争中全线溃败，内忧外患。特别是太平天国的战争，安徽成为受害最深的省份之一，甚至有学者认为，导致徽商衰落的直接原因就是源于"太平天国战争"，不仅人口大幅度减少，而且徽商积累的财富也以"军费"的方式被花费殆尽了。据统计，短短 5 年间，广德县人口从 30 余万人锐减至 6000 多人，与广德同处皖南地区的徽州首县歙县在太平天国期间人口减少了一半以上，即从战前的近 62 万人降至战后的 30 万人，桐

城县战前是安徽人口第一大县（含枞阳县），咸丰元年（1851年）人口就突破300多万，战后人口仅剩30万左右，人口减少高达90%，造成家破人亡，财失商毁，富饶之地皆为焦土，人口凋零，商无以为继。此外，清朝末年，旱灾、蝗灾、雪灾、水灾接连发生，"冬天冻死、夏天淹死、春秋饿死"的灾难导致民不聊生，经济不断衰退（李晖，2016）。

3. 赋税沉重，经商成本居高不下

清政府迫于财政困难，开始无休止地对商人进行残酷的剥削。自康乾盛世起，清廷开销日增，此后政府增设税收名目，巧取豪夺，对商人进行压榨。康熙年间，淮商有三项大笔浮费：一是程仪。现任或候补官员进京路过淮扬时，不论该官与淮商有无交往，都要索取一笔差役。二是规礼。本地的文武大小衙门，无论是否与盐务有关，都要向商人收取规礼。三是别敬。先是每年于御史任满时，照例要向商人收取别敬钱，后来发展到无论地之远近或与商人是否有交情，只要是达官显贵，在任满时都要向商人索取别敬。这三项浮费，每年达千上万两。此外，当时的摊派也是十分惊人的，名字好听，叫"捐输"，发洪水、闹饥荒时商人都要出钱买粮赈济百姓。从康熙十年（1671年）到嘉庆九年（1804年）的100多年中，两淮盐商先后捐输给朝廷的资财达4000万两，每次多则数百万两，少则数十万两。此外还有"助饷"，即帮助朝廷开支军费，名义上是商人自愿，实际上是政府榨取，嘉庆三年（1798年）三月到八年（1803年）一月的4年多时间内，两淮盐商助饷达700万两。

4. 外国商品的冲击导致产品竞争力的下降

随着帝国主义对中国的入侵和经济的掠夺，以茶商为代表的徽商损失惨重，主要源于其相对落后的生产方式在与西方发达生产方式的竞争中处于劣势。同时，外国商人利用清廷制定对中国商帮不利的政策，如压低收购茶价以及依靠"子口半税"等，对以徽州茶商为代表的华商造成致命的打击。正如张海鹏先生所说，"清代徽州茶商的兴衰历程，正是传统的中国封建商人在近代社会中的缩影"。在帝国主义和本国封建主义的双重压迫下，徽州商帮不可避免地走向衰落。

（二）内因

除了外部因素外，徽商的衰落也有其自身因素，这也是其衰落的根本原因。从本质来看，徽商的衰落就在于其相对封闭和保守的商业文化，且创新和转型意识较弱，其经营利润并没有转化为工业资本和金融资本进行扩大再生产，而是大量用在了非经营性消费上。

1. 徽商奢侈性消费巨大

徽商大多将多年经营所得用于奢侈性消费。明代徽商在家乡以巨资兴修园林、别墅等现象已经蔚然成风。歙县的"果园""砚子园""枣树园"等，都是名噪一时的胜景。徽商的居所盛行斗拱彩绘，追求富丽堂皇。入清后，随着商品经济的发展，徽商实力愈发雄厚，其挥霍之风也愈演愈烈。据记载，乔居扬州的盐商不惜重金修建园林别墅等，乾隆时期，扬州园林甲于天下。除了投资于建筑外，徽商也将大笔钱财用于精神上的消费，比如建设戏班、收藏图书和古董等。对于清政府的皇家接待也加剧了商人们的巨额支出，正如王守基在《盐法议略·长芦盐务议略》中记载，"若夫翠华莅止，情殷瞻就，供亿丰备，尤为前所未有……盖盐商际遇之隆，至此而极矣；盐商奢侈之弊，亦至此而深矣"。

2. 崇儒轻商思想深植

世代相传的宗族思想使徽商对宗族事务历来慷慨。为了宗族的发展，徽商不惜重金修祠堂、修坟墓、叙家谱，以及购置族产和族田等。徽商是典型的儒商，"崇儒轻商"心理根深蒂固，他们"贾而好儒"，虽是商贾，却在致富后极力培植兄弟子侄等"业儒仕进"，倡导"商而优则仕"，从而也限制了商帮的可持续发展。

二、从传统徽商到新徽商的嬗变

（一）发展现状

面对百年未有之大变局，作为中部欠发达省份，安徽省正在坚定地迈出构建新发展格局高质量发展的步伐。在这个征程中，新徽商要弘扬艰苦创业、讲究"贾德"等优良传统，担负起时代赋予的新使命，聚力新产业、新技术、新模式、新业态，重塑新时期徽商精神，为其注入新的时代内涵，将自身发展与安徽崛起结合起来，将个人富裕与造福乡梓结合起来，积极返乡投身经济建设，形成"万商聚皖、振我安徽"的生动局面，为建设富裕美丽幸福的徽皖大地做出更大的贡献。

为了更好地明晰和掌握安徽省当前的发展现状，本章从"综合发展指标""经济发展指标""民营经济发展指标""创新发展指标""社会发展指标"和"生态发展指标"六个方面对安徽省发展的现状及在全国所处的位次进行了分析，如表 5－2 所示。从中可以看出，安徽省在创新发展方面居于全国领先位次，但在社会保障、民营经济发展等方面比较薄弱，这也为新徽商的崛起带来了挑战。

表 5－2　　　　　　　安徽省发展现状及在全国所处位次

层次	指标名称（单位）（年份）	数值	全国排名
综合发展指数	政商关系健康指数（2021）	26.71	14
	参与智能制造能力成熟度自评估且成熟度二级及以上企业数量（2021）	222	5
	中国地区综合发展指数（2020）	100.71	14
	财政发展指数（2020）	49.60	12
	营商环境指数（2020）	59.27	8
	地区生产总值指数（2021）	108.3	8
经济发展指数	社会消费品零售总额（亿元）（2021）	21471.2	8
	规模以上工业企业利润总额（亿元）（2021）	2669.9	14
	地区生产总值（亿元）（2021）	42959.2	11
	居民人均消费支出（元）（2021）	21911	15
	人均地区生产总值（元/人）（2021）	70321	13
	第一产业增加值指数（上年＝100）（2021）	107.4	12
	第二产业增加值指数（上年＝100）（2021）	1007.9	10

层次	指标名称（单位）（年份）	数值	全国排名
经济 发展 指数	第三产业增加值指数（上年＝100）（2021）	108.7	9
	固定资产投资（不含农户）增速（%）（2021）	9.4	9
	经营单位所在地进出口总额（千美元）（2021）	107095468	13
	经营单位所在地出口总额比例（%）（2021）	59.2	15
创新 发展 指数	国内专利申请数（件）（2020）	202298	8
	国内有效专利数（件）（2020）	385211	8
	各地区 R&D 经费投入强度（2020）	2.28	10
	规模以上工业企业 R&D 经费（万元）（2020）	6394211	8
	规模以上工业企业 R&D 人员全时当量（人年）（2020）	139988	7
	规模以上工业企业新产品项目数（项）（2020）	32863	5
	规模以上工业企业开发新产品经费（万元）（2020）	7494349	7
	技术市场成交额（亿元）（2020）	659.57	12
社会 发展 指数	地方财政一般预算收入（亿元）（2021）	3498.19	10
	地方财政一般公共服务支出（亿元）（2020）	515.12	15
	每万人医疗机构床位数（张）（2020）	66.8	16
	每万人拥有卫生技术人员数（人）（2020）	68	27
	普通小学师生比（%）（2020）	17.98	6
	每十万人口高等学校平均在校数（人）（2020）	2702	20
	有线广播电视用户数占家庭总户数的比重（%）（2020）	36.6	22
	人均拥有公共图书馆藏量（册/人）（2020）	0.58	25
	互联网宽带接入用户（万户）（2020）	2093	9
	公路营运汽车客位数（万客位）（2020）	63.25	12
生态 发展 指数	城市绿地面积（万公顷）（2020）	11.95	9
	公园绿地面积（万公顷）（2020）	2.65	12
	建成区绿化覆盖率（%）（2020）	42	11
	化学需氧量排放量（万吨）（负向）（2020）	118.6	21
	二氧化硫排放量（万吨）（负向）（2020）	10.86	19

续表

层次	指标名称（单位）（年份）	数值	全国排名
生态发展指数	氮氧化物排放量（万吨）（负向）（2020）	46.43	22
	生活垃圾清运量（万吨）（2020）	660.7	14
	森林覆盖率（%）（2020）	28.7	18
	城市污水日处理能力（万立方米）（2020）	779.3	11
	液化石油气用气人口（万人）（2020）	156	20
	天然气用气人口（万人）（2020）	1613	11
民营经济发展指数	民营上市公司个数（个）（2021）	95	9
	民营上市公司平均营业收入（万元）（2021）	479793	17
	民营上市公司平均总资产（万元）（2021）	675113	27
	民营上市公司平均净利润（万元）（2021）	29859	13
	民营上市公司员工总数（人）（2021）	441145	9
	民营500强企业个数（个）（2021）	5	16

资料来源：《中国统计年鉴》、各省份《统计年鉴》、市场化指数数据率。

（二）发展路径

1. 依托产业集群发展壮大战略性新兴产业

徽商深入推进"三重一创"建设，以产业集群为抓手，推动战略性新兴产业融合化、集群化、生态化发展，构筑战略性新兴产业高质量发展的战略优势。构筑产业体系新支柱。开展十大新兴产业高质量发展行动，实施战略性新兴产业集群建设工程，持续提升战略性新兴产业对全省产业发展的贡献度。大力发展新一代信息技术、人工智能、新材料、节能环保、新能源汽车和智能网联汽车、高端装备制造、智能家电、生命健康、绿色食品、数字创意十大新兴产业。完善战略性新兴产业"专项—工程—基地—集群"梯次推进格局，建立省重大新兴产业基地竞争淘汰机制，重点培育新型显示、集成电路、新能源汽车和智能网联汽车、人工智能和智能家电5个世界级战略性新兴产业集群，建设先进结构材料、化工新材料、生物医药、现代中药、机器人、核心基础零部件、高端装备制造、云计算、网络与信息安全等 30 个左右在全国具有较强影响力和竞争力的重大新兴产业基地，争取更多基地跻身国家级战略性新兴产业集群。

加快培育未来产业。实施"3 + N"未来产业培育工程，前瞻布局量子科技、生物制造、先进核能等产业。充分发挥量子计算、量子通信、量子精密测量研发领先优势，支持一批量子领域"独角兽"企业加快成长。加快生物基新型仿生材料、基因工程、再生医学等成果产业化落地，推动聚乳酸、呋喃聚酯、生物基尼龙等生物制造领域重点项目建设。加快小型移动式铅基堆工程化产业化步伐，提升核屏蔽材料等相关配套产品竞争力。在分布式能源、类脑科学、质子医疗装备等细分前沿领域，培育一批未来产业①。

2. 创新驱动与徽商的新发展

创新是传统徽商发展的短板所在，却是新徽商崛起和壮大的重要动力。因此，新徽商要秉承"敢为人先"的精神，紧紧抓住新发展格局和中国式现代化的发展契机，深度融入长三角一体化建设，切实增强科技创新驱动力。

徽商要争当新兴领域的行业领军者。用产业之"聚"，"变"出"现象级"产业地标，共同构筑起新兴工业大省的形象。当下，一大批徽商在新能源汽车、集成电路、量子信息、工业互联网等新兴领域崭露头角。比亚迪、大众、蔚来、江淮、国轩等头部企业齐聚安徽，以显著的集聚效应助力安徽汽车产量持续攀升。根据国家统计局发布的数据，2020 年，安徽省汽车产量排全国第 8 名，2021 年再升 1 位，其中，新能源汽车产量突破 25 万辆，居中部地区第 1 位、全国第 5 位。以长鑫存储为龙头的集成电路产业已经构建起了从材料、设计、制造到封装测试的完整产业链，助力合肥打造"IC 之都"。以国盾量子、本源量子、国仪量子为代表的合肥高新区的"量子大道"目前已集聚 20 多家企

---

① 《安徽省国民经济和社会发展第十四个五年规划和2035年远景目标纲要》。

业，相关专利占全国的 12.1%。徽商正在抢抓量子信息未来产业，打造具有领跑优势的量子信息产业集聚区。

3. 绿色发展助力可持续发展

安徽制定了到 2035 年"基本实现人与自然和谐共生的现代化美好安徽建设目标"以及"生态文明建设和绿色发展水平走在全国前列"的规划目标，现已构建"9＋3"重大生态保护修复体系，锚定打造美丽中国建设样板区、生态文明改革引领区、全面绿色转型先行区和生态福祉共享示范区的战略目标，坚持"生态优先、绿色发展"理念，着力打通绿水青山与金山银山的双向转化通道。在"双碳"战略目标引领下，徽商要重点围绕构建清洁低碳安全高效能源体系、持续优化经济结构、建设绿色低碳交通运输体系、提升城乡建设绿色低碳发展质量、推进农林降碳增汇、倡导绿色低碳生活和加强绿色低碳科技创新等"6＋1"领域，大力实施碳达峰行动，建立健全清单化、闭环式工作推进机制，明确分年度的时间表、路线图，确保如期实现"碳达峰"和"碳中和"目标，引领安徽成为全面绿色转型发展的先行之地、示范之地。

4. 积极合作共建未来

积极发挥徽商商会"谋合作、振徽商、谋民生、创未来"的作用，在徽商总会的大力推动下，基本实现了"徽商组织遍天下"。2005 年全国徽商商会仅有 7 家，2015 年发展到 144 家，2020 年已有 274 家，所属会员企业 5 万余家。全国各地徽商商会的发展成为安徽对外交流合作的桥头堡、招商引资的加速器，徽商商会也成为安徽专属的经济品牌和人文品牌。回乡创业已成为徽商未来发展的重要选择。

第六章

鲁　商

"每当市期，金、复、海、盖之载棉花者，沈阳、山东之载大布者，中后所、辽东之贩运帽子者，车马辐辏。"

——《清高宗实录》

"山东商帮"在历史上被称为"鲁商"，在中国历史上兴起较早，曾和徽商、晋商、浙商、粤商并称中国五大著名商帮，也是明清十大商帮之一。鲁商起源于"天下第一村"——周村，周村地处山东腹地，东西位于济南、青州间，为鲁中地区与沿海间人货往来的必经之地；南北处于泰沂山区与华北平原交界处，是山区与平原进行物资交易的重点中转站。优越的地理位置使得山东成为内陆最大的中转站。鲁商致富之道：儒字当头，仁智礼义信，情深似大海，义重如泰山，忠源黄河水，为国不计多。

第一节　产业基础

山东，古为齐鲁之地，在先秦时代开始有这个称呼。当时，关中的秦人，称崤山或华山以东的地区为山东。此时的山东是一个地域性的泛称，还不是一个准确的地理概念。在唐代和北宋时期，太行山以东的黄河流域被称作山东，到了唐代末年，"山东"被用来专指齐鲁之地。金代设置了山东的东、西二路，山东才真正成为政区名称。明代初期设置山东行省，后改称山东承宣布政司。清朝初年，设置山东省，"山东"正式成为本省的专名。古人以左为东，故又称山东为"山左"。

一、区位优势

（一）交通与地理位置

1. 基本情况

山东省是中国东部沿海的一个重要省份，位于黄河下游，东临渤海、黄海，与朝鲜半岛、日本列岛隔海相望，西北与河北省接壤，西南与河南省交界，南与安徽省、江苏省毗邻。山东半岛与辽东半岛相对，环抱渤海湾。山东省内河航运发达，以大运河为主，大运河自峄县台儿庄入山东界，沿鲁西平原穿过山东西部地区，于临清与卫河合流，北上于德州入直隶境。运河在山东境内流经兖州、东昌二府和济南德州等州县，全长800余里。大运河为南北粮船必经之地，人员往来频繁，带动了运河沿线商业的发展，在运河沿岸出现了一批"运河兴而兴，运河衰而衰"的商业城镇，如德州、临清、聊城、东平、济宁、峄县今枣庄等。大运河贯穿南北，连接海河、黄河、淮河、长江、钱塘江五大水系，成为山东省与全国大多数省份商品流通的最主要的渠道。因此，山东省无论是在陆路还是水路方面都具有十分便利的运输网络，为商贸运输提供了必要条件。

"十里人家两岸分，层楼高栋入青云。官船贾舶纷纷过，击鼓鸣锣处处闻。"

——（明）李东阳《过鳌头矶》

2. 商业辐射网

鲁商以山东为中心，形成了国内以京津、东北、河南地区为主要目标市场，国外以俄罗斯、日本、朝鲜为主要目标市场的国内国际商业辐射网。

（1）国内商路。

①京津商路。京津商贸区以北京和天津为中心，辐射山西、陕西、甘肃等省。清代鲁商在京城经商的人数众多，经营范畴多为饭庄、酒馆、油盐业、绸缎估衣业等和人们日常生活密切相关的行业。明代时，鲁商开始在天津从事商业活动，潍县商人"常贩米、麦、豆、油、布、皮货等"。清代，鲁商在天津的商业活动主要集中在绸布、饭馆、茶叶、皮货船行等行业。

> 黄县地狭人稠，故民多逐利四方，往往致富。远适京师，险泛重洋，奉天、吉林方万里之地皆有黄人履迹焉。……其商于外也，辽东为多，京都次之。

> ——同治《黄县志》

②东北商路。鲁商从明代时期开始涉足东北，每年去东北贸易之人有 5000 之多，据统计，仅清一代，约有 50 万～100 万山东商人在东北从事商业活动（程美秀，1995）。鲁商在奉天（今沈阳）所经营的行业主要有粮食、烧锅、油坊、杂货、茶糖和烟等日用品；鲁商在营口的商业活动主要包括油坊、粮食和钱庄等；鲁商在盖平的商业活动主要包括油坊、烧锅、粮食、杂货等；鲁商在安东不仅经营油坊、绸缎、药局、粮店、杂货等，同时还经营货币汇兑等，并形成了政记和致和祥等商号；鲁商在大连的经营范围包括油坊烧锅、杂货、钱庄等，光绪年间黄县丁氏家族在大连开设了振丰油坊；鲁商在长春的大小商铺有 1200 多家，当铺、绸缎、粮栈等行业多为其垄断；鲁商在哈尔滨多从事油坊、粮食、烧锅、杂货等行业的经营，山东商号有 500 多家，完全控制了哈尔滨的烧锅业，鲁商在哈尔滨还设立了粮栈，主要从事粮食的购销买卖业务。

> 燕齐贾客，贩貂辽东。尝至关前各路。

> ——《沾化县志》

③河南商路。河南商贸区主要包括河南开封、郑州和孟县等部分市县。自明代起，鲁商便在开封经商，主要经营布匹和估衣等业。山东潍县自古产棉布，潍县商人将本地所产的棉布运到开封销售，并在开封设庄售卖。洛阳亦为鲁商在豫经商的另一个主要城市，主要也是以潍县商人为主的布商。

（2）国际商路。

在中俄两国贸易中，鲁商在边境城市黑河和海兰泡最为活跃，特别是在黑河，鲁商在很多领域实现了垄断；海兰泡附近也是山东店铺林立。鲁商在中日贸易中主要以港口贸易为主，在日本先后占领朝鲜、旅顺、大连后，鲁商主要从事中日之间位于关东东南部的对外贸易，出口欧美的货物也主要从日本中转。在中朝贸易中，鲁商主要活跃在今辽宁省安东县与朝鲜义州间鸭绿江中的中江岛上，自清顺治三年（1646 年）两国私商"恣意交易"，从而形成了"中江后市"。

（二）物产资源

山东拥有比较丰富的自然资源。在矿产资源方面，我国拥有金矿、石膏、自然硫的储量居全国第一位，石油、金刚石、菱镁矿、铪矿储量在全国居第二位，滑石、石墨、锆石、花岗岩居全国第三位，煤、铁、重晶石、硅藻土、膨润土、钼矿、铝土、轻稀土、耐火黏土、珍珠岩、沸石、油页岩、石英砂、云母、石棉、镓矿等均在全国列前十位。全省1/3 的地下有煤，预测总储量 2680 亿吨。已探明地质储量的石油有几十亿吨，天然气有几百亿立方米。这些丰富的矿产资源为山东工业的发展提供了有力保障。山东海洋资源异常丰富。由于山东半岛濒临渤海和黄海，不仅是寒暖流交汇区域，还是黄河入海口，浮游生物多。据统计，在山东半岛海域，海水鱼虾有 260 多种，对虾、海参、扇贝、鲍鱼等海珍品产量更是在全国居首位。

（三）人 口

西周、春秋战国时代，今山东境内的齐鲁两国经济比较发达，成为全国人口较稠密的地区。西汉元始二年（2年），山东人口达1100多万，约占全国总人口的1/5。东汉自顺帝以后经济情况逆转，战乱纷起，人口减少，永和五年（140年），山东人口降至800多万，只及西汉元始二年的3/4。三国时期，社会动乱，加以饥馑与瘟疫，山东人口急剧下降。晋泰始元年（265年），山东人口降为160余万。隋统一南北后，鼓励农桑，兴修水利，经济恢复，人口因之增加，隋炀帝大业五年（609年），山东人口达900多万，居全国之首。但隋炀帝对外屡次征战，大兴土木，加之天灾，隋末人口锐减。到了唐"开元、天宝盛世"，山东人口又有增加，开元二十八年（740年），山东人口约为500万，占全国总人口的10%。中唐以后，灾乱仍频，人口由膨胀转为下降。宋统一后，国内经济逐步复原，但因北宋末年"靖康之难"，北方人口大量南迁，加之元朝时农业生产遭到破坏，元至顺元年（1330年）山东人口仅100多万，约占全国总人口的2%。明代，政治中心北移，加上采取移民和招抚流民归业的政策，大批流民从长江流域迁到黄河流域。洪武二十六年（1393年），山东人口增至500多万，弘治四年（1491年）又增至600多万，约占全国总人口的1/8，复居全国首位。

在山东人口发展史中，清代是一个十分突出的时期。经过顺治、康熙、雍正三朝的和平发展，至乾隆三十二年（1767年），山东人口增至2500多万，道光十年至十九年（1830~1839年），已达到3100多万（车吉心等，1989），人口的增长与耕地的增加促进了山东地区经济的恢复与发展，为鲁商的发展提供了必要的劳动力与生产资料。

> "洪武元年，天下初定，山东人力不足、粮草不生，人口大量流出。"
> "移民屯田，验丁给田，三年后起科。"
>
> ——《明史》

二、政商关系

鲁商的兴起和发展与政府政策的变动有着密切的关系。经过元末农民起义的战火之后，华北平原人口减少，耕地荒芜，明初，为了尽快开垦山东和河北的大片无主荒地，恢复农业生产，明政府对大片荒闲土地实行了"移民屯田，验丁给田，三年后起科"等一系列政策，人口的增长与耕地的增加促进了山东地区经济的恢复与发展，为鲁商的发展提供了必要的劳动力与生产资料。明中期食盐开中日趋紊乱，给官商结合以可乘之机。成化、弘治年间，纳粮边地、支盐运销的开中法逐渐失效，纳粮凭引，先要资格，唯有权贵以及与权贵有勾结的富商大贾才有大利可图，鲁商与官方合作进一步加深，走上一条官商相护的道路。明中叶开始的赋役制度变革对鲁商的迅速发展起到了非常重要的推动作用。"匠班制"的废除与"力役折银"使更多的农民摆脱了政府的人身控制，实现了自主安排生产或进行经商，从而为商业的发展提供了一批自由的劳动力，也为鲁商的兴起创造了条件。

清末，清政府为维护自己的封建统治，开始推行新政，大力发展民族工商业。虽然清末新政兴办时间晚，持续时间短，但也在一定程度上放宽了对私人工商业的限制，鲁商在这一时期集中开设的商号和企业犹如雨后春笋一般，快速增长起来。

三、主导产业体系

（一）传统产业体系及早期集聚

山东物产丰富，依托当地的资源，鲁商所在区域形成了多样化的资源依赖型产业体系，并形成了一定的早期集聚，主要的产业有三个：棉纺织业、粮食加工业、海洋产业。

1. 棉纺织业

明中叶以后，棉花种植在山东得到进一步普及。随着一条鞭法的推行，赋税折银，不再以棉布折抵税粮，这使得鲁商经营的棉纺织业向商品化进一步发展。东昌府濮州所产的棉布，在供给本邑赋税以及民众衣着所需之外，由鲁商运往河南、直隶以及东北一带，有记载，明代鲁商许卫在棉花收获之际，低价收购囤积了数万斤，至"冬月以木棉易布，运之北边，获利有十倍之多①。同治年间，茌平县境内的市集中棉布是大宗商品②，恩县布商购买当地棉布运往奉天、山西等处。清代济南府陵县布商在神头镇、滋博店、凤凰店等集镇设有七座布店，"资本雄厚，购买白粗布运销辽沈"。武定府蒲台县所产的半头、长头、庄布等多种棉布也是由山东布商南至沂水，北达关东，转运贩售；惠民与利津两县的商人也均以贩棉、贩布为商业之大宗。乾隆年间青州府寿光县所产棉布主要运往南部沿海的诸城一带进行销售，到光绪年间，又有掖县巨贾在上口镇购买寿光梭布，以陆路运抵京师③。

"登、莱三面距海，宜木棉。"

———《松窗梦语》

清末烟台开埠后，外国机制棉纱和棉布的大量涌入在给鲁商的棉纺织业带来冲击的同时，也提供了一些发展机遇：一是洋纱的进口为织布业提供了价廉物美的原料；二是质优价廉的山东洋线布获得外省布商的青睐，向外输出量增加；三是山东原有土布以其良好的信誉仍具有较大的市场。正是由于鲁商经营的植棉业在技术和质量上的优势，才能与国外棉织品抗衡。时至今日，棉纺织业仍是山东主导产业，2019 年中国棉纺织行业协会发布的 "2018 年中国棉纺织行业主营业务收入百强榜" 中，共有 23 家山东企业，排名全国第一位，其中棉纺织收入排行榜前十企业中，有山东企业 5 家；毛纺织、麻纺织、丝绸纺织等细分产业也涌现出一批业内知名企业，在产品创新、生产管理、智能制造、工艺技术、细分市场等方面具有良好的核心竞争能力。

2. 粮食加工业

粮食一直是明清时期鲁商转运销售的大宗商品，齐鲁大地充裕的粮

---

① 康熙《濮州志》卷4，《货殖传》。

② 民国《茌平县志》卷8，《宦绩》。

③ 乾隆《诸城县志》卷41，《列传》；光绪《寿光县乡土志》商务。

食储备为粮食加工业的发展创造了条件，其产品也成为鲁商经销的重要商品，主要有酒、曲、商品油等。由于明代取消酒禁，民间酿酒业得到发展，社会状况的转变带动社会各阶层对酒的需求量大大增加，鲁商以此牟利者颇多。酿酒需用曲发酵，因此每年麦收之时，鲁商会前往小麦主产区购麦制曲，运往直隶真定府销售，"货至千金"，利润十分丰厚。

> 青州府博兴县"货物广为民赖者尤以棉花、白酒为最。"

——《博兴县志》

> 酿酒先酿曲，如谷之处种。"曲，多以麦为之，豆兼有。"

——《古欢堂集》

明清时期，植物油已成为人们日常生活的必需品，通常由油料作物榨取得来。鲁商行销的商品油主要有豆油、花生油、胡麻油、蓖麻油、芝麻油、菜籽油、棉籽油、香油等。康熙年间青州府益都县尧沟店商人刘三全沿街设有油肆，不仅向本地居民销售，更有济南油商远道而来，在此购油。清中叶以后，豆油、豆饼、花生油皆成为山东出口的大宗商品。今天，山东省仍是我国产粮大省，面积和产量均居全国第三位，在全国粮食生产中有举足轻重的位置。

3. 海洋产业

山东半岛三面环海，港湾众多，海洋资源丰富，鱼盐之利甲天下。尤其是康熙中叶开放海禁以来，山东渔盐业更是得到了长足的发展，为鲁商从事海产品的销售奠定了基础。鲁商中的登、莱、青三府商人势力较大，从事海产品经销的也较多。

> 登州府招远县盛产的河罗鱼，"味美而多刺，腌作鱼昔，可远贾"；鲅鱼"在海鱼中为上品，腌作鱼昔，亦佳。鲅鱼子可远贾"；白虾，煮熟"晾干去皮便为海米，鬻之远方，不胫而走"。文登县威海口输出货品"以鱼利为一大宗"。

——《招远县志》

除鱼虾等海鲜之外，山东海盐产量也很丰富。明清时期，盐属于专卖商品，盐商需凭票购盐，定点销售，整个运销过程都受到官府的严格监督与控制。山东盐商从武定府利津县永阜盐场、沾化县永利盐场、青州府乐安县王家冈盐场、寿光县官台盐场、日照县涛雒盐场等地凭票配运食盐,到达指定州县之后,或开设盐店,或逢集运销。

"卖票所获,除鲜衣怒马、肉林酒池而外,美宫室,长子孙,裕如也。"

——《沂州府志》

2023 年山东省海洋生产总值 17018.3 亿元,比上年增长 6.2%,占全国海洋生产总值的 17.2%,占全省地区生产总值的 18.5%,对全省国民经济增长的贡献率为 18.8%。其中,海洋第一产业增加值 992.9 亿元,第二产业增加值 7362.9 亿元,第三产业增加值 8662.6 亿元,分别占海洋生产总值的 5.8%、43.3% 和 50.9%①。

(二) 早期中介组织——鲁商会馆

山东商人所到之地皆有会馆,鲁商会馆遍布全国各地。明清时期北至关东,南到江西、四川,西至甘肃、陕西,都有鲁商活动的足迹,辽宁、北京、天津、江苏、安徽等地,以及地处长江三角洲、贸易发达的上海,更是鲁商的主要活动场所,皆建有会馆。作为"行业协会"早期的雏形,会馆在鲁商发展中发挥了联系乡谊、调解纠纷、商业中介和融资场所等功能。鲁商正是靠地缘、亲缘和人缘结成的会馆、公所与其他地域商帮密切联系,结成了复杂的商业网络,推动了中国工商业的近代化。

(三) 现代产业体系与"集群化"发展

山东产业体系健全,产业规模大,拥有全部 41 个工业大类、207 个工业中类中的 197 个、666 个工业小类中的 526 个,超过 100 种重点产品产量居全国前三,是工业门类最齐全的省份之一。当下,山东省聚

---

① 资料来源:山东省自然资源厅官网。

焦新一代信息技术、高端装备等 9 大产业领域的 43 条重点产业链，共确定链主企业 112 家、核心配套企业 709 家。2020 年以来，山东重点培育专精特新中小企业 1167 家，推动 221 家企业升级为国家专精特新"小巨人"，主要分布在新一代信息技术、高端装备、高端化工等 7 条产业链，近七成处于产业链的关键位置。通过政府指导、平台承办、双向互动，推动重点企业精准"卡位入链"，促进大中小企业更好地共同提升、协同发展①。

为实现传统产业转型，培育新兴产业崛起，做强做好先进制造业，山东省以产业集群为抓手，以电子、机械、汽车、船舶、冶金、建材、化工、纺织、轻工、医药行业为重点推进传统产业智能化技术改造②。山东省大力培育先进制造业集群，积极打造特色优势产业集聚区，2019 年，国家发展改革委公布第一批 66 个国家级战略性新兴产业集群名单，山东有 7 个产业集群入选；2022 年全省分两批培育省级战略性新兴产业集群共计 25 个，如表 6 - 1、表 6 - 2 和表 6 - 3 所示。

表 6 - 1　　　　　山东省入选国家级战略性产业集群名单

序号	名称	所属行业代码
1	青岛市轨道交通装备产业集群	C37
2	青岛市节能环保产业集群	C35
3	烟台市先进结构材料产业集群	C30
4	烟台市生物医药产业集群	C27
5	济南市信息技术服务产业集群	C39
6	淄博市新型功能材料产业集群	C29
7	临沂市生物医药产业集群	C27

① 《山东 43 条重点产业链确定"链主"企业 112 家、核心配套企业 709 家，优选整合 11 条标志性产业链重点突破》，山东省人民政府网，http：//www.shandong.gov.cn/art/2022/6/15/art_97564_541416.html。

② 《山东省传统产业智能化技术改造三年行动计划（2020 - 2022 年）》，山东省工业和信息化厅网，http：//gxt.shandong.gov.cn/art/2020/7/2/art_15201_9262226.html。

表6-2　　　　　　　　　山东省第一批战略性新兴产业集群名单

序号	名称	所属行业代码
1	济南市生物医药产业集群	C27
2	淄博市生物医药产业集群	C27
3	威海市生物医药产业集群	C27
4	烟台市海洋工程装备产业集群	C37
5	烟台市核电装备产业集群	C40
6	潍坊市智能制造装备产业集群	C40
7	济南市智能制造装备产业集群	C40
8	济宁市智能制造装备产业集群	C40
9	聊城市智能装备关键基础零部件产业集群	C40
10	日照市信息技术服务产业集群	C39
11	威海市高性能复合材料产业集群	C26
12	日照市高品质特种钢铁材料产业集群	C33

表6-3　　　　　　　　　山东省第二批战略性新兴产业集群名单

序号	名称	所属行业代码
1	青岛工业互联网产业集群	C40
2	济南高新区人工智能产业集群	C40
3	青岛集成电路产业集群	C39
4	威海高新区新一代信息技术产业集群	C39
5	德州经开区电子信息材料产业集群	C39
6	烟台海阳市航空航天产业集群	C37
7	淄博张店区电子电力智能装备制造产业集群	C40
8	东营市东营区高端石油装备产业集群	C35
9	济南市中区能源互联网产业集群	I64
10	临沂高新区磁电产业集群	C38
11	滨州邹平市轻量化铝新材料产业集群	C33
12	潍坊高新区生物医药产业集群	C27
13	菏泽高新区生物医药产业集群	C27

第二节 商帮文化特质

鲁商是儒家文化、墨家文化和兵家文化的继承者。齐鲁大地是孔子的故乡，儒家思想对鲁商的深厚影响塑造了鲁商"忠诚仁义"的经营特点。鲁商与墨家思想也有着紧密的联系，在社会阶层上，与以"平民性"为显著特点的墨家学派有着情感上的共鸣，因而任人唯贤、生活节俭；齐鲁大地名人辈出，有兵家宗师孙武、孙膑，有鲁商鼻祖子贡，有发迹于山东的陶朱公范蠡等。鲁商在齐鲁大地上集各家之所长，审时度势、依规治业，在关东开辟了巨大的商业市场。鲁商商业文化体系，如图6-1所示。

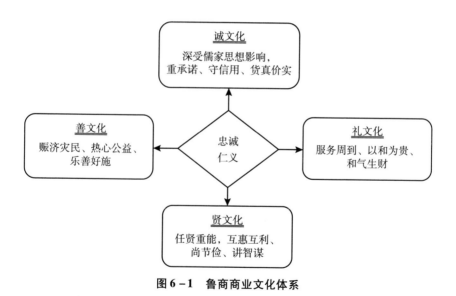

图6-1 鲁商商业文化体系

一、诚文化

鲁商诚信经商，重视信誉，深受儒家思想影响，积极践行儒家思想的处世哲学，以"仁义道德"为根基，将"儒术"与"贾事"融会贯通，严守产品质量关，具有良好的商业道德，营造了"君子爱财取之有道"的经商环境，以最质朴的经营方式留下了很多重承诺、守信用的佳话。

二、善文化

鲁商讲求仁义，广施义举。清代山东地区灾害频发，广大贫苦人民背井离乡闯关东，鲁商们在关东贸易中获利之后反哺家乡。"仁"是儒家文化的核心，赈灾济困是儒家所倡导的美德，鲁商以慈善为己任，热衷于公益事业，捐款救济灾民、扶助鳏寡孤独、出资修桥铺路……在清末民初，涌现了一大批慷慨解囊的鲁商，他们向社会源源不断地输送温暖和善意，也为商业资本流动打通了渠道，形成了积极投身公益事业、舍小利为大义的社会氛围。

1889 年，山东发生灾荒，祥字号财东孟瑞箴倡捐巨款，由湖北、江苏等省份运米加以接济。1935 年，鲁西 10 余县惨罹黄河水灾，济南市各同业公会还依照市府训令，认捐灾民棉衣价款。1941 年，桓台遭遇大灾，东元盛染坊的创办人张启垣购粮数万斤救济乡亲。

近代鲁商还兴建贫民工厂，"以救济贫民、传习技艺，俾能自谋生活为宗旨"，出资赞助人大部分是有实力的商人和政府官员，如张荆山、丛良弼、刘子山、苗星垣等。20 世纪 20 年代，青岛总商会在胶澳商埠局的倡议下，动员地方绅商捐款，于 1927 年成立了胶澳商埠育婴堂，收养被弃婴儿。青岛总商会还曾成立贫民习艺所，以训练贫民、流民的谋生技能，并开办商业补习学校，以提高从业者的水平。

三、礼文化

鲁商深谙"礼"为上、"和"为贵的道理，在商品经营活动中，上至达官贵人，下至平民百姓，与来自各地各阶层的人们打交道，为了获得顾客的满意，鲁商皆做到以礼相待，和气生财。鲁商非常重视人际交往，广泛结识朋友，获取信息，招徕顾客，夯实商业基础，以优质的服务赢得顾客的频频光临。正是在热情周到的服务中，鲁商照顾好老主顾，接待好新主顾，凭借和谐的人际氛围拉近了与顾客的距离，培育出融洽的经商氛围，实现了和气生财，既积累了人脉，也积累了财富（蔡祥军等，2009）。

济南瑞蚨祥的铺规规定：店员对待顾客必须谦和、忍耐，不得与顾客争吵打架。在门市销售时，顾客一进门，前柜首先站起来打招呼，售货员接着迎上来，陪着顾客浏览，一个售货员专门招待一位顾客。即使只是来看看的顾客也要做到百问不厌、百拿不烦，和颜悦色地招待（成艳娜等，2021）。

四、贤文化

鲁商崇尚贤德，主张用人唯贤，人尽其才，才尽其用，因此高度重视人才的培养。同时，鲁商也主张互惠互利，团结同心，节俭朴素。鲁商还重视战略战术，知己知彼，审时度势，在经营中不断获益。铁岭德胜号的经理王玉衡加强产品宣传，打造购物环境，提供优质商品，培育服务人员，充分利用广告，给顾客带来了新奇感，在商战中运用经营策略并不断革新，在行业中脱颖而出。凭借齐鲁文化中儒家的伦理道德、墨家的勤俭刻苦和兵家的智慧谋略，鲁商白手起家，创造了属于齐鲁商人的辉煌事业。在生活作风方面，鲁商十分节俭，因为他们大多出身贫寒，被迫背井离乡闯关东。致富后，他们并没有忘本，仍然保持着节俭朴素的品德。像徐敬之等，还主动把遗产捐献给社会公益事业。鲁商还特别重视乡友情谊，凭借地缘和亲缘关系结成商业团体共同致富。

用人制度上，鲁商以德才为本进行选人，德行与能力缺一不可。有些商号是经营权与所有权分开。财东（所有者）是不会去直接经营企业的，而是放手让大掌柜（总经理）、二掌柜去经营。东家出资，伙友出力，这种两权分离的经营制度被称为"东伙制"。东伙制的核心在于赋予总经理经营管理全权。东家对掌柜的挑选十分谨慎。聘用掌柜之前，先由财东对此人进行严格考察，确认其能守能攻，多谋善变，德才兼备，可以担当掌柜重任后，才以重礼聘请，委以全权，并始终恪守用人不疑、疑人不用之道。许多总经理（大掌柜）在同一个商铺一干就是二三十年，没有"跳槽"的念头。公和利商号对叶恒和陈仲宣委以重任，以及商号的利润分配法，都充分展现了老板刘汉章既能用人也能留人的管理才能和鲁商管理制度的实用性（余同元等，2009）。

第三节　基于产业集群社会责任建设的可持续发展路径

一、鲁商近代持续发展的表现与原因

相较于某些商帮在清末或者近代的衰落，尤其是在鸦片战争后加速走向衰落，鲁商尽管也是处在内忧外患的商业环境中，但是始终在市场中占有一席之地。相对于晋商和徽商等其他商帮而言，虽然鲁商的名气和影响力相对较弱，其发展相对低调，实力却不容小觑，不仅没有在近代走向衰落，反而比明清时期更加辉煌，尤其是在民国阶段（孙向群，2012），鲁商身上所体现的家国情怀和实业救国精神使其在列强不断侵略下为中国商人留下一份骨气和一席市场之地。当下，鲁商仍然传承着忠诚仁义的文化精神，活跃在商海之中，创造着一个又一个商业奇迹。

（一）鲁商近代商业表现

鲁商在近代经营的商品多为日常民用品，在国际国内市场上都具有很强的竞争力。随着沿海口岸的开放，越来越多的外国人来到中国，鲁

商据此改变餐饮方式，提供西方餐饮服务，占据了较大的西餐市场份额。

鲁商有家国情怀，坚持实业救国，在推动中国民族工商业的发展进程中贡献了不小的力量。如鲁商孟洛川在洋布占据中国市场的时候，通过"贷纱放织"的方法提高了国产布的效率；鲁商张弼士多次回国兴办工厂，1892 年成立的张裕葡萄酒逐步走向世界；张启垣父子在日本企业的压迫与收购中坚持自我发展，为民族工业做出了巨大贡献（王亦凡，2018）。近代，鲁商在对外经营中也取得了很多成就，始终活跃在俄罗斯、朝鲜和日本等地。鲁商在俄罗斯主要经营粮食、丝茶、工艺品等商品，在朝鲜半岛主要从事蔬菜栽培等经营，在向日本输出中国柞蚕丝的同时，也将火柴等商品带回中国（庄维民，2016）。凭借着优越的地理位置与合理的经营方案以及自强不息的精神，鲁商在近代艰苦的经营环境中为民族商业与工业的发展做出巨大的贡献。

（二）鲁商持续发展的原因

鲁商能够实现持续发展有很多原因：第一，山东地处沿海地区，相对于其他商帮而言更加靠近日本和朝鲜等地，水陆交通十分便利。虽然山东较早地受到西方列强的侵犯，但是也较早地受到西方先进工业文明的影响，能够及时进行战略调整，化危机为转机。第二，鲁商具有浓厚的爱国精神，坚持民族气节，秉承自我发展的理念，创办工厂实业救国。第三，鲁商具有改革创新的精神，能够根据形势转换经营内容、改变经营方式、调整管理方式等。第四，鲁商具有强烈的竞争与合作精神，善于和其他人合作。第五，鲁商高度重视教育，为商业发展储备了人才。

二、新鲁商的发展

作为东部沿海省份，山东省对于深化开放、构建"双循环"发展格局具有重要的作用。新时期的鲁商继续保持"家国情怀""勇于冒险""改革创新"的精神，同时在不断发展的经济形势中为鲁商精神注入了新的内涵。当前，鲁商充分发挥地理位置的优势，坚持国家政策，推动创新发展，在战略性新兴产业领域不断进步，为经济发展注入新的活力。

为了更好地掌握山东省当前的发展状况，本章从"综合发展指标""经济发展指标""民营经济发展指标""创新发展指标""社会发展指标"和"生态发展指标"六个方面对山东省发展的现状及在全国所处的位次进行了分析，如表6-4所示。从中可以看出，山东省整体表现十分不错，尤其是综合指数、创新指数表现非常好，但是社会发展指数和生态发展指数排名较低。

表6-4　　　　　　　　山东省发展现状及在全国所处位次

层次	指标名称（单位）（年份）	数值	全国排名
综合发展指数	政商关系健康指数（2021）	48.1	5
	中国地区综合发展指数（2020）	103.52	6
	财政发展指数（2020）	51.10	6
	营商环境指数（2020）	59.26	9
	地区生产总值指数（2021）	108.3	8
经济发展指数	社会消费品零售总额（亿元）（2021）	33714.5	3
	规模以上工业企业利润总额（亿元）（2021）	5268.8	4
	地区生产总值（亿元）（2021）	83095.9	3
	居民人均消费支出（元）（2021）	22821	11
	人均地区生产总值（元/人）（2021）	81727	11
	第一产业增加值指数（上年=100）（2021）	107.5	11
	第二产业增加值指数（上年=100）（2021）	107.2	14
	第三产业增加值指数（上年=100）（2021）	109.2	5
	固定资产投资（不含农户）增速（%）（2021）	6	17
	经营单位所在地进出口总额（千美元）（2021）	453625351	6
	经营单位所在地出口总额比例（%）（2021）	60.01	13

层次	指标名称（单位）（年份）	数值	全国排名
创新发展指数	国内专利申请数（件）（2020）	337280	4
	国内有效专利数（件）（2020）	662211	5
	各地区 R&D 经费投入强度（2020）	2.3	9
	规模以上工业企业 R&D 经费（万元）（2020）	13656187	4
	规模以上工业企业 R&D 人员全时当量（人年）（2020）	255281	4
	规模以上工业企业新产品项目数（项）（2020）	59946	4
	规模以上工业企业开发新产品经费（万元）（2020）	12580017	4
	技术市场成交额（亿元）（2020）	1903.89	4
	参与智能制造能力成熟度自评估且成熟度二级及以上企业数量（2021）	966	2
社会发展指数	地方财政一般预算收入（亿元）（2021）	7284.45	5
	地方财政一般公共服务支出（亿元）（2020）	1118.07	3
	每万人医疗机构床位数（张）（2020）	63.7	18
	每万人拥有卫生技术人员数（人）（2020）	80	10
	普通小学师生比（%）（2020）	16.36	16
	每十万人口高等学校平均在校数（人）（2020）	3154	13
	有线广播电视用户数占家庭总户数的比重（%）（2020）	47.9	16
	人均拥有公共图书馆藏量（册/人）（2020）	0.69	16
	互联网宽带接入用户（万户）（2020）	3445.6	3
	公路营运汽车客位数（万客位）（2020）	66.17	11
生态发展指数	城市绿地面积（万公顷）（2020）	26.3	3
	公园绿地面积（万公顷）（2020）	7.05	2
	建成区绿化覆盖率（%）（2020）	41.6	15
	化学需氧量排放量（万吨）（负向）（2020）	153.48	30
	二氧化硫排放量（万吨）（负向）（2020）	19.33	29
	氮氧化物排放量（万吨）（负向）（2020）	62.47	30
	生活垃圾清运量（万吨）（2020）	1673.9	3

续表

层次	指标名称（单位）（年份）	数值	全国排名
生态发展指数	森林覆盖率（%）（2020）	17.5	23
	城市污水日处理能力（万立方米）（2020）	1376.4	3
	液化石油气用气人口（万人）（2020）	353	12
	天然气用气人口（万人）（2020）	3609	1
民营经济发展指数	民营上市公司个数（个）（2021）	194	6
	民营上市公司平均营业收入（万元）（2021）	522677	12
	民营上市公司平均总资产（万元）（2021）	742442	26
	民营上市公司平均净利润（万元）（2021）	33847	12
	民营上市公司员工总数（人）（2021）	658512	5
	民营500强企业个数（个）（2021）	53	4

资料来源：《中国统计年鉴》、各省份《统计年鉴》、市场化指数数据库。

（一）开发蓝色经济区，建设海洋经济产业集群

作为沿海省份的山东省凭借其自身的地理位置和资源优势大力发展海洋经济。《山东半岛蓝色经济区发展规划》是我国第一个以海洋经济为主题的区域发展战略，该规划提出，要在山东半岛建设海洋经济产业体系，利用好海洋资源，形成独特的优势。新时期的鲁商应当抓住这一历史机遇，不断开发建设，利用蓝色经济开发区深化对外开放格局，推动海洋生态文明建设。同时，依托蓝色开发区的政策和地理资源优势，山东省在构建现代化产业体系的过程中要建立海洋经济产业集群，有效组织和利用海洋资源，加强产业链的上下游合作关系，加大相关技术的创新研发，积极支持28个海洋产业联动发展示范基地建设，助推我国海洋经济走在世界前列。提升海洋经济产业的产业标准、产品质量，与国际标准保持一致，推动对外贸易的良好发展。在海洋生物、海洋工程装备、海洋化工、海水养殖及水产品加工等产业方面继续保持优势，拉动相关产业链的发展，推动山东经济稳中向好。

（二）完善创新体系建设，促进科技成果加快转化

山东省高度重视创新，在创新投入方面居于全国前列，但科技成果转化率偏低等问题仍然亟待突破。在创新驱动发展战略的指导下，要充分发挥鲁商勇于创新和勇于竞争的精神，通过产品创新与技术创新来降低成本、提高质量，为山东省经济源源不断地注入生机。据统计，2022年，山东省通过多项措施助推创新发展与科技成果转化①：省级科技创新资金增加 10%；国家级创新平台符合条件给予 1000 万元经费；培育科技领军企业 200 家……同时不断加强科技创新体制建设、人才队伍培养、创新开放合作、提升创新主体地位等，尤其是在海洋相关产业中持续注入创新因素，强化济南、青岛等城市的拉动作用，力争在黄河中下游形成具有全国影响力的科技创新中心。

推动创新发展，更要以产业集群为抓手，依托龙头企业推动科技成果转化。目前，山东省海特数控机床有限公司、浪潮集团、海尔集团等企业在创新研发与成果转化上均已取得成就，形成了良好的溢出效应。因此，为了提高科技成果转化的效率，鲁商之间应当加强社会责任共建，相互合作、学习，依托龙头企业更好地进行研发和实现科技成果转化，建设"创新山东"。

（三）建设现代化产业体系，深化海港贸易区建设

从自然条件和当前的产业结构及工业体系看，山东省的一二三产业表现都十分好，在未来发展中三个产业可以齐头并进。统筹建设各类企业，协调海洋经济与传统产业之间的关系。山东省应依托地理交通位置优势，与京津冀、长三角等地区保持良好关系，协作建设现代化产业体系。进一步完善"一个高地、两条产业带""四大发展地、三条发展主轴"等规划，因地制宜形成优势互补、竞争力强的现代产业体系。

---

① 《"十大创新"首位看山东如何打造科技创新"领跑力"》，齐鲁网，https：//www.163. com/dy/article/H0VFRPH70514CFC7. html。

大力发展服务业，加大物流中心建设。作为东部沿海省份，同时也是我国黄河流域中下游地区，山东省在南北交通运输和国内外贸易运输中都具有不可替代的地位。山东省应当凭借这一优势打造现代交通、物流中心，提高运输的效率，同时成为海港贸易的信息交流中心，形成多个物流节点，拉动产业结构调整，增加就业，推动资金、信息、物流等重要的要素相互连通，推动山东省的国际化发展。

（四）坚持绿色发展，打造绿水青山

山东省在绿色发展方面的主要建设方向为改变传统的动力方式，积极发展新能源，逐步降低传统能源污染，并对已经污染或者破坏的自然环境进行修复。鲁商在发展中要大力贯彻"绿水青山就是金山银山"的理念，同时注意对海洋资源的保护与合理利用。截至 2020 年，山东省在自然环境修复上取得了巨大的成就，如华夏集团十余载投资 44 亿余元修复矿坑，植树造林打造了 5A 景区，如今每年吸引众多游客观赏；威海华夏城 2019 年建设绿色矿山 91 座，"满齐鲁·美丽山东"国土绿化行动取得一定成就[①]。同时在水利工程、河流生态保护、生态系统保护、海洋生物保护等多方面也取得了重要的建设成果。

在改变传统动能方面，山东省要以创新型产业集群为依托，推动创新研发，不断攻克关键技术，推动清洁能源的开发与应用，推动"双碳"目标的实现。以潍柴工业园为例，该集群力争到 2030 年，龙头企业潍柴向氢燃料电池发动机等新能源业务拓展，加速动能转换。截至2021 年底，山东省新技术、新产业、新业态、新模式经济增加值占地区生产总值比重达到 31.7%，为绿色发展做出巨大贡献[②]。

[①] 《绿色发展，让全面小康底色美起来》，山东人民政府网，2020 年 3 月 17 日，http://www.shandong.gov.cn/art/2020/3/17/art_97564_351982.html。

[②] 《在高质量发展道路上奋发有为——山东：加速动能转换迈向绿色发展》，新华网，2022 年 9 月 26 日，http://www.news.cn/2022-09/26/c_1129033973.htm。

第七章

赣　商

　　江、浙、闽三处，人稠地狭，总之不足以当中原之一省，故身不有技则口不糊，足不出外则技不售。惟江右尤甚，而其士商工贾，谭天悬河，又人人辩足以济之。又其出也，能不事子母本，徒张空拳以笼百务，虚往实归，如堪舆、星相、医卜、轮舆、梓匠之类，非有盐商、木客、筐丝、聚宝之业也。

——《广志绎》

　　赣商在历史上被称为"江右商帮"，作为"十大商帮"之一，其在中国经济发展史上扮演着重要的角色。江右商帮以"从业人数多、涉及产业广和渗透力强"而著称，固有"无赣不成商"的说法，称雄中国工商业近千年。

第一节　产业基础

　　江西自汉唐时期就是行政区域建制，因公元733年唐玄宗设江南西道而得省名，又因古为干越之地和省内最大河流为赣江而简称"赣"。在汉高祖时期，江西省与当时下辖18县的豫章郡大致相当；在唐玄宗时期，江南西道监察区将江西作为一个省级区域纳入其区划中；明初建都南京，第一个建省的地区就是江西，这都为江右商帮的形成提供了充分的地理条件，渐渐形成了"无赣不成市"的美誉。

一、区位优势

（一）交通与地理位置

1. 基本情况

江西交通便利，地处江南，自古为"干越之地""吴头楚尾"。自隋炀帝开凿京杭大运河，唐代张九龄凿梅岭（大庾岭）驿道，江西省就因赣江成为南北航运的重要通道而获得了较大的地域区位优势。江右商人拥有便利的物流通道：往南，跨过赣粤边界大山，通过隘口，可将货物运至广东，散于东南亚；往北，跨过湖广，辐射中原；往东，沿长江而下，江浙尽收眼底；往西，溯长江而上，云、贵、川市场广阔……

临川古为奥壤，号曰名区，翳野农桑、俯津阛阓，北接江湖之脉，贾货并肩；南冲岭峤之支，豪华接袂。

——（唐）张保和《抚州罗城记》

2. 商业辐射网

江右商帮以江西为中心，在国内形成了西南、东南、北部和东部四条主要的商路，国外则以东南亚为主要目标市场。

（1）国内商路。

①西南商路。货物主要经湖广到云贵川，远可达西藏。由于地理临近性，两湖（湖南、湖北）地区是江右商人最为活跃的地区，且产品多样性丰富，盐业、典当业、木材业、米业、药材业和纺织业都有江右商人的身影，特别是药材业，江右商人近乎处于垄断地位。云贵川是江右商人另一个活动频繁的重要区域，特别是贵阳地区，江右商人最多；即使远如西藏，也有江右商人的足迹。

作客莫如江右，江右莫如抚州。余备兵澜沧，视云南全省，抚之人居十之五六。

——《广志绎》

②东南商路。得益于大庾岭商道和赣江水运，江右商人可经珠江、闽江水系，到达广东、广西和福建，甚至由此出海开展国际贸易。东南商路贩运的货物主要有食盐和棉花。由于淮盐贩运路途远、关卡多，导致食盐成本和售价居高不下，通过东南商路，来自两广和福建地区的海盐价格大大降低。此外，广东的潮州和惠州等地棉纺业所需要的棉花也是由江右商人从饶州和南昌贩运。江右商人在广东的典当业也经营得如火如荼，广东连州和高州地区都有江右商人施放"子母钱"的记载，他们将谷物当作放贷抵押物，在广东"坐放钱债，利上坐利，收债米谷，贱买贵卖"，获取高额的利润。

赣、吉、全、道、贺州及静江府居民，常往来南州等处、兴贩物货，期间多有打造兵器，出界货卖者。

——《宋会要辑稿》

③北部商路。经中原往京师、山陕、甘肃和新疆是南北商路和路上丝绸之路的主要通道，也是汉唐时期的国家经济主动脉。江右商人是这条商路中的一支重要力量。在北部商路上，江右商人凭借其在吉州等地区悠久的手工业基础，在造纸、陶瓷、纺织印染等产业创造了辉煌的成就，一时有"吉安老表一把伞，走出家门当老板"的说法。吉州所产的以"水苔"为原料的纸品——"陟麓"，是以山竹为原料的竹纸，连同景德镇的瓷器，成为北部商路上畅销的商品。远在甘肃、蒙古高原及东北等边远地区也能看到江右商人的身影，真正做到"商贾负贩遍天下"。

君不见江西年少习商贾，能道国朝蒙古语。
黄金散尽博大官，骑马归来傲乡故。

——《船上歌》

④东部商路。货物经赣江、过九江往东，或经玉山抵达南直（江浙皖，今江苏、浙江和安徽）等商品经济发达地区。从江西运出的商品有本地产的稻米、大豆、瓷器、夏布、纸张、木材、烟叶、桐油、茶油和靛青等，而江浙皖三省生产的食盐和丝绵制品也经江右商人贩运至江西，丰富了两地的产品体系，降低了商品价格，给百姓带来了可观的经济福利。

（2）国际商路。

凭借本地丰富的物产以及"敢闯敢拼"的冒险精神，江右商人将瓷器、茶叶和药材等商品贩至东南亚、俄罗斯、蒙古和日本等地区和国家。

饶州人程复贩运瓷器到琉球国，并被琉球国王委以重任，任国相兼左长史。庐陵欧阳修后裔欧阳云台，多年在日经商成为豪富，并在日本修建寺庙、建立会馆。江西茶商将茶叶由江西河口镇等地经信江水运入鄱阳湖，转长江至汉口，然后溯江水北上至襄阳，转泗水北上赊店，再由赊店改陆路，经太原、大同分别到张家口，穿越戈壁大漠，直至俄蒙边界的恰克图或大库伦（今蒙古国乌兰巴托市），然后直达俄罗斯的伊尔库兹克等地，这条"茶叶之路"全长5000多公里。江右商人中大批手工业者也来到印度尼西亚、马来西亚和新加坡等地从事各种手工业，种植橡胶和金鸡纳霜（亦称"奎宁"），亦有江右商人在菲律宾碧瑶从事木器家具生产，形成了当地木器家具制造行业的"江西帮"。

清初茶叶均系西客经营，由江西转河南运销关外。

——《茶市杂咏》

（二）物产资源

江西拥有比较丰富的自然资源。

首先，矿产资源丰富。江西省是中国矿产资源配套程度较高的省份之一，储量居全国前三位的有铜、钨、银、钽、铌、铀、铷、铯、金、伴生硫、滑石、粉石英、硅灰石等。铜、钨、铀、钽、稀土、金、银被誉为江西的"七朵金花"。

其次，水资源丰富。江西平均年降水量 1600 毫米，平均每年降水总量约 2670 亿立方米。河川多，年平均径流总量 1385 亿立方米，折合平均径流深 828 毫米，径流总量居全国第七位，人均居全国第五位，按耕地平均居全国第六位。同时，江西也是中国淡水渔业重点省份之一，包括鄱阳湖在内的总水面达 166.7 万公顷，其中可供养殖的水面达 26.7 万公顷。

最后，在特产上，大米、瓷器、纸张、药材、苎麻、烟草和大豆等也是当地的土特产。江西是中国东南地区重要的木材和毛竹产地之一，全省活立木蓄积量达 2.54 亿立方米，竹材蓄积量为 8.8 亿株。森林以樟、楠、柏、栲、栎等阔叶树居多，针叶树则有杉木、马尾松等。山地丘陵中还广泛分布有油茶、油桐、乌桕等多种经济林木。

（三）人口

在晚唐安史之乱后，北方经济破坏严重，经济中心南移。以抚州为中心，江西采取了保境安民、劝课农桑、招徕商旅的政策，由此形成"即完且富"的发展态势，大量人口流入。因此在明清时期，江西地少人多的矛盾突出，才迫使驻民弃农从商，在某种程度上推动了江右商帮的形成与发展。

二、政商关系

从发展驱动力上看，与其他商帮相比，江右商帮的兴起与壮大与政府以及政策红利的关联性不强。官商合营的领域主要发生在"盐业"。以李秉裁为代表的一小部分江右商人实现了从"一般商人"向"官商"的转变，主要督理江西附近地区包括云南、广西等地的盐务。清朝末年，江右商人中也出现了"买办"，比较著名的有婺源商人吴懋鼎。他先任天津汇丰银行第一任买办，后任英商仁记洋行买办，在戊戌变法"百日维新"期间，他又被任命为京师农工商总局三督理之一。19 世纪

80 年代中期，吴懋鼎开始兴办实业，先后开办天津自来火公司（火柴业）、天津织布局（织呢厂）、北洋机器硝皮厂、打包公司、天津电灯公司和自来水公司等。

三、主导产业体系

（一）传统产业体系及早期集聚

江西物产丰富，依托当地的资源，江右商帮所在区域形成了多样化的资源依赖型产业体系，并形成了一定的集聚区域：景德镇的陶瓷集群、德兴的冶金集群、进贤的制笔集群、铅山的造纸集群、宜黄的夏布织造产业集群以及樟树药材产业集群等。到了清朝时期，江右商帮所在区域形成了"樟树、景德、吴城和河口"四大著名商镇。从经济贡献度和产品竞争力来看，江右商帮所在区域形成的主导产业主要有 3 个：茶业、陶瓷业和药业。

1. 茶业

江西地形以丘陵山地为主，盆地、谷地广布，具有亚热带温暖湿润季风气候。江西江湖众多，以鄱阳湖为中心呈向心水系。江西也是中国南方红壤分布面积较大的省区之一，植被以常绿阔叶林为主，具有典型的亚热带森林植物群落，茶叶生产得天独厚，自古就是产茶大省。江西茶叶品种繁多，有宁红茶、庐山云雾茶、婺源绿茶、遂川狗牯脑、得雨活茶、浮瑶仙芝等数十种，素有"唐载茶经、宋称绝品、明清入贡、中外驰名"的美誉。

唐代时，中国已经形成了具有集聚效应的八大茶区：山南茶区、淮南茶区、浙西茶区、浙东茶业、剑南茶区、黔中茶区、江南茶区、岭南茶区。江西的袁州（今江西宜春）和吉州就属于"江南茶区"，以"界桥茶"著称于世。当时，近浮梁县茶业缴纳的税收就占到了全国茶税总额的 83%。明清时期及清末民初，以红茶为主打产品的江西茶业也进入了发展的鼎盛时期。

是唐之茶商，多在浮梁也。

——《猗觉寮杂记》

每岁出茶七百万驮，税十五余万贯。

——《元和郡县图志》

江西茶运司岁办茶引一百万张。

——《元史》卷七十二·志第三十九·食货五

江右茶商作为江右商帮重要的组成部分，在明朝时期，特别是明朝后期，实现了从"个体"到"商帮"的蜕变与升级：一是"联合借贷"，通过同乡及地方政府的借贷增加了资金的流动；二是合伙经营，即以家族式合营为模式，共担风险，共享利益；三是合股经营，同乡出股，形成合力；四是销售模式多样化，由坐商（茶庄、茶号和茶行等）的单一形式向"坐商与行商"相结合的方式演化，由此形成了"江右茶商"，并与浙商、闽商展开激烈竞争，几近垄断了中国的茶业行业。

2. 陶瓷业

江西景德镇是闻名于世的千年瓷都，历千年而不衰，在全世界范围内拥有无与伦比的文化象征性与影响力，获得了"中华向号瓷之国，瓷业高峰在此都"的美誉。景德镇地处黄山余脉、怀玉山脉与鄱阳湖平原过渡地带，风景秀丽、人杰地灵、资源丰富，昌江及其支流纵贯全境，直通鄱阳湖和长江水系。自然环境的优越为景德镇瓷器产业的发展提供了得天独厚的优势。景德镇的陶瓷业萌芽于汉唐，崛起于宋元，鼎盛于明清，转型于新中国。

（1）汉唐五代时期。

景德镇地区的陶瓷业距今已有1700多年历史，有"新平冶陶，始于汉世"之说。而到了唐代中后期，景德镇陶瓷在国内的影响力逐渐攀升，且形成了"产业集聚"的雏形，具有大量分工完善的瓷器作坊，构建了品类齐全的产品体系。到五代时期，景德镇的瓷器产业规模不断扩大，以"青瓷"和"白瓷"闻名于世。

唐武德中，镇民陶玉者载瓷入关中，称为假玉器，且贡于朝，于是昌南镇（今景德镇）瓷名天下。

——（清）《蓝浦·景德镇陶录》

（2）宋元时期。

景德镇瓷器真正扬名是在宋代，由于其生产的"青白瓷"光致茂美，因此逐渐为宋代皇室所重视。在宋代，景德镇的瓷器也打开了国际市场的大门，凭借其精湛的工艺和繁多的种类，畅销世界各地。此外，产业集聚效应更加显著，形成了以"汪家记正""吴家盒子记""段家盒子记""程家盒子记""陈家盒子记""张家盒子记""许家盒子记""菜家盒子记"等为龙头企业的产业集群（彭涛等，2016）。

到了元朝，景德镇的陶瓷锐意创新，烧制出了举世闻名的"青花瓷"，开辟了从"素瓷"向"彩瓷"升级的新时代。元朝政府在景德镇设立了专门烧造官府用瓷的全国唯一的瓷业行政管理机构——"浮梁瓷局"，专门对景德镇制瓷业施行管理，成为延续了630余年的中国皇家瓷厂的开端，对景德镇成为全国瓷业中心发挥了重要作用（朱虹，2019）。

（3）明清时期。

明洪武二年，景德镇专设御器厂，负责烧制宫廷和皇家用瓷。同时，在烧制工艺上，景德镇博采众长，特别是从外来瓷器中汲取精华，大胆创新，开创了很多新工艺，烧造出许多新品种，"开创了一代未有之奇"，造就了明代景德镇在全国制瓷业的中心地位。

清朝时，景德镇在康雍乾时期达到了发展的顶峰，当时制瓷的工匠多达20余万人，而且分工细化，从帝王到皇后、贵族、朝廷重臣等皆有专门的窑烧造瓷器，器形和纹饰也是多种多样，绚烂多彩，《兰亭序》《出师表》《滕王阁序》等长篇诗文也烧造于瓷器之上，巧夺天工。

自燕云而北，南交趾，东际海，西被蜀，无所不至。

——《江西大志》

昌南镇陶（景德镇）器行于九域，施及外洋。事陶之人，动以数万计。海樽山俎，咸萃于斯。盖以山国之险，兼都会之雄也。

——（清）《蓝浦·景德镇陶录》

（4）清末民初及新中国成立初期。

清代末期，随着战乱和外国瓷器制品的竞争，景德镇的瓷器逐渐式微，相比于"极盛时期"的"窑户四千余户，工人二十万"，此时已是"烟筒百余座，出烟者不过十之一二"的萧条场景。

1949 年 4 月 29 日，景德镇宣告解放。那时全镇共有 2493 个瓷业户，正常开业的仅占 7%，绝大部分处于停工或半停工状态，失业、半失业的瓷业工人达近万人（杨永峰，1991）。1951 ~ 1956 年，景德镇瓷器产业经过"私私合营"到"公私合营"，逐渐形成了以"十大瓷厂"为代表的现代化产业集群，如表 7 - 1 所示。

表 7 - 1　　　　　　　　　　景德镇十大瓷厂

序号	名称	成立情况
1	景德镇人民瓷厂	1956 年由公私合营的华光、群益、光大三大瓷厂合并成立
2	景德镇建国瓷厂	前身为明、清皇家御窑厂
3	景德镇艺术瓷厂	始建于 1958 年，产品销往东南亚和欧美等 30 余国家和地区
4	景德镇红星瓷厂	组建于 1958 年，成型生产上最早实现半机械化的瓷厂之一
5	景德镇红旗瓷厂	公私合营性质的第六、第七、第九瓷厂合并成立的国营瓷厂
6	景德镇为民瓷厂	筹建于 1958 年，原名高级美术瓷厂
7	景德镇宇宙瓷厂	1958 年经中共景德镇市委批准，宇宙瓷厂宣告成立
8	景德镇东风瓷厂	前身是 1951 年由瓷商集资成立的裕民陶瓷股份有限公司
9	景德镇光明瓷厂	1990 年成立，地址设在景德镇市西南方向，其前身是红旗二厂
10	景德镇景兴瓷厂	1961 年由华电瓷厂的几个分厂和国光瓷厂合并而成

当前，景德镇陶瓷产业已经成为江西省的主导产业。2020 年，江西省政府出台了《关于支持景德镇国家陶瓷文化传承创新试验区产业集聚发展的若干措施》，支持将试验区建设纳入省"十四五"相关产业规划，力争通过 5 年的努力，将其打造成营业收入突破千亿元的世界级产业集群。

3. 医药产业

江西医药产业在发展过程中形成了"樟树药帮"和"建昌药帮"两个专业化商帮。

樟树地处江西中部、鄱阳湖平原南缘,跨赣江中游两岸,自古有"八省通衢之要冲,赣中工商之闹市"之称,樟树地区的医药业源远流长,其起源与发展几乎与中华医药史同步,被称为"中国药都"。

樟树医药产业的发展历经了汉晋、唐宋、明清时期,先后获得了"药摊""药墟""药市""药码头""药材总汇"的雅称。而且,樟树医药产业的发展也呈现了集聚态势,形成了以"吉安—赣州—南昌"为核心区域的产业集聚区,药材主要销往湖南、湖北、四川、广东和香港等地。基于产业链,樟树药商形成了基于中药炮制的"选、润、洗、燥、炒"等环节的分工,并且精益求精,达到了技艺精湛、炮制精良、治疗灵验的良好效果,与北京药帮、四川药帮并称为"中国三大药帮"。

樟树镇在丰城、清江之间,烟火数万家,江广百货往来,与南北药材所具,足称雄镇。

——《广志绎》

建昌帮药业则以"中药饮片加工炮制"和"集散经营销售"著称。在饮片炮制方面,建昌药帮基于产业链形成了著名的"炮制 13 法":炒、炙、煨、煅、蒸、煮、炆、熬、淬、霜、曲、芽、复制等,并在"形、色、气、味"上形成了独特的品牌优势。

(二) 早期中介组织——万寿宫

万寿宫是江右商帮中转和聚散的场所,又称为"江西会馆""江西庙""江西同乡会馆""豫章会馆"等,是"行业协会"早期的雏形,在商帮的发展中起到了重要的作用:联谊乡谊、调解纠纷、商业中介和融资场所等。

(三) 现代产业体系与"集群化"发展

近年来,江西省明确提出了基于"2 + 6 + N"的现代化产业体系建设和高质量跨越式发展的行动计划①：有色金属、电子信息 2 个产业主营业务收入迈上万亿级；装备制造、石化、建材、纺织、食品、汽车 6 个产业迈上五千亿级；航空、中医药、移动物联网、半导体照明、虚拟现实（VR）、节能环保等多个产业迈上千亿级。江西省现代产业体系的发展也是以"产业集群"为有效载体的，"集群和园区"是重要着力点。在三个高质量跨越发展中，"集群高质量跨越式发展"是其中一个重要组成部分。江西省明确提出：力争在铜、钨和稀土、光伏等领域培育 1~2 个世界级产业集群，京九（江西）电子信息产业带主营业务收入达到万亿级。力争每个设区市打造 1 个以上主营业务收入千亿级产业集群，全省千亿级产业集群达到 10 个以上。力争全省打造 1~2 个五千亿级开发区，15 个左右千亿级开发区。

2022 年，江西省评选出"星级产业集群"，其中"五星级"产业集群 5 个，"四星级"产业集群 6 个，三星级产业集群 15 个，如表 7-2 所示。从中可以看出，江西星级产业集群是紧紧围绕"2+6+N"的产业体系进行布局的，传统优势产业医药制造业和坚实的手工业基础成为江西现代化产业体系构建的基石。

表 7-2 　　江西省五星级、四星级和三星级产业集群名称及行业分布

序号	星级	名称	所属行业代码
1	五星级	井冈山经开区通讯终端设备产业集群	C39
2	五星级	南昌高新区光电及通信产业集群	C39
3	五星级	贵溪铜及铜加工产业集群	C33
4	五星级	樟树医药产业集群	C27
5	五星级	南康家具产业集群	C21
6	四星级	永修有机硅产业集群	C30
7	四星级	九江经开区电子电器产业集群	C38

① 《江西省"2+6+N"产业高质量跨越式发展行动计划（2019—2023 年左右）》。

序号	星级	名称	所属行业代码
8	四星级	鹰潭高新区铜合金材料产业集群	C33
9	四星级	信丰数字视听产业集群	C39
10	四星级	赣州经开区电子信息产业集群	C39
11	四星级	上饶经开区光伏产业集群	C38
12	三星级	南昌经开区光电产业集群	C39
13	三星级	鹰潭高新区移动物联网产业集群	C39
14	三星级	宜春经开区锂电新能源产业集群	C38
15	三星级	贵溪高端线束线缆生态科技产业集群	C38
16	三星级	新余钢铁及钢材加工产业集群	C31
17	三星级	吉安县数字视听产业集群	C39
18	三星级	樟树金属家具产业集群	C21
19	三星级	新余高新区光电产业集群	C39
20	三星级	于都服装服饰产业集群	C18
21	三星级	抚州高新区电子信息产业集群	C39
22	三星级	芦溪电瓷产业集群	C30
23	三星级	安义铝合金塑钢型材产业集群	C33
24	三星级	袁州医药产业集群	C27
25	三星级	萍乡经开区新材料产业集群	M75
26	三星级	南昌县汽车及零部件产业集群	C36

第二节　商帮文化特质

明末抚州散文家艾南英说："随阳之雁犹不能至，而吾乡之人都成聚于其所。""随阳雁"的精神就是江右商帮的文化内核。"随阳雁"即"大雁"，也叫鸿雁，乃是禽中之冠，自古被视为仁、义、礼、智、信"五常俱全"的灵物，而江右商人将"随阳雁"作为文化内核，也是看重其"志存高远""艰苦奋斗"以及"团结协作"的可贵精神，如图7-1所示。

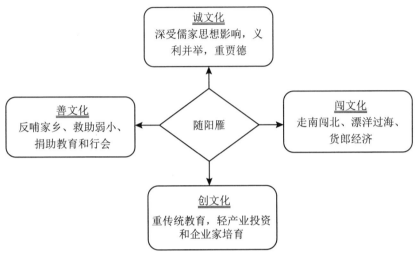

图7-1　江右商帮商业文化体系

一、诚文化

江西素有"文章节义之邦"的美称，因此江右商人非常重视"以诚为本"和"诚信经商"。江西地区深受"儒家思想"的影响，自古文风盛行，大儒辈出，由于受到儒家文化和义利观的影响，江右商人注重仁义孝廉，讲求"和"字，注重"贾德"和"贾道"，鄙视和排斥以次充好及漫天要价的不良商业行为，留下了很多"义利并举"的佳话。

清代茶商朱文炽在广东经营茶叶生意，每当待售新茶过期后，他总是不听别人的劝阻，注明"陈茶"二字以示不欺。

明清时，临川张世远、张世达兄弟交替往汉口贩卖纸张。一次，张世达从汉口卖纸回来，和世远一算纸价，发现货主多给了100两银子，兄弟俩商量后认为：这是非分之财，应该还给货主。

二、善文化

江右商人普遍存在"善德观",乐善好施,像随阳雁一样,颇具"雏雁反哺"的精神,热衷于慈善事业,创办私塾发展教育,修桥铺路改善民生,救灾赈荒扶助贫苦……据统计,明清时期,江西抚州府临川县、建昌府新城县、南昌府丰城县等6个县69名商人中,共进行过109项投资,其中生活性投资23项、社会性投资84项,主要集中于兴办私塾、助力课局、救灾赈荒和修桥铺路等,而产业性投资仅2项(方志远,1995),虽然江右商人的积德行善与乐善好施值得称道,但是从投资结构来看,也为未来的产业转型升级埋下了隐患。

浮梁茶商江资甫慷慨大方,为家乡做出了不少贡献,光绪十年(1884年)捐巨款建立北斗书院,发展地方教育,造福当地子民;中洲大桥年久失修,常被冲塌,他捐款修葺,方便路人出行。江右茶商左成宪贩茶叶数年致巨富,以40万两以上白银重修石阡万寿宫,为往来江右商提供方便(贺三宝,2013)。

三、闯文化

人多地少且生存环境恶劣是江右商帮得以形成的重要地理原因,正是在"穷则思变"的倒逼下,江右商人像"随阳雁"一样,不远万里,克服重重困难,才有了"商贾负贩遍天下"的美誉。沈从文先生曾这样描绘江右商人:"一个包袱一把伞,跑到湖南当老板。"云南民谣也传唱:"江西货郎哥,挑担到你家,你家小姑娘,爱针又爱线。"活跃于海内外的江右商人们克服了路途遥远、舟车劳顿、水土不服等困难,克服了千难万险,形成了敢拼敢闯的"闯荡精神"。

金溪商人李懋英的儿子为了寻找多年外出经商未回的父亲,走湖广、赴西安、越秦岭,最后在华阳寻父成功。

在云南楚雄地区搜集到的彝族民间史诗《梅葛》第二部《造物》中就提到了江右商人是如何发现蚕丝的："江西挑担人，来到桑树下，看见了蚕屎，找到了蚕种。"

正是在这走南闯北的艰辛闯荡中，江右商人培育出了"人形雁阵"的抱团精神，宛若雁阵一般群雁协作，头雁领航，提振士气，互相帮助。江右商人强调"抱团取暖"，互助互利，以众帮众，最具代表性的就是遍布中国各地和东南亚各地的"万寿宫"等会馆，这些会馆对江右商人经商予以支持，提供资金资助，协助商人与当地政府沟通，维护市场秩序，最大限度地维护和保障江右商人的利益。

四、创文化

深受儒家文化的熏陶，江右商人高度重视人才的培养，书院的数量和规模在明清时期快速发展。江西省的古代书院数量为全国之最，著名书院也最多，如白鹿洞书院、鹅湖书院、象山书院、白鹭洲书院、濂溪书院、豫章书院、怀玉书院和东湖书院等，其中又以白鹿洞书院名气最大，享有"天下书院之首"的美誉。正是在这样的文化氛围下，江右人才辈出，明清两代，从洪武四年（1371 年）至光绪二十年（1894 年）间举办的 200 余次科举考试中，中进士者有 5 万余人，而江西才子就有 5000 余人，占比接近 1/10，为人力资源的储备提供了必要的保障。

续捐田租有全作书院束修、膏火之用者，有全作乡、会试用者、有半作书院半作乡，会试用者，有三分之二做试卷资，以三分之一作会试公车者。

——《宁都直隶州志》

江右商人重教育，同时凭借"货郎思维"能够像"随阳雁"一样具有敏锐的"警觉性"，但是在以"创新精神"为引领的"企业家"培育中却比较薄弱，比如很多商人都有"小富即安"的思想，具有典型的"小农商人"的经营特征，缺乏战略性投资理念，特别是对前瞻性的产业布局思虑不足，因此很难形成特色化的产业体系，产生影响力较大的商业领袖，这也是江右商帮逐渐走向衰落的主要原因。

第三节　基于产业集群社会责任建设的可持续发展路径

一、江右商帮衰落的表征与原因

江右商帮的式微与衰落是"波浪式"的，其衰落始于清朝末年，特别是在鸦片战争后彻底走向了衰落。根据民国时期江西省政府经济委员编辑的《江西经济问题》一书所述：江西在外之商人几乎全部破产，省内各种产业呈现急剧衰落与崩溃之势，曾经在全国及东南亚各地兴盛的万寿宫等会馆数量也急剧减少。以北京地区的江右商帮会馆数量为例，明代时，江右会馆占到34%，居各省之首，而到清朝末年，这一比重下降到10%左右，而且在现存的23份清末会馆碑刻资料中，再难寻觅到江西会馆的影踪。

探寻江右商帮衰落的原因可以发现，这里既有那个时代历史大环境的影响，也有江右商人自身在文化、思想上的短板，可以将其分为"外因"和"内因"两个方面。

（一）外因

清朝末年，在西方工业文明冲击下，中国传统农耕文明发生剧烈变动，传统经济制度日趋瓦解，民族危机日益加深，具体体现在以下几个方面：

第一，人口过剩与农业歉收。由于人口的大量快速增长，清朝末期人口与土地的矛盾日益突出。根据何炳棣（1989）所述，1750年，中国的人口为 2.15 亿，到了 19 世纪初，人口总量已近 3 亿。到了 19 世纪初，中国的人口已达到 3.6 亿，而中国的可耕地面积基本上已经用尽，人均耕地面积逐步减少，平均每人不到 2 亩，这在人多地狭的江西，矛盾更是凸显。

第二，战乱频繁与灾祸频起。清朝末年，战乱四起。对内，清政府要镇压各地的农民起义；对外，清政府先后经历两次鸦片战争，在中法战争、甲午海战以及八国联军侵华战争中战败。特别是在镇压太平天国的战争中，江西成为受战争破坏最严重的省份之一，甚至有学者认为，导致江右商帮衰落的直接原因就是"太平天国战争"。这场战争不仅造成人口大幅度减少，而且江右商人积累的财富也以"军费"的方式被花费殆尽。此外，清朝末年，旱灾、蝗灾、雪灾、水灾接连发生，民不聊生。

第三，赋税沉重，经商成本居高不下。清朝自康熙时期就有各种各样的捐税，名目有指捐、借捐、亩捐、房捐、铺捐、船捐、盐捐、米捐、饷捐、卡捐、炮船捐、堤工捐、板厘捐、活厘捐、草捐、芦荡捐、落地捐等，而在太平天国战争爆发后，又出现了"厘金"，税率也是逐年增加。而江西的税收在当时是非常重的，厘金税在全国与浙江、福建并列，高达 10%。1870～1908 年，江西每年征收的厘金都在 100 万两以上，38 年累计征收 5000 万两，三倍于湖南和湖北的征收量①。而且，在太平天国起义期间，江西成为太平军和清军的拉锯地，形成了"湖南人出兵，江西人出钱"的局面，仅在 4 年间，江西共承担湘军局内3850 万两白银，占同期湘军军费的一半。在太平天国战争结束后，江西共缴军饷 4233 万两，居于各省之最，对当地商业和百姓的损害非常大，加速了江右商帮的衰败。

第四，交通和经济格局的变化削弱了江右商人的区位优势。自鸦片战争后，中国被迫签下了很多不平等条约，开海禁，各口通商，粤汉铁路开通，沿海沿江航运和铁路兴起，而江西段大庾岭则日渐荒凉，再难

---

① 《江西通志》（卷八十六）："漕运"，丁漕改章前后户部奏议。

呈现出"黄金通道"的盛况。而且，以沿海地区和北京为代表的北方经济区域的发展，使得江右商帮的区位优势逐渐消失，赖以生存的经济基础发生了根本性的动摇（谢力军等，2002）。

第五，外国商品的冲击导致产品竞争力下降。清末的对外政策已经由闭关锁国到局部被迫开放口岸，外资大举入侵，凭借工业经济所具备的先进工艺和技术让江右商帮依托农村商品生产方式的产品全线溃败，竞争力大幅减退。在茶产业领域，印度、锡兰和日本等国的茶业凭借其科学制造和政府奖助的红利，竞争力极强，导致江右地区的茶产业陷入了发展困境。在江右商人最引以为豪的陶瓷产业中，景德镇等地的陶瓷业也由于以旧法为主，缺少工艺革新，导致手工烦琐、成本高，难以与工艺先进的意大利和德国等国的陶瓷产品进行竞争。

（二）内因

长期关注江右商帮发展的一些学者从"地缘文化"的视角提出，江右商帮的衰落主要源于江南的"丘陵现象"：收而不放、多而不高、平而不奇、散而不强（贺三宝，2012）等。

"收而不放"是说江右商人缺少商业精神。深受"农耕致富，诗书传家"思想的熏陶，江右商人"重仕轻商"，且容易满足，进取心弱，与其他商帮相比，缺乏"主动自觉"的商业开拓意识，特别是缺乏"创新开拓"意识，尤其是产业结构升级和资本结构升级的意识比较薄弱，因此制约了江右商帮面对外部冲击的应变能力和可持续发展能力。

"多而不高"是说江右商帮缺少具有影响力的商业领袖。虽然江右商人中也涌现出诸如黄文植、陈筱梅等具有一定名气的商人，但是大多都受到"小富即安"思想的禁锢，很少出现资本实力雄厚、影响力极大且颇具企业家精神的商业领袖。

"平而不奇"是说江右商帮的商业特色不够鲜明。大部分江右商人的主业化经营不明显，涉及产业范围广，多是米、木材、药材、布、茶叶等，产业集中度不高，同质化严重，竞争激烈，利润空间小，因此难以形成核心竞争优势。

"散而不强"是说江右商帮缺少商业积累，资本过于分散。由于江右商人大多出身贫寒，资金主要来自借贷，因此商业利润用于再投资的比例较低，多是用于偿还贷款和回馈乡梓，因此难以实现商业资本向产业资本和金融资本的转换与升级，导致江右商人在近代经济史上辉煌不再。

二、从江右商帮到新赣商的嬗变

（一）发展现状

面对百年未有之大变局，江西省正在坚定地迈出构建新发展格局、实现高质量发展的步伐。在这个征程中，新赣商正在弘扬江右商帮艰苦创业、讲究"贾德"等优良传统，担负起时代赋予的新使命，聚力新产业、新技术、新模式、新业态，重塑新时期赣商精神，为其注入新的时代内涵，将自身发展与江西崛起结合起来，将个人富裕与造福乡梓结合起来，积极返乡投身经济建设，形成"万商返赣、兴我江西"的生动局面，为建设富裕美丽幸福的赣都大地做出更大的贡献。

为了更好地掌握江西省当前的发展状况，本章从"综合发展指标""经济发展指标""民营经济发展指标""创新发展指标""社会发展指标""生态发展指标"六个方面对江西省发展的现状及在全国所处的位次进行了分析，如表7-3所示。从中可以看出，江西省在地区生产总值、出口以及森林覆盖率上居于全国领先位次，但在财政水平、医疗水平以及民营企业盈利能力方面比较薄弱。

表 7-3　　　　　　江西省发展状况及在全国所处位次

层次	指标名称（单位）（年份）	数值	全国排名
综合发展指标	政商关系健康指数（2021）	23.04	18
	参与智能制造能力成熟度自评估且成熟度二级及以上企业数量（2021）	180	7

续表

层次	指标名称（单位）（年份）	数值	全国排名
综合发展指标	中国地区综合发展指数（2020）	97.43	21
	财政发展指数（2020）	40.63	29
	营商环境指数（2020）	54.54	13
	地区生产总值指数（2021）	108.8	4
经济发展指数	社会消费品零售总额（亿元）（2021）	12206.7	15
	规模以上工业企业利润总额（亿元）（2021）	3122.4	11
	地区生产总值（亿元）（2021）	29619.7	15
	居民人均消费支出（元）（2021）	20290	18
	人均地区生产总值（元/人）（2021）	65560	15
	地区生产总值指数（上年＝100）（2021）	108.8	4
	第一产业增加值指数（上年＝100）（2021）	107.3	13
	第二产业增加值指数（上年＝100）（2021）	108.2	9
	第三产业增加值指数（上年＝100）（2021）	109.5	4
	固定资产投资（不含农户）增速（％）（2021）	10.8	5
	经营单位所在地进出口总额（千美元）（2021）	77077605	18
	经营单位所在地出口总额比例（％）（2021）	73.7	4
创新发展指数	国内专利申请数（件）（2020）	109738	15
	国内有效专利数（件）（2020）	199256	15
	各地区 R&D 经费投入强度（2020）	1.68	17
	规模以上工业企业 R&D 经费（万元）（2020）	3460219	14
	规模以上工业企业 R&D 人员全时当量（人年）（2020）	100473	10
	规模以上工业企业新产品项目数（项）（2020）	23138	8
	规模以上工业企业开发新产品经费（万元）（2020）	4669998	13
	技术市场成交额（亿元）（2020）	233.41	19
社会发展指数	地方财政一般预算收入（亿元）（2021）	2812.25	15
	地方财政一般公共服务支出（亿元）（2020）	558.28	11
	每万人医疗机构床位数（张）（2020）	63.3	19

续表

层次	指标名称（单位）（年份）	数值	全国排名
社会发展指数	每万人拥有卫生技术人员数（人）（2020）	63	30
	普通小学师生比（%）（2020）	16.77	14
	每十万人口高等学校平均在校数（人）（2020）	3424	10
	有线广播电视用户数占家庭总户数的比重（%）（2020）	41.7	18
	人均拥有公共图书馆藏量（册/人）（2020）	0.63	19
	互联网宽带接入用户（万户）（2020）	1510.5	13
	公路营运汽车客位数（万客位）（2020）	37.73	25
生态发展指数	城市绿地面积（万公顷）（2020）	7.71	16
	公园绿地面积（万公顷）（2020）	1.96	16
	建成区绿化覆盖率（%）（2020）	46.4	2
	化学需氧量排放量（万吨）（负向）（2020）	101.48	18
	二氧化硫排放量（万吨）（负向）（2020）	10.25	18
	氮氧化物排放量（万吨）（负向）（2020）	28.33	15
	生活垃圾清运量（万吨）（2020）	527.5	17
	森林覆盖率（%）（2020）	61.2	2
	城市污水日处理能力（万立方米）（2020）	366.1	20
	液化石油气用气人口（万人）（2020）	377	9
	天然气用气人口（万人）（2020）	910	19
民营经济发展指数	民营上市公司个数（个）（2021）	48	14
	民营上市公司平均营业收入（万元）（2021）	501602	14
	民营上市公司平均总资产（万元）（2021）	812870	21
	民营上市公司平均净利润（万元）（2021）	−2559	28
	民营上市公司员工总数（人）（2021）	177834	15
	民营500强企业个数（个）（2021）	6	14

资料来源：《中国统计年鉴》、各省份《统计年鉴》、市场化指数数据库。

(二) 发展路径

1. 建立高效率的商贸流通体系, 推动消费提质扩容

"提供高质量的产品与服务"是产业集群社会责任建设的核心与基础。新赣商需要继续秉承"诚信"的义利观, 以提供优质产品和服务作为商业发展的出发点。同时, 要围绕重点产业链持续推进集群式项目的"满园扩园"计划, 围绕江西省重点产业链和"2+6+N"产业重点细分领域, 在"链长制"战略的实施下, 赣商要争当"产业链主", 加速形成自身在技术、产品、品牌、市场等方面的影响力, 充分发挥集成能力和带动作用, 构建产业链上下游、大中小企业紧密配套、协同发展的优良产业生态。

依托产业集群和产业链的系统合作, 继续发挥在出口领域的优势, 同时要深耕国内市场, 探索以标准化建设带动内外贸相关法规、监管体制、经营资质、质量标准、检验检疫、认证认可等相衔接, 推动内外销产品同线同标同质。坚持扩大内需这个战略基点, 以供给侧结构性改革为主线, 打通堵点, 补齐短板, 加快形成消费升级、市场扩容、流通高效的现代化区域消费大市场, 提供更加优质的产品与服务。

2. 创新驱动, 提供赣商发展新动力

创新是传统赣商发展的短板所在, 却是新赣商崛起和壮大的重要动力。因此, 新赣商要秉承"敢为人先"的"创闯"意识, 紧紧抓住新发展格局和中国高质量发展的时代契机, 深度融入长江经济带建设, 切实增强科技创新驱动力。赣商要争当新兴领域的行业领军者。当下, 一大批赣商在新制造、智慧经济、绿色经济、共享经济、新服务经济等领域崭露头角: 用友集团是全球领先、中国最大的企业服务提供商; 柔宇科技用1200多项知识产权把"黑科技"成功商业化, 坐稳全球柔性显示科技头把交椅; 方大集团旗下现有7家国家高新技术企业, 在全球建有多个生产基地, 业务遍及全球120多个国家和地区, 是集研发、生产、销售及服务为一体的综合性高科技企业, 是业内领军标杆; 正邦集团是农业产业化国家重点龙头企业, 江西民企第一强。

因此，赣商要围绕优势产业抱团发展，以创新集群、创新高地和协同创新为载体，围绕国家重大战略需求，力争涌现出更多像进贤医疗器械、安义铝合金门窗、鹰潭眼镜等企业的龙头赣商，带领江西特色产业走出江西，提升全国市场占比、扩大新赣商的影响力。

3. 绿色发展，实现经济可持续发展

新赣商要在"江西样板"规划目标的引导下，锚定打造美丽中国建设样板区、生态文明改革引领区、全面绿色转型先行区和生态福祉共享示范区的战略目标，坚持"生态优先、绿色发展"理念，着力打通绿水青山与金山银山的双向转化通道。新赣商要以产业集群为载体，联合打造"江西绿色生态"区域公用品牌。比如大力发展生态农业，创新推出"赣都正品"全域认证品牌、"两品一标"农产品等。利用高森林覆盖率的优势，高标准打造现代林业产业示范省。同时积极挖掘诸如医药产业等传统优势产业的潜力，加快中医药、大健康和生态旅游产业的发展，探索走出"政府主导、市场运作、多元发展"的生态新路径。

特别地，在中国实施"双碳"战略的情况下，新赣商一方面要加强储能、锂电、资源综合利用等领域节能降碳关键技术攻关，落实高耗能行业能效标准，加快产业结构和能源结构转型升级；另一方面要加快培育和发展新兴产业集群，大力开展传统产业优化升级专项行动，引领江西成为全面绿色转型发展的先行之地、示范之地。

4. 怀博爱善心，以良善之举回报桑梓

乐善好施、富而不忘家乡一直是江右商帮商业文化最为亮丽的本色。在履行企业社会责任已经成为全社会共识的当下，新赣商已经成为社会责任建设的主力军和领头雁，并以实际行动支持赣都大地的建设。近年来，广大赣商积极响应政府号召，踊跃投身于支持家乡建设、捐资助学助残、建设基础设施等社会公益事业中。据统计，赣商近年来公益捐赠价值达 20 亿元①。特别是在抗疫过程中，赣商捐款捐物，从事医疗

---

① 《江西日报连版报道第三届世界赣商大会：凝心聚力新时代　携手共谋新发展》，赣州市人民政府官网，https：//www.ganzhou.gov.cn/。

器械的企业将疫情防控摆在企业利益之前，加大物资生产力度，弥补防疫物资的紧缺。赣州商会联合总会荣获全国工商联"抗击新冠肺炎疫情先进商会组织"称号。针对江西医疗资源相对落后的现状，2016 年以来，赣籍企业家捐资 7175 万元，在全省 41 个县（市、区）共捐建了1435 个赣商爱心村卫生计生服务室，极大地改善了农村医疗卫生条件。

　　坚守公益，践行责任，新赣商将继续发挥江右商帮的传统文化精神，在美丽中国建设征程中书写责任与担当。

海商篇

第八章

粤　商

粤东十三家洋行，家家金珠论斗量。

楼阁粉白旗竿长，楼窗悬镜望重洋。

——《岭南乐府·广州十三行》

"粤商"是中国第一批睁眼看世界的人，是现代中国经济尤其是商贸流通经济中最主要的企业群体，也是对中国改革开放影响力最大的一个商帮。明清时期，粤商足迹遍布全国，广东会馆在全国各地分布相当广泛，随着业务向海外扩展，广东会馆也逐渐遍及世界各地。清代，广州成为中国唯一的对外贸易窗口，粤商在外贸买办行业中显赫一时。粤商面向大海，以开放的姿态屹立在东西方交融的历史舞台之上。在历史风云变幻的发展历程中，粤商一直承载着助推中国产业结构转型升级的重任，脚踏实地地推动着中国现代化的进程。

第一节　产　业　基　础

自西汉开始，广州就成为中国南部珠玑、犀角、果品和布匹的集散之地。到了宋代，广州已成为"万国衣冠，络绎不绝"的著名对外贸易港。广东的地理位置特殊，国外的先进技术和设备最早由广东进入，然后辐射全国。粤商崛起于明清时期，并发展成为中国一大商帮绝不是偶然的，它与广东的人文地理环境、发达的商品性农业和手工业以及朝廷的海禁政策有着密切的关系。

一、区位优势

（一）交通与地理位置

中国南部地区由东至西横亘着一条绵延 1100 多千米的山脉，大庾岭、骑田岭、都庞岭、萌渚岭和越城岭蜿蜒相连，五岭之南就是面向大海的岭南地区，也是粤商的发源地。

1. 基本情况

广东背靠祖国内陆广大腹地，三面环海，境内河网密布，东江、北江、西江经广州汇流入海，构成了珠江水系，并在入海口形成了肥沃的珠江三角洲。广东面向东南亚，恰处太平洋、印度洋和大西洋航运的枢纽位置之上，是中国重要的海上交通要冲、沟通海外的通道和主要对外通商口岸之一，无论是通向海外还是内地，交通都非常便利。历史上，广东是中原地区商人南下出海的必经之地。交通的便利为粤商的崛起提供了有利的条件。随着中国对外开放、经济国际化以及海洋事业的发展，广东的"南大门"区位更显优势，充分发挥着"口岸""通道""窗口"的功能，既可以加强和发展与内地的联系，也可以开拓对外的经济文化交往和贸易事业。

番禺负山险，阻南海，东西数千里，颇有中国人相辅，此亦一州之主，可以立国。

——《史记·南越列传》

粤地幅员辽阔，擅尽山海之利。市列珠玑，户盈罗绮。

——（清）陈徽言《南越游记》

2. 商业辐射网

粤商以广东为中心。广东凭借其得天独厚的地理位置，以及国内较早发展的通商口岸，形成了国内以西部和北部两条商路为主，国外以印度洋周边和东南亚周边以及欧洲三条商路为主的商业辐射网。

（1）国内商路。

①西部商路。粤商的国内商路货物向西主要经广西到云贵川，远可达西藏。由于地理临近性，广西地区是粤商最为活跃的地区。在广西，入桂粤商的商业路线早期是以江海航道为纽带、由东而西为走向，依托在桂商路，粤商可以到达滇南和黔东南等其他地区。由于粤商的辐射强度与力度，有些地区甚至出现了"汉人尽操粤语"的情况。明清时期，入桂粤商向广西输送的主要是当时广东发达的手工业、盐业和渔业产品。近代以来，随着外国工业产品的涌入和广东开放程度的加强，诸如棉纱、棉布、燃料、面粉、白糖、纸烟、火柴等"洋货"也随之成为粤商向广西输入的主要商品。

②北部商路。除了西部地区外，中国北方很多地区也都留下粤商的经商轨迹，他们建立的广东会馆、岭南会馆、广肇会馆、粤东会馆、潮州会馆、嘉应会馆等在全国的分布相当广泛。以今天的省份来看，以北京、上海、江苏、四川及广西的数量最多，江西、福建、湖南、山东、东北、湖北、陕西、河南、安徽、浙江、甘肃、云南等省份也都有粤商建立的会馆。

（2）国际商路。

广东拥有得天独厚的地理位置，濒临海洋，港口众多，海外贸易推动了粤商的蓬勃发展。

①印度洋周边商路。秦汉之前，受到自然条件制约和交通工具限制，粤人经商者未成气候；汉武帝时期开通了经中国南海过马六甲海峡入印度洋到波斯湾、阿拉伯半岛以及非洲东海岸的"海上丝绸之路"。随着近代中国的开放，通商口岸的逐渐打开，粤商依托地理优势获得发展先机而迅速崛起。

②东南亚周边商路。三国时期的吴国开辟了自广州启航，经海南岛

东面进入西沙群岛海面的新航线，使广东海运航线由沿海岸航行进入跨海航行的阶段，广州随即成为岭南对外贸易的中心。隋炀帝时，在鸿胪寺下设置了集外交外贸于一体的中央外事机构"四方馆"。"四方馆"是中国首次设立的外贸外事专职机构。大业三年（607年），隋炀帝派遣常骏和王群政携带大量丝织品由广州乘船出发，出使赤土国（今马来半岛吉达），受到当地欢迎。

③欧洲商路。明正德末年，由于葡萄牙殖民者在广东沿海侵略骚扰，朝廷宣布实行海禁，广东外贸受到影响。直至隆庆元年（1567年），海禁开放，民间贸易才被视为合法。隆庆五年（1571年），广东市舶司决定以"丈抽制"取代"抽分制"，即按船舶大小征收船税。①清代，广州设立"十三行"，专门从事对外贸易，使得粤商的国际商路更加开阔。伴随着中国对外开放程度逐渐增强，近代粤商主动参与、积极合作、潜心学习，从最初单纯地帮助英国、西班牙和法国等国的商人贩运商品转销内地，渐渐创办了自己的商行，发展了自己的经营业务，拓展了自己的经营网络。

> 闽粤之人，驾双桅船，挟私货，百十为群，往来东西洋。
>
> ——《潮州府志》

（二）物产资源

广东拥有丰富的自然资源。

广东是稀有金属和有色金属之乡。全省已探寻到的矿产有151种（包括亚种），探明储量的有105种，矿产地2988处。矿产资源分布区域相对集中。铅、锌、铜、钨、锡、钼等有色金属以及铁、锰等黑色金属主要分布在韶关、河源、梅州、肇庆、茂名等地区；金、银等贵金属以及铌、钽等稀有金属主要分布在肇庆、茂名、佛山、惠州等地区；已查明稀土矿产地和稀土资源潜力区主要分布在韶关、清远、肇庆、河

---

① 《"粤商"的前世今生》，云南省广东商会，2019年1月1日，http：//www.yngdsh.com.cn/NewsDetail/1145918.html。

源、梅州、揭阳等地区；优质高岭土、油页岩等主要分布在湛江、茂名等地区；地热、矿泉水全省各地均有分布。

广东省光、热、水资源丰富，植物种类繁多。全省有维管束植物289科、2051属、7717种，其中野生植物6135种，栽培植物1582种。此外，还有真菌1959种，其中食用菌185种，药用真菌97种。植物种类中，属于国家一级保护野生植物的有仙湖苏铁、南方红豆杉等7种，属于二级保护野生植物的有桫椤、广东松、白豆杉、樟、凹叶厚朴、土沉香、丹霞梧桐等48种。在植被类型中，有属于地带性植被的北热带季雨林、南亚热带季风常绿阔叶林、中亚热带典型常绿阔叶林和沿海的热带红树林，还有非纬度地带性的常绿落叶阔叶混交林、常绿针阔叶混交林、常绿针叶林、竹林、灌丛和草坡，以及水稻、甘蔗和茶园等栽培植被。香蕉、荔枝、龙眼和菠萝是岭南四大名果，经济价值可观。[①]

（三）人口

岭南的崇山峻岭形成了一道天然的屏障，因此在几千年的历史进程中，人们因政治逼迫、躲避战乱、营谋生计等缘故，多次自北向南迁移，这对广东人口结构产生了较大的影响，实现了几次人口的大规模扩张。

首先是两晋南北朝时，大批中原人为避战乱迁到长江以南；接着在唐末至五代十国时期，中原汉族的一些支系开始南迁，经由江西、福建进入广东；再到南宋时期，大量移民相继南下逃难。

永嘉世，天下荒，余广州，皆平康

—— 晋代墓砖铭文

到了盛唐时期，广州不仅成为中国第一大贸易港，而且还成为多国人才汇集的国际大都市。越来越多的波斯和大食等地商人与华人居住在一起。为了便于管理，唐朝政府设置了"番坊"，为外籍商人的子女创办了"番学"。

---

① 资料来源：广东省人民政府官网，http://www.gd.gov.cn/zigd/sqgk/wzzc/index.html。

江中有婆罗门、波斯、昆仑等舶，不计其数。并载香药、珍宝，积载如山。其舶深六七丈。师子国（今斯里兰卡）、大石（食）国（今阿拉伯）、骨唐国、白蛮（白种人）、赤蛮（非洲人）等往来居住，种类极多。

——《唐大和上东征传》

到了明末清初，受限于人口激增和环境资源短缺，客家人举族向两广纵深迁移。在这些人口迁移的影响之下，广东人口逐步形成了三大民系：广府民系、福佬民系和客家民系。

吾广故家望族，其先多从南雄珠玑巷而来。盖祥符有珠玑巷，宋南渡时诸朝臣从驾入岭，至止南雄，不忘楷榆所自，亦号其地为珠玑巷，如汉之新丰，以志故乡之思也。

——《广东新语》

二、政商关系

粤商的崛起、浮沉、壮大都与政府及政策红利的关联性极强。明朝时期的"海禁"给粤商的发展带来了巨大的打击，商船无法出洋，渔船无法出海，两桅以上的海船被禁止建造，以海为田和靠海为生的商人及渔民被迫加入"倭寇"的行列，或是向马来西亚等东南亚国家移民。明朝永乐年间，"贡舶贸易"为粤商的兴起与重振提供了良好的机遇。外国贡使来中国时，可以携带部分商货进行贸易，这使得广东的对外贸易开始"涅槃重生"。特别是永乐三年（1405年），郑和下西洋开启了中国涉足大航海的时代，而由于每年朝见的番使较多，广州设"怀远驿"，共有120间房舍，规模较大，归入广州市舶司管理，用于款待外国贡使和随行人员。

海外番国有朝贡之使，附带物货前来交易者，须有官专至之，逐命吏部依洪武初制，于浙江、福建、广东设市舶提举司隶布政司。

——《广东通志》

明末清初，在西方自由贸易的冲击下，朝贡贸易逐渐瓦解，"以商制夷"政策出台。在此背景下，广州、泉州和徽州三地商人垄断的十三家商号便成了广州十三行的权舆，专门从事对外贸易。广州十三行开始成为清政府指定的全国唯一专营对外贸易的"半官半商"的垄断机构，史称"一口通商"。但是在顺治十八年（1661年），清朝政府再次颁布"迁海令"，海禁施行对广东经济和粤商经营所造成的破坏比明朝时期更为剧烈，从山东至广东沿海的所有居民内迁三十至五十里，尤其是广东地区，被迫"迁海"（又称"迁界"）三次，最远距离至百里，沿海居民不许出海，迁界之地的房舍与土地全部被焚毁或废弃。直至康熙二十二年（1683年），23年之久的迁海苛政才宣告结束，中断许久的越洋跨国贸易才得以恢复。1757年（乾隆二十二年），清政府关闭漳州、宁波、云台山三处通商口岸，只留广州一口对外贸易长达83年，广州再次成为全国唯一的对外贸易口岸，直到鸦片战争之时，广州的外贸空前繁荣。有历史学家这样描述当时的广州：广州成为对内对外贸易的极盛之地，中华帝国与西方列国的全部贸易都聚汇于广州，中国各地物产都运来此地，各省的商贾货栈在此经营着赚钱的买卖。清末至民国时期，广州大力引进华侨和外国资本开办商业、洋行和银行，商业和外贸的发展在全国处于领先地位（王丽英，2010）。

> 洋船争出是官商，十字门开向二洋。
>
> 五丝八丝广缎好，银钱堆满十三行。
>
> ——《广州竹枝词》

三、主导产业体系

（一）传统产业体系及早期集聚

广东物产丰富，依托当地的资源，粤商所在区域形成了多样化的资源依赖型产业体系，并形成了一定的集聚区域。由于海上丝路一枝独秀，广东的丝织业、陶瓷业、冶铁业，以及蚕桑、甘蔗、茶叶、莞香、果木等农业生产蓬勃发展。从经济贡献度和产品竞争力来看，粤商所在区域形成的主导产业主要有丝织业、冶铁业和对外贸易行业。

1. 丝织业

海上丝绸之路促进了广东丝织业的迅猛发展，而广东以顺德的丝织业最为著名。顺德丝绸业的发展，在《顺德县志》上多有记载：九百年前，顺德西南部的龙江和龙山一带已有人植桑养蚕，以获得蚕茧，抽取蚕丝，然后织造服装。《广东省志·丝绸志》也记载了明代以前广东丝绸业的发展是以顺德为主，如宋徽宗时期，顺德已出现织土绸的机户和机坊（丁润和等，2004）。

永乐四年（1406 年），龙江、龙山墟市土丝成交量 2 吨以上。嘉靖元年（1522 年），朝廷关闭了福建泉州和浙江宁波两港，使东南沿海的贸易集中在广州港口，广州作为明朝对外贸易中心的地位更加凸显。生丝和丝绸是外商采购的重点货物，广州成为名副其实的海上丝绸之路的起点，刺激了广州城附近蚕桑、丝绸业的发展。《广东省志·丝绸志》称："嘉靖四十一年（1562 年），顺德县龙江已生产著名的丝织品——'玉阶''柳叶'和'线绸'，并被列为广东贡品。"由此可见，顺德丝绸产品质量上乘，成为外贸的抢手货。此时的顺德是广州府辖下的县，纵横交错的水道直通广州城，成为海上丝绸之路的重要货源地。乾隆二十四年（1759 年），清政府关闭了福建漳州、浙江定海、江苏云台山等对外贸易商港，广州成为全国唯一的对外通商口岸。从事蚕桑业获利倍丰，促进了广东的蚕桑和缫丝业进一步发展，故在清乾隆、嘉庆年间（1736～1820 年），以顺德为中心，珠江三角洲掀起第一次"弃田筑塘，废稻栽桑"的热潮。

"乡大墟有蚕纸行，养蚕者皆取资焉。每岁计桑养蚕，有蚕多而桑少者，则以钱易诸市。桑市者，他乡之桑皆集于此也。所缫之丝不自织而易于肆。"

——《龙山乡志》

2. 冶铁和铁器铸造

自宋朝开始，广东佛山就是中国的冶铁名镇。明代是佛山冶铁业崛起、发展乃至名扬天下的时期，也是佛山铁器畅销全国乃至远销"东西二洋"的时期。据统计，在乾隆时期，整个佛山冶铁工匠不下二三万人。由此可见，当时佛山的冶铁业十分繁盛，更是当时佛山的主要经济支柱，佛山也成为广东最主要的冶铁基地之一，年产量达 4590 多万斤。在明清时期，每年佛山都有大量的铁器销往全国各地，特别是铁锅，各省商人也长途跋涉来到佛山购买铁器，当时佛山的铁器主要运到两湖、浙江、河北、天津一带，也是宫廷里的御用品。

佛山铁制品的发达主要得益于发达的珠江水系形成的优越的水运条件。即使佛山本地没有铁矿，但是水运也可以使佛山比较容易获得优质的铁矿。得益于广东发达的造船业对铁器的旺盛需求，同时加上工匠优良的制造工艺，上好的精美铁器可以通过发达的水运销售至全国各地，乃至全世界。

"盖天下产铁之区，莫良于粤，而冶铁之工，莫良于佛山。"

——《粤游小记》

3. 对外贸易行业

中国很多沿海地区都开展过对外贸易，但只有广东是始终保持着对外开放的优势地位，屹立于华洋之间。广东地处岭南、面朝大海，南北之间的文化差异首先缘于地理格局。追溯历史，广州古称"番禺"，位于南海之滨，自秦汉以来就是我国南方的商都。《汉书》说，"番禺，其一都会也"，"中国商贾者多取富焉"。广东境内港口众多，主要有广州黄埔港、汕头港和湛江港等。广州凭借自身拥有的海陆交通中心的优越条件，成为中国古代海上丝绸之路的发源地之一，是世界海上交通史上唯一两千多年长盛不衰的港口城市。

（1）西汉时期。

最早记载"海上丝绸之路"航线的是《汉书·地理志》。西汉初年，汉武帝平南越后即派使者沿着百越民间开辟的航线，从广州出发，带领船队远航南海和印度洋，经过东南亚，横越孟加拉湾，到达印度半岛的东南部，抵达锡兰（今斯里兰卡）后返航。

自日南障塞、徐闻、合浦航行可五月，有都元国；又船行可四月，有邑卢没国；又船行可二十余日，有谌离国；步行可十余日，有夫甘都卢国；自夫甘都卢国船行可二月余，有黄支；民俗略与珠崖相类。其州广大，户口多，多异物。自武帝以来皆献见。有译长，属黄门，与应募者俱入海，市明珠、璧流离、奇石异物、贵黄金杂缯而往。所至，国皆禀食为耦，蛮夷贾船，转送致之，亦利交易，剽杀人，又苦逢风波溺死，不者数年来还。大珠至围二寸以下，平帝元始，王莽辅政，欲耀威德，厚遗黄支王，令遣使献生犀牛。自黄支船行可八月，到皮宗；船行可二月，到日南、象林界云。黄支之南有已程不国，汉之译使自此还矣。

——《汉书·地理志》

（2）隋、唐、宋、元时期。

隋唐时期，广州海上丝绸之路发展到空前繁荣的阶段，广州港可容大小海船近千艘。当时广州与南洋和波斯湾地区有 6 条定期航线，其中最著名的一条航线叫"广州通海夷道"，由广州起航，越南海、印度洋、波斯湾、东非和欧洲，途经 100 多个国家和地区，全长共 14000 千米，这是当时世界上最长的国际航线。据著名交通史专家张星烺统计，唐代每日到广州从事贸易的外国商船有 11 艘，全年多达 4000 艘，假设每艘载客商 200 人，则平均每天在广州港登岸者达到 2200 人，一年就超过 80 万人次，广州成为当时闻名全世界的中国对外贸易第一大港、世界东方大港。唐代诗人刘禹锡曾为珠江的"大舶参天""万舶争先"的壮观贸易景象所感动，赋诗曰：

"连天浪静长鲸息，映日帆多宝舶来。"

——（唐）刘禹锡《南海马大夫远示著述，兼酬拙诗》

宋元时期，广州"城外蕃汉数万家"。当时的意大利旅行家鄂多立克说，广州是"一个比威尼斯大三倍的城市，整个意大利都没有这个城的船只多"。阿拉伯游历家伊本·白图泰也认为，广州是"世界大城市之一也。市容优美，为世界各大城所不及"。

（3）明清时期。

广东商帮真正崛起是在明清时期。明万历年间，粤商纷纷合资造船，结成贸易伙伴，冒险出海。明代时广州还首创外贸交易会，每年夏冬两季定期举办外贸集市。到了明清海禁时期，只余广州"一口通商"，广州独揽了全国的对外贸易大权，内地的货品只能长途贩运至广州出口，人们称之为"走广"。自此，广州商业空前繁荣，人口迅速剧增至 100 万，出现了大批商馆，著名的"十三行"就是在那时出现的。在十八甫一带，官府建起了精致华美的怀远驿，以招徕外商，驻泊买卖。绸缎、铁器、蔗糖、布匹、茶叶、地席、木棉和瓷器，成行成市，货如轮转。1757 年，中国人将对西方的贸易基地迁至黄埔港，港内几千艘船在水波中荡漾。美国商人威廉·亨特写道："想象一个水上城市，它恰如其分地展现出河流那种生生不息的运动、生命力和欢欣。"

据荷兰和瑞典 1750～1770 年广州帆船贸易档案记录所载，至少有 27 艘中国帆船经常出入广州，其中有不少帆船是 9 个华人商号和 13 个华商所投资，有的帆船是属于十三行商人所拥有，帆船的货舱为外商租用。根据美国学者范达克博士对 1763 年所做的估算，广州帆船所承担的对外贸易货运量已占总量的 30%，约与英国的货运量相等，余下的 40% 由各国来广州的货船分担，由此可见广州帆船货运在当时世界船运中的地位。

清代，广州十三行被授予从事对外贸易的特权，达到了空前繁荣。彼时的广州有"天子南库"之称。从荔湾区档案馆的一份乾隆年间广州十三行贸易征收税钞清单可以看出，当时十三行贸易税收是清朝政府的一大财源，乾隆元年（1736 年）海关正征为 43564 两，广州一口通商后，乾隆五十六年（1791 年）海关正征猛增为 1127562 两，嘉庆十年（1805 年）更是达到 1641971 两，当时清政府全年的财政收入也不过 8000 万两白银。自诩"天朝帝国"的清政府从不直接与洋人交涉，各项事宜都通过十三行来进行，所以十三行是专营对外贸易的"半官半商"的机构。十三行商人负责向海关缴纳外商进口货税；负有管理、保护外商之责；居间办理广州官府与外商交涉、往来文件等事务。西方人和中国人之间所有的社会和商业接触都由十三行居中协调。十三行为西方商人提供办公室、货仓、住所、仆人。作为回报，商人将其所有的货物卖给十三行，货物价格完全由十三行确定。外商甚至不能到附近的街上去看看人们在买卖什么东西。因为黄埔没有大的码头，所以港口所有的装货、卸货工作都在船上完成。在十三行的货仓里，人们将内地运来的茶叶、丝绸进行分类、称重、重新包装，然后发往外国商船。如果茶叶或丝绸因质量问题而被退回，十三行要无条件予以退换。

十三行商人在交易中既能干又可靠，恪守交易合同，而且宽宏大量，外商惊讶于"世界上还有如此精明和热情的商人"。大量西方商人的到来，造就了广州商业资本的黄金时代。当时的粤商继徽商、晋商之后称雄商界，他们置身于国际市场之中，成为国际性的商人。他们的商业网络不仅越过传统的南海水域伸展到欧美各地，而且与国际贸易网络相交织，甚至已经直接投资于欧美各地。明清两代，广州海上丝绸贸易获得极大的发展，形成了空前的全球性大循环贸易，并且一直延续到鸦片战争前夕。这一时期，从广州起航的海上丝绸之路航线迅速增加到7条，抵达世界各大洲、160多个国家和地区。到广州贸易的外国商船达到每年5266艘，平均每天为59艘。如此之多的外国商船和商品来广州进行贸易，使珠江之滨的广州呈现出一派繁荣景象。英国人威廉·希克为之惊奇，发出了广州珠江的商船可以与伦敦泰晤士河相媲美的感叹："珠江上船舶运行忙碌的情景，就像伦敦桥下的泰晤士河，不同的是，河面的帆船形式不一，还有大帆船，在外国人眼里再没有比排列着长达几英里的帆船更为壮观的了。"

当下，广州十三行虽已退出历史舞台，但十三行的遗址却保留了下来，而且广州十三行曾经的辉煌与成就依然激励着当代粤商开拓进取（周兆晴，2007）。

（二）早期中介组织——粤商会馆

清初年，由粤商在全国各地出资兴建的会馆开始出现。广东会馆一般按地域分为"广东会馆""岭南会馆""广肇会馆""粤东会馆""潮州会馆""潮惠会馆""嘉应会馆"等，这些会馆成为传播岭南文化的重要形式。1872 年在上海宁波路设立的广肇公所汇聚了广东旅沪商人中的核心人物，常参与同乡聚会、调停商争、维护利益、义举公益、传播文化。江南是中国最富庶的地区，也是粤商频繁活动的地区，因此在江南建造的粤商会馆的数量和规模在全国都名列前茅。明清时期，苏州最繁华的地区在阊门外山塘一带，"广东会馆"就坐落在山塘桥西，最早建于万历年间，重建于康熙年间，1860 年被毁，民初再次重建。清代南京的两广会馆建在紧邻夫子庙的邀贵井附近，那里是当时南京商业最繁华的区域。

广东会馆是粤商在全国各地建立的聚会场所，也是商人按地缘建立的民间组织，商人常在会馆居住、宴会、谈生意甚至堆放货物等。明清时期及民国初期，伴随广东商贸活动向海外拓展，广东会馆在多国建立，为粤商的对外贸易提供了方便，也为粤人外出谋生提供了落脚之处。海外的广东会馆遍布亚洲、美洲、大洋洲、欧洲、非洲。据统计，在新加坡和马来西亚，广东会馆有 70 多所，美国仅旧金山就有 8 所（黄华，2007）。

（三）现代产业体系与"集群化"发展

"十四五"时期，广东省提出了高起点谋划发展战略性支柱产业、战略性新兴产业以及未来产业的产业布局。战略性支柱产业是广东制造的稳定器，包括绿色石化、智能家电、汽车、先进材料、生物医药与健康、现代农业与食品等；战略性新兴产业是广东制造的推进器，包括半导体及集成电路、高端装备制造、智能机器人、区块链与量子信息、前沿新材料、新能源、精密仪器设备等；未来产业包括卫星互联网、光通信与太赫兹、干细胞等。

在产业空间布局上，广东省以功能区战略定位为引领，加快构建形成由珠三角地区、沿海经济带、北部生态发展区构成的"一核一带一区"的区域发展新格局。"一核"即珠三角地区，该区域包括广州、深圳、珠海、佛山、惠州、东莞、中山、江门、肇庆9市，重点对标建设世界级城市群，推进区域深度一体化，加快推动珠江口东西两岸融合互动发展，携手港澳共建粤港澳大湾区，打造国际科技创新中心，建设具有全球竞争力的现代化经济体系，培育世界级先进制造业集群，构建全面开放新格局，率先实现高质量发展，辐射带动东西两翼地区和北部生态发展区加快发展。"一带"即沿海经济带，包括珠三角沿海7市和东西两翼地区7市。东翼以汕头市为中心，包括汕头、汕尾、揭阳、潮州4市；西翼以湛江市为中心，包括湛江、茂名、阳江3市。重点推进"汕潮揭城市群"和"湛茂阳都市区"加快发展，强化基础设施建设和临港产业布局，疏通联系东西、连接省外的交通大通道，拓展国际航空和海运航线，对接海西经济区、海南自由贸易港和北部湾城市群，把东西两翼地区打造成全省新的增长极，与珠三角沿海地区串珠成链，共同打造世界级沿海经济带，加强海洋生态保护，构建沿海生态屏障。"一区"即北部生态发展区，是全省重要的生态屏障，包括韶关、梅州、清远、河源、云浮5市。重点以保护和修复生态环境、提供生态产品为首要任务，严格控制开发强度，大力强化生态保护和建设，构建和巩固北部生态屏障。合理引导常住人口向珠三角地区和区域城市及城镇转移，允许区域内地级市城区、县城以及各类省级以上区域重大发展平台和开发区（含高新区、产业转移工业园区）点状集聚开发，发展与生态功能相适应的生态型产业，增强对珠三角地区和周边地区的服务能力，以及对外部消费人群的吸聚能力，在确保生态安全前提下实现绿色发展。

为了确保现代产业体系的构建和"一核一带一区"的区域发展战略，广东省以"产业集群"为有效载体和抓手。2021年，广东省首次对全省21个城市培育发展的战略性产业集群的区域布局重要程度进行了星级标注。其中，广东省三星级产业集群如表8-1所示。

表8-1 广东省三星级产业集群

序号	星级	名称	所属行业代码
1	三星级	广州半导体与集成电路产业集群	C39
2	三星级	深圳半导体与集成电路产业集群	C39
3	三星级	珠海半导体与集成电路产业集群	C39
4	三星级	广州高端装备制造产业集群	C35
5	三星级	深圳高端装备制造产业集群	C35
6	三星级	珠海高端装备制造产业集群	C35
7	三星级	江门高端装备制造产业集群	C35
8	三星级	汕头高端装备制造产业集群	C35
9	三星级	广州智能机器人产业集群	C39
10	三星级	深圳智能机器人产业集群	C39
11	三星级	佛山智能机器人产业集群	C39
12	三星级	江门智能机器人产业集群	C39
13	三星级	广州区块链与量子信息产业集群	I65
14	三星级	深圳区块链与量子信息产业集群	I65
15	三星级	广州前沿新材料产业集群	C30
16	三星级	深圳前沿新材料产业集群	C30
17	三星级	珠海前沿新材料产业集群	C30
18	三星级	佛山前沿新材料产业集群	C30
19	三星级	东莞前沿新材料产业集群	C30
20	三星级	广州新能源产业集群	D44
21	三星级	深圳新能源产业集群	D44
22	三星级	佛山新能源产业集群	D44
23	三星级	东莞新能源产业集群	D44
24	三星级	湛江新能源产业集群	D44
25	三星级	阳江新能源产业集群	D44
26	三星级	广州激光与增材制造产业集群	C34
27	三星级	深圳激光与增材制造产业集群	C34

序号	星级	名称	所属行业代码
28	三星级	江门激光与增材制造产业集群	C34
29	三星级	广州数字创意产业集群	I65
30	三星级	深圳数字创意产业集群	I65
31	三星级	广州安全应急与环保产业集群	N77
32	三星级	深圳安全应急与环保产业集群	N77
33	三星级	佛山安全应急与环保产业集群	N77
34	三星级	江门安全应急与环保产业集群	N77
35	三星级	广州精密仪器设备产业集群	C40
36	三星级	深圳精密仪器设备产业集群	C40
37	三星级	珠海精密仪器设备产业集群	C40
38	三星级	佛山精密仪器设备产业集群	C40

第二节　商帮文化特质

如果要找一个词来形容粤商的文化，那么"融合开拓者"比较妥帖。粤商身处岭南，一直是多民族和多文化的融合之地，形成了以"五岭—珠江—海洋"为特征的山海文明。同时，凭借沿海地区的区位优势，粤商不仅垄断中外贸易，创造了巨额的财富，而且凭借对中国国情的了解和对世界经济形势的判断，在官府与外国商人之间进行周旋与沟通，成为助力中国走向近代化、与世界接轨的重要推动者，也是中国对外政治、经济、文化和科学交往的先驱。正是在中西政治和文化冲突中求生存、谋发展，所以粤商多形成了高调做事、低调做人、谨慎小心、不事张扬的性格特质。"融合者"是粤商典型的文化特质，既有"山海文明"的融合，亦有"中西文明"的融合，正是对多文化的包容和兼收并蓄。"创新开拓"是粤商又一个典型的文化特质，也是确保其基业长青的文化基因与性格底色。中国的每一个商帮都具备

"克勤克俭、吃苦耐劳、诚实守信"的传统美德，然而，在中华文明发展历程中，粤商始终以锐意创新的精神，紧扣时代脉搏，开拓进取，敢为人先，抓住一个个发展机遇，推动了中国的社会转型。广东商帮的文化体系如图 8 − 1 所示。

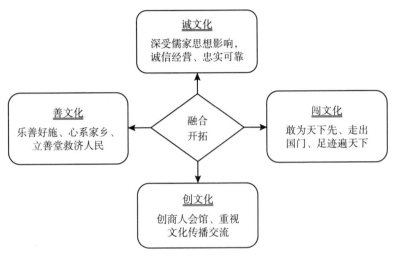

图 8 − 1　广东商帮商业文化体系

一、诚文化

由于历史原因，粤商文化根植于儒家文化，传承弘扬并兼具了儒商文化的许多优良特质。"仁、义、和、信"四个字不仅是儒商的文化精髓，也是粤商的精神特质。粤商在行商过程中笃守信用、忠实可靠、遵守合约、慷慨大方。粤商做生意实在，不妄取暴利，以"诚信"为本，一直秉承"重仁义""以和为贵"，对内讲"和气生财"，对外讲"和平友好"。著名的粤商马应彪创办了中国第一家百货公司，并命名为"先施"，这个名字有两个含义：一是与英文单词 sincere 相近，取其真诚可靠、坚守信誉之意。二是出自中国"四书"中的《中庸》的"所求乎朋友先施之，未能也。庸德之行，庸言之谨；有所不足，不敢不勉；有余不敢尽"。马老曾经做过这样的解释："先施，君子之道末节，盖营业之道，首贵乎诚实，倘未能先以诚实施诸于人，断难得人信任也。"先施公司也是中国第一家"不二价"公司，明码标价，是商业诚信的重要体现。

广城人家大小具有生意，人柔和，物价平……广城人得一二分息成市矣。以故商贾骤集，兼有夷市，货物堆积，行人肩相击，虽小巷亦喧填，固不减吴阊门、杭清河坊一带。

——《游岭南记》

二、善文化

粤商普遍具有乐善好施、热心公益、心系家乡的美好品质。"达则兼济天下"一直是粤商经商信条之一。粤商多以慈善行为反哺社会，他们创立了很多慈善机构，以开办义学、施医赠药、抚恤社会、救济贫困、预防疾病和援助灾民等方式行善。根据《南海县志》记载，"粤之有善堂，此为嚆矢。自是而后，城乡各善堂接踵而起"。可见粤商创立善堂的慈善行为影响深远。

近代广州的慈善机构中最有影响力的是"九大善堂"，它是指分布于西关人口密集、工商业繁盛地区的爱育善堂、方便医院、惠行善堂、广济善堂、广仁善堂、崇正善堂、述善善堂、润身善社和明德善堂。这些善堂都是粤商自主办理的民间慈善机构，经费由商人捐赠、附属产业收入及官府补贴。善堂主要从事社会救济方面的事业，长期坚持向贫困民众家庭免费送药，免费接种疫苗，免费提供医疗救济服务。在广东遭遇灾难时候，常常是善堂积极主动救灾赈灾，号召广东商人捐资，引领各行各业共同救济难民，减灾降害，岭南受惠百姓无数。善堂这些救民之举，为广东商人赢得了慈善美名，声誉卓著。爱育善堂规模之大、积储之厚、捐输之广、施济之宏尤前此所未有。

——《东莞县志》

三、闯文化

广东临近海洋，是中华民族对外交流的重要窗口。海洋文化的融入，使得一开始以生存为目的的粤商，从诞生之初就具有"敢想敢干"的冒险精神。他们敢为天下先，有强烈的进取心，擅长向外发展，最早走出国门。最具代表性的就是"下南洋"，当时岭南沿海居民漂洋过海，远赴"南洋"（即东南亚）寻求生存和发展的空间。粤商重视商利，不怕劳苦，走南闯北，足迹遍布天下。1907 年《七十二行商报》发刊时曾自豪地说：国内各省无不有粤商行店，五大洲无不有粤人足迹，"谓为天然商国，谁曰不宜？"

从唐代开始，粤商就敢于冒险犯难，前往南洋、大洋洲和南北美洲等地建立家园并从事商业经营，从而使粤地成为我国侨胞最多的地区。即使在明清实行海禁的年代，粤商也敢冲破禁令出洋贸易；到了近代，中国被迫打开国门后，粤商把握时机积极学习西方先进的管理经验和科学技术，修铁路，办工厂，设医院，引进技术设备（谭小芳，2013）。到了现代，国家首批四个经济特区有三个在广东。近 20 年时间里，中国大多数先进的零售业态、流通技术以及组织形式，都是由广东商业企业率先引入并尝试的。

如永乐三年（1405 年）南海县商人梁道明赴爪哇国（今属印度尼西亚）做生意并定居，久而久之，声望渐隆，"闽广军民弃乡里为商从之者至数千人，推道明为长"。1407 年 9 月，郑和首次下西洋归程经过爪哇以西的三佛齐国，发现那里多有来自广东及福建漳州、泉州者，他们的主要首领都是广东人。

另据光绪二年（1876 年）统计，移民到美国西海岸加利福尼亚州的 4 万华人，几乎全是广东人，其中珠三角地区的四邑（台山、开平、恩平、新会）人占 82%，香山（今中山和珠海）人占 7.9%，他们之中也有部分为商人。4 年之后，美国记录在案的中国移民达 10 万人，仍以广东籍人士居多。

四、创文化

开放、创新与进取是粤商独有的特质，也是其能保持基业长青的主要文化基因。不管站在怎样的历史转折点，他们始终处于中国对外开放的最前沿。粤商总能适时把握发展趋势，化危机为转机，特别是在引领中国产业结构向现代工商业转型的进程中起到了重要的引领作用，具体体现在以下几个方面：

一是极具市场敏感性，以市场需求为导向进行精准创新。以丝绸和陶瓷产业为例，在意识到中国传统样式的丝绸和陶瓷无法满足西方市场多元化的需求时，十三行开创了"按需定制"的生产方式，根据欧洲商人提供的式样进行丝绸织造和瓷器制造。"广彩瓷"就是在古雅、朴拙的景德镇素胎瓷的基础上加入西洋画风的华贵元素，很快成为外销的主打产品。因此，广东形成了鲜明的以外销为主导的制造业产业体系，创造了 19 世纪"中国制造"的奇观。同时，粤商也特别强调商品的创新。蔡昌创办的百货公司取名为"大新"，寓意"大展新猷，后来居上"。李敏周创立的上海新新百货有限公司，名字也取自我国古书《礼记·大学》：苟日新，日日新，又日新！

二是热衷于投资科技、文化和教育事业。在其他商帮积极推行的"办书院"与"捐善款"等善举的基础上，粤商不仅尊重中国文化，还积极吸纳西方先进的文明与科技成果。他们将引进西方先进技术视为己任，例如引进了预防天花的牛痘接种技术在中国这片土地上真正地救死扶伤，造福国民。在引进技术的同时，粤商还翻译相关书籍，刊印教材，推动了近代科学在我国的发展与传播。粤商也高度重视人才的培养，在江南制造总局设立兵工学校，培养中国机械技术人才；积极支持"西学东渐"计划，选派优秀青年出洋留学，为国家储备人才，詹天佑、梁诚、唐国安等在铁路、外交、海军和实业等领域的开拓者都得益于这些培养计划。

欲攘外，亟须自强；欲自强，必先致富；欲致富，必先振工商；欲先振工商，必讲求学校、速立宪法、尊重道德、改良政治。

——《盛世危言》

三是善于化危为机，寻求转型与突破。粤商的崛起与壮大虽然得益于政府的扶持，但是在鸦片战争后，所谓的"行商制度"或"广州体制"开始走向衰败，需向政府缴纳的各项税银和规费给粤商的经营带来了巨大的负担。英国东印度公司失去对华贸易的垄断权，直至解散，也导致粤商陷入"散商"乱局等。在复杂的时代环境下，粤商以国际化视野应对危机，纷纷进入上海的官僚统治集团，大规模北上投资，催生了新的商人群体——"广东买办"。以徐润和容闳等为代表的一批粤商在上海加强了对社会医疗和教育产业的投资，同时兼顾土地开发，成为"地产大亨"，并在中国尝试突破燃煤瓶颈时推行"西法采煤"，实现了由广东买办向上海民族实业家和开明绅士的蜕变，实现了从逐利商人到推动国家进步改革者的升华，成为探索中国近代化道路的先驱。

第三节　基于产业集群社会责任建设的可持续发展路径

一、粤商兴盛的表征与原因

粤商经商的历史可远溯汉代，汉武帝时期开通了经南中国海过马六甲海峡，入印度洋，到波斯湾、阿拉伯半岛以及非洲东海岸的"海上丝绸之路"（子月，2000），与中国途经西北地区的陆上丝绸之路相比，在海上丝绸之路航行风险更大，但船舶的容量更大、利润更为可观，粤商的海外贸易从此展开。经过 1000 多年的发展，到清朝时，"一口通商"政策使广州垄断了中国的对外贸易，外国客商都必须通过"十三行"才能与中国开展贸易，粤商成为"坐商"，承接西方各国工商业产品转销内地，并从事中国内地陶瓷、茶叶等产品转销海外的业务。随着业务的扩大和新一批通商口岸的建立，粤商也实现了从"坐商"到"行商"的转型，开始走遍全国各地进行交易，并前往海外开展国际贸易。改革开放后，珠三角加工贸易和产业集群兴起，成功承接了周边地区的产业转移，最终形成了今天"海外华商—内地粤商"互动的格局。

探寻粤商兴盛的原因可以发现，这里既有时代历史大环境的影响，也有粤商在文化和思想上的优势，可以将其分为"外因"和"内因"两个方面。

（一）外因

1. 天时：国家政策优势

无论是"一口通商"时代的十三行还是改革开放以来的新粤商，其兴起皆得益于当时特殊的国家政策优势。广东远离中原腹地，民间与海外一直有着密切联系，开放性的政策红利经常首先惠及此地。广州自古就是中国的重要通商口岸，自清朝实施海禁政策之后，仅留广州"一口通商"，这种优势更是空前巩固，也为粤商的发展提供了不可多得的历史机遇。20世纪70年代，广东作为改革开放的试验田，允许实行"特殊政策"和"灵活措施"，这也为新粤商的崛起提供了"天时"。

2. 地利：地缘优势

从广东出海，到欧洲、非洲和中东的距离最近，因此，地理位置决定了从广东开始贸易较为便捷，海上丝绸之路就是从此起步的。此外，广东毗邻港澳地区，粤商在港澳地区多有血亲、同宗、同乡等关系，粤商、港商的同宗同源造就了"前店后厂"的经济发展模式。改革开放后，珠三角成功承接了香港制造业的转移，这与广东独特的地理优势是分不开的。所以，改革开放后粤商率先崛起具有历史必然性。

3. 人和：粤商网络优势

粤商在长期海外贸易与海外移民的互动中建立了遍布全球的粤商网

络，为粤商的发展积累了重要的社会资本。海外侨胞和归侨侨眷众多。广东有 3000 多万名海外侨胞，占全国海外侨胞人数一半以上，分布在 160 多个国家和地区。广东省内约有 8.8 万名归侨、3000 多万名侨眷，主要集中在珠江三角洲、潮汕平原和梅州等侨乡地区以及 23 个华侨农场①。在粤创业发展的侨资企业众多，广东作为改革开放的前沿，一直是海外华侨华人投资兴业的热土，吸引了众多侨资企业在粤创业发展。广东改革开放后建立的第一家外资企业就是侨资企业，在粤创业发展的侨资企业占全省外资企业半数以上。侨捐项目众多。广东籍海外侨胞素有念祖爱乡的传统，长期关注支持家乡的经济文化建设和社会发展。截至 2013 年，海外侨胞捐助广东教育、卫生、体育、工业、农业、交通等方面社会公益项目超过 5 万多宗，折合人民币约 600 亿元，侨捐项目遍布全省城乡②。

（二）内因

1. 开放、包容的粤商文化精神

与其他商帮相比，粤商长期与外国人打交道，深受西方文化的影响，较早接触到国外企业经营方式，因此粤商的文化历来不是封闭型的文化。从 19 世纪中后期开始，中国的一些有识之士就极力主张向西方国家学习，通过投资新式企业与西方国家开展"商战"。在长期与外商交往过程中，粤商形成了开放的心态以及学习西方先进商业运作经验的习惯，先行一步创办了具有资本主义性质的新式工矿、交通运输、百货销售、金融保险等企业，始终扮演着"领头羊"的角色。粤商有一种强烈的机不可失和时不我待的观念，他们天生的商品意识和近乎本能的敏锐，再加上细致入微的观察，以及天生勤劳，使其总是能抢占先机，在正确的市场预测之外，始终保持着一种"敢为天下

---

① 广东省人民政府港澳事物办公室官网，http：//hmo. gd. cn/gaikuang/content/post_4338191. html。

② 《广东是著名侨乡》，广东省人民政府网，https：//www. gd. gov. cn/zjgd/sqgk/qxqq/index. html。

先"的开拓进取精神。

2. 利己而不损人的理念和灵活善变的经营方式

粤商以灵活善变著称，在政商关系处理上尤显突出。为了保护自身利益，粤商针对不同的历史条件采取不同的策略处理与政府之间的关系。他们处理政商关系既不曲意逢迎，也不一味抗拒。为了商业利益，粤商总能抱作一团，有钱大家赚，利己但不损人，无论是清朝特许的行商，还是民国时期的四大百货公司都是如此。粤商非常强调族群观念，坚守家族文化传统，在各地建立会馆、同乡会，并从事回报桑梓、公益互助的事业。这些文化特质决定了粤商能够在对外对内的开放中求新求变，不断输入新鲜血液，最终财源滚滚，兴盛持久（王义明，2008）。

20世纪80年代改革开放之初，国内流行着一句描述广东人性格特征的谚语，即"遇到绿灯赶快走，遇到红灯绕着走，没有灯摸着走"的"红绿灯理论"（欧人，2003），它表达了广东人善于探索和利用政府政策来发展经济的策略：只要不是政策限制的，都是容许做的。重利善变、灵活是各个时期粤商共同的特点，他们从不将自己的思想局限于某个固定的框架里，不受传统思维禁锢，遇到问题懂得变通，体现了粤商创业时的崇商倾向，始终挖掘和发现新的创业机遇和利润增长点，是推动粤商持续创业的永恒动力（李新春等，2013）。

3. 讲究实效、实干、稳健，具有敏锐的市场洞察力

与中国社会正统的大陆文明相比，岭南文化更注重实际，讲求实利，倡导"经世致用"。这一务实的思想使粤商舍弃了中原文化中"耻言利"的思想观念，具有非常强烈的功利主义思想。无论是明清时期还是近现代，对粤商而言，从商做生意的目的就是赚钱。早期的粤商从商是为了生存，他们精明务实的性格不仅为其赚得丰厚利润，还奠定了发展的基础，并赢得了良好的口碑。在明清时期，广东地区由于人口日益增多，人口与土地之间形成了强烈的矛盾，传统农业无法吸收更多人口，许多人家境贫寒，无以为生。于是，粤商在创业时大多立足于百姓生活和市场需求，凭借对市场的敏感和对生活的热情，发扬了"有了市

场才有存在的意义"的务实精神。这种精神使得粤商在政策不明朗或自身条件不成熟的情况下，踏实肯干，"只干不说"或"多干少说"，形成了精明低调的粤商精神。粤商的个性特征可以归纳为"务实、低调、灵活、稳健"等，这也是"粤商"区别于其他商帮的最显著特征。正是这些品质，成就了"现代粤商"的辉煌。改革开放以来，粤商得风气之先，善于捕捉新兴高增长行业的发展契机，实现可持续发展。从20世纪80年代的轻工业、服装业到90年代的家电业，再到21世纪初的汽车、石化产业、房地产业，粤商往往凭借其敏锐的商业嗅觉和市场洞察力，总能先人一步，占领商机（曹芳等，2013）。

4. 家族责任与乡土情结

粤商岭南文化基因里有着深厚的血缘宗法文化与社会传统，族谱、祠堂成为粤商普遍的社会组织联结。李秋婉的《海阳县志·风俗》中记载："祭祀遵古，营宫室必先祠堂，明宗法，继绝嗣，崇配食，重祭田，春秋入庙，结粢奉牲，虽妇人稚子亦知敬谨以将事。"可见，血缘宗法文化观念深入人心，祖先崇拜已成为粤商日常生活的重要内容，除岁时必祭之外，祠堂也常常是举行祭祀活动的场所。即使到了近现代，也有大多数粤商在乡土家族社会中背负着家族责任，赡养家族、回报抚育之恩的需要迫使他们脱离乡土家族，带着对乡土宗族的无限眷恋和牵挂外出经商。他们的文化之根仍然留在故土的宗族之中，他们创立的企业也需要以家族的形式保证资本的完整和统一，通过将血缘、宗法关系与企业经营管理融为一体，谋求家族和企业的共同发展。从微观层面来看，粤商的这种社会群体意识体现在家族式管理上。粤商创立的企业大多实施家族权威式领导，家族主持人不但要具有家长风范，全面负责企业的生产经营效益，而且还要如家长般对待家族成员，关心员工的生活，同时为员工提供各种各样的福利，让员工感觉到企业如同家庭般温暖。随着历史的演变，这种社会群体意识表现出了不断扩展的迹象，更强调对乡土、对祖国、对社会的回报，强调"取之社会，用之社会"。

二、从粤商到新粤商的嬗变

(一) 发展现状

在中国式现代化的新征程中,粤商应弘扬精明实干和勇于创新等优良传统,担负起时代赋予的新使命,聚力新市场、新技术、新业态,重塑新时期粤商精神,为其注入新的时代内涵,将自身发展与广东高质量发展结合起来,将个人富裕与造福乡梓结合起来,投身经济建设之中,形成"众商领跑,齐头并进"的多赢局面,为建设更加开放、更加创新的广东贡献更大的力量。

为了更好地把握广东省的发展状况,本章从"综合发展指标""经济发展指标""民营经济发展指标""创新发展指标""社会发展指标"和"生态发展指标"六个方面对广东省发展的状况及在全国所处的位次进行了分析,如表 8-2 所示。从中可以看出,广东省在社会消费品零售总额、地区生产总值、互联网宽带等以及创新指数的全部方面居于全国领先位次,但在医疗水平以及环境污染物排放方面略显薄弱。

表 8-2　　　　广东省发展现状及在全国所处位次

层次	指标名称(单位)(年份)	数值	全国排名
综合发展指标	政商关系健康指数(2021)	44.22	6
	中国地区综合发展指数(2020)	101.48	10
	财政发展指数(2020)	59.69	3
	营商环境指数(2020)	68.69	3
	地区生产总值指数(2021)	108	14
经济发展指数	社会消费品零售总额(亿元)(2021)	44187.7	1
	规模以上工业企业利润总额(亿元)(2021)	10927.6	1
	地区生产总值(亿元)(2021)	124369.7	1
	居民人均消费支出(元)(2021)	31589	5

续表

层次	指标名称（单位）（年份）	数值	全国排名
经济发展指数	人均地区生产总值（元/人）（2021）	98285	7
	第一产业增加值指数（上年=100）（2021）	107.9	7
	第二产业增加值指数（上年=100）（2021）	108.7	8
	第三产业增加值指数（上年=100）（2021）	107.5	20
	固定资产投资（不含农户）增速（%）（2021）	6.3	15
	经营单位所在地进出口总额（千美元）（2021）	1279548187	1
	经营单位所在地出口总额比例（%）（2021）	61.11	12
创新发展指数	国内专利申请数（件）（2020）	967204	1
	国内有效专利数（件）（2020）	2296261	1
	各地区 R&D 经费投入强度（2020）	3.14	4
	规模以上工业企业 R&D 经费（万元）（2020）	24999527	1
	规模以上工业企业 R&D 人员全时当量（人年）（2020）	700017	1
	规模以上工业企业新产品项目数（项）（2020）	166140	1
	规模以上工业企业开发新产品经费（万元）（2020）	41271302	1
	技术市场成交额（亿元）（2020）	3267.21	2
	参与智能制造能力成熟度自评估且成熟度二级及以上企业数量（2021）	371	3
社会发展指数	地方财政一般预算收入（亿元）（2021）	14103.4	1
	地方财政一般公共服务支出（亿元）（2020）	1889.53	1
	每万人医疗机构床位数（张）（2020）	44.8	31
	每万人拥有卫生技术人员数（人）（2020）	66	29
	普通小学师生比（%）（2020）	18.43	3
	每十万人口高等学校平均在校数（人）（2020）	3175	12
	有线广播电视用户数占家庭总户数的比重（%）（2020）	66.6	6
	人均拥有公共图书馆藏量（册/人）（2020）	0.93	11
	互联网宽带接入用户（万户）（2020）	3890	1
	公路营运汽车客位数（万客位）（2020）	151.88	1

层次	指标名称（单位）（年份）	数值	全国排名
生态发展指数	城市绿地面积（万公顷）（2020）	52.55	1
	公园绿地面积（万公顷）（2020）	11.5	1
	建成区绿化覆盖率（%）（2020）	43.5	5
	化学需氧量排放量（万吨）（负向）（2020）	161.31	31
	二氧化硫排放量（万吨）（负向）（2020）	11.69	21
	氮氧化物排放量（万吨）（负向）（2020）	60.78	29
	生活垃圾清运量（万吨）（2020）	3102.5	1
	森林覆盖率（%）（2020）	53.5	7
	城市污水日处理能力（万立方米）（2020）	2748.6	1
	液化石油气用气人口（万人）（2020）	2966	1
	天然气用气人口（万人）（2020）	3307	2
民营经济发展指数	民营上市公司个数（个）（2021）	601	1
	民营上市公司平均营业收入（万元）（2021）	579876.4	11
	民营上市公司平均总资产（万元）（2021）	864492.3	15
	民营上市公司平均净利润（万元）（2021）	26092.1	15
	民营上市公司员工总数（人）（2021）	2998558	1
	民营500强企业个数（个）（2021）	61	3

资料来源：《中国统计年鉴》、各省份《统计年鉴》、市场化指数数据库。

（二）发展路径

1. 弘扬粤商精神，引领创新发展

新时期，新粤商要坚定不移地实施创新驱动发展战略，推动新旧动能转化，弘扬粤商"创"文化，面向新一代信息技术、数字经济、先进制造、生命健康等领域的未来产业发展需求，聚焦前沿引领技术、颠覆性技术及"卡脖子"技术等，组织实施一批重大科技攻关项目，着力构建未来产业创新支撑体系。强化粤商企业技术主体地位，支持优势企业联合高校院所组建产学研用联合体，创新体制机制，推动未来产业

细分领域的技术攻关，增强自主创新能力。实施未来产业方面的大科学项目或工程，支持构建专业化研发体系，在部分关键领域实现前瞻性、原创性、引领性重大突破。

2. 加强产业链建设，实现品质升级

"提供高质量的产品与服务"是产业集群社会责任建设的核心与基础。新粤商要积极投身于控制力和根植性强的链主企业和生态主导型企业的建设中，打通研发设计、生产制造、集成服务等产业链条，构建核心技术自主可控的全产业链生态。新粤商在新形势下，要聚焦战略性产业集群，用数字化手段推动产业升级，抢抓发展先机，引导构建工业互联网平台生态，基于平台开展协同采购、协同制造、协同配送等应用，赋能产业链供应链相关企业协同发展，提高产业链协作效率和供应链一体化协同水平。支持产业链供应链企业加快向价值链中高端攀升，构建高效协同、安全稳定、自主可控并富有弹性和韧性的新型产业链供应链体系。

3. 达济天下，大力履行社会责任

近年来，粤商在非公有企业党建工作、精准扶贫、创新发展、创立民族品牌、行业社会体系、参与社会治理、节能环保、关爱员工等方面都走在了全国民营企业履行社会责任的前列。新粤商在奉献社会的过程中提高了自身的知名度和美誉度，也获得了积极的社会支持。新粤商要树立"企业公民"理念，做有高度社会责任感的企业公民。

4. 坚持绿色发展，建设美丽广东

发展清洁能源是打造绿色粤港澳大湾区的核心。新粤商要抢抓"碳达峰、碳中和"重大战略机遇，引导企业找准定位、打造绿色发展的新优势。积极与港澳建立联防联控机制，建立粤港澳珠三角区域空气监测网络，联合收紧排放标准。积极引领企业以绿色低碳高质量发展重塑在市场竞争中的优势，推进生态产业化和产业生态化。

第九章

浙　　商

浙以东濒海诸郡，利饶鱼盐，商舶辏集，民逐什一而拥厚赀。

——（明）王士琦《平赋碑记》

浙商，一般指浙江籍的商人，与粤商、徽商、晋商在历史上被合称为"四大商帮"。浙商是典型的"多商帮"群体，包括湖州商帮、龙游商帮、宁波商帮、萧绍商帮、绍兴商帮（越商）、温州商帮、台州商帮和义乌商帮等。浙商的商业文化在于"舍得""和气""共赢""低调""敢闯"。从古至今，浙商都是中国经济发展的重要推动力量。当下从经济实力和影响力来看，新浙商已经是当仁不让的中国第一商帮团队之一，台湾商界称之为"大陆之狼"，生存能力极强。

第一节　产业基础

5 万年前的旧石器时代，就有原始人类"建德人"在浙江地区活动，全省境内已发现新石器时代遗址 100 多处，分别属于距今 7000 年的河姆渡文化、距今 6000 年的马家浜文化和距今 5000 年的良渚文化。春秋时期，浙江分属吴、越两国。秦朝在浙江设会稽郡。南宋建都杭州。元代浙江属江浙行中书省。明朝初年，改元制"行省"为浙江承宣布政使司，省界区域基本定型。清康熙初年又改为"省"，浙江省建制至此大体确定。浙江省地处中国东南沿海长江三角洲南翼，因境内最大的河流钱塘江江流曲折而得名。浙江悠久的历史、灿烂的文化以及优越的地理位置助力了浙商的腾飞与兴旺。

一、区位优势

（一）交通与地理位置

1. 基本情况

浙江地处东南沿海，东有大海，北有运河，湖河港汊密布，境内河网繁密。浙江的水路、陆路和海路均具优势。陆路是连接南北之关梁，严州、衢州、婺州均为陆路交通之枢纽。杭嘉湖周围多为平原，太湖、运河与长江连接，享水网繁密之利（张孝义等，2022）。浙江沿海港口与内河港口众多，前者有宁波港、舟山港和台州港等，后者有杭州港、嘉兴港和湖州港等。由于交通便利，浙江自古以来就有务实经商从事贸易的传统。先秦时的范蠡经商从贸，纵游五湖，开启了越人从事贸易的先河。越地盛产丝绸、茶叶，是浙江进行贸易往来的主要物品。近代，浙江沿海通商口岸宁波港、温州港和杭州港相继开放，使浙商的对外贸易迈上了一个新台阶（陈凌，2019）。

2. 商业辐射网

浙商以浙江为中心，形成了以北部、中部和西南为主的国内商路和以东南亚、欧美为主要目标市场的国际商业辐射网。

（1）国内商路。

①北部商路。明朝中后期，经济繁荣，宫廷、达官和贵族富商中刮起了奢靡之风，对于珠宝的需求与日俱增。但是从事珠宝业需要巨额的资金，还要有鉴赏珠宝和文物的眼力，这不是一般无文化且无巨资者所能胜任的。浙江的龙游商人凭借自身优秀的鉴别能力以及对商机的把握，从海外进口猫眼等宝石，再运到京城售卖，获得厚利。在相当长的

历史时期内，丝绸是贸易硬通货，也是最大宗的出口产品。浙江南浔商帮群体借此发家，上海开埠后，南浔因为地缘优势，辑里湖丝可经水路就近船运到上海直接卖给洋行，运输路程比之前到广州的距离缩短了90%左右，大大加速了辑里湖丝的出口。有资料估计，当时辑里湖丝的出口量占全国生丝出口总量的1/3。

②中部商路。中部商路主要是以龙游商帮从事流通领域中的贩销活动为主。龙游商人将苏杭的丝织品贩销到湖广等地，其中著名的丝绸商人李汝衡结交官府，搜求各地精致丝织品，用船只运销到15个郡，他们财力雄厚，垄断了楚地丝绸品的贸易市场。龙游县城闹市区有一间百年老店——姜益大棉布店，以经营绸布为主，店誉闻名遐迩，是龙游最有名气的绸布店。

> 龙游善贾，其所贾多明珠、翠羽、宝石、猫睛类轻软物，千金之货，只一人自赍京师，败絮、僧鞋、褴褛、假癭、巨疽、膏药内皆珠宝所藏，人无知者。异哉，贾也。
>
> ——（明）王士性《广志绎》

③西南商路。龙游之民多向天涯海角，远行商贾。他们不仅活跃在江苏、浙江、北京、湖南、湖北和福建和广东诸地，而且还一直深入西北、西南等偏远省份。他们经营的行业，从木材、漆、纸张到书籍、珠宝等，尤以善于经营珠宝业而著称。纸张和书籍也是龙游商人经营的主要行业。据《皇明条法事类纂》卷一二记载，有龙游商帮和江西安福商人三五万人在云南姚安地方（今楚雄彝族自治州西部，大理东南，近洱海）经商垦荒，种植粮食和经济作物，享有"天涯贾客"之誉。龙游商帮参与西部边陲的开发，被视为中国历史上西部大开发的先驱之一，为中国西南的开发做出了贡献。

> 龙游，西通百越，东达两京……潄水之南，乡民务耕稼，其北尚行商。
>
> ——《衢州府志》

贾挟资以出，守为恒业，即秦晋滇蜀，万里视若比舍，谚曰遍地龙游。

——《龙游县志》

（2）国际商路。

浙商凭借着不怕辛劳和敢闯敢拼的冒险精神，将行商足迹拓展到海外。自鸦片战争后，宁波作为通商口岸向外国开放，成为外国商品倾销和外来文化渗透中国的口岸之一。浙江的宁波商人把商业眼光移到海外，把生意做到海外，其活动地区达到东南亚、日本和欧美各国。

①日本商路。日本是宁波商人早期活动地域之一。早在唐代时，宁波和温州就是有名的贸易港，泛海兴贩的浙江商人从宁波出发，横渡东海，到达日本岛。当时的大商人有自己的船队，往来于日本与宁波、台州和温州之间。南宋期间，杭州、宁波和温州等地官方都设有市舶司，专管海外贸易。一些宁波商人在日本行商，对日本商界产生了重要的影响。如1870年，张尊三到日本做渔产生意，当时日本北海道函馆对国外开放，中国商人相继赴日经商，控制了北海道的海产市场。日本为扶持日商，曾设立广业商会，以控制海产品货源，排挤华侨商人。在这种情形下，张尊三亲赴渔场，直接从渔民手中收购海产品，开辟新的进货渠道，以降低成本，增强竞争能力。他还向日本渔民传授鱼翅加工技术，将他们原来废弃的鲨鳍加工成美味的鱼翅，并向他们预约收购，销向中国。从此，加工鱼翅成为北海道渔民的生财之道，张尊三也得到渔民的友好对待，并赢得"鱼翅大王"的称号，成就卓著。1885年，他被侨胞推为函馆华商董事。1916年，日本天皇还为他颁授蓝绶褒彰（蓝绶褒彰是日本国最高荣誉），他是迄今为止唯一获日本政府授予这种褒彰的中国人。

②东南亚商路。东南亚各国也是海外浙江宁波商人主要的活动地域。宁波人可以追溯到几个世纪之前。浙商在东南亚地区谋生，他们大多从事小本经营，如理发、餐饮、裁缝等服务业，凭借勤劳和智慧在当地扎根，比如在新加坡设有宁波同乡会，鄞县人胡嘉烈曾任该会会长多

年，他是与陈嘉庚、胡文虎等齐名的新加坡华侨巨商。1924 年，他刚到新加坡时在一家商店当学徒，1935 年创立"立兴企业公司"，经营汽灯购销业务，并在上海设立"立兴申庄"，订购上海生产的汽灯销往香港。数年后，其业务发展成综合贸易公司，并开办了五金制造厂，生产汽油灯、煮食炉和家具，总公司在新加坡，并在马来西亚、印度尼西亚、泰国、加拿大和英国等国家和地区开设分公司。

③欧美商路。在欧美的浙商也很多。如宁波人应行久，是美国十大华人集团之一——"大中集团"创办人。1946 年，他在上海开设合众汽车公司和立人汽车公司，经营美国通用汽车公司生产的汽车。1947 年移居美国后，他在纽约市最繁华的时代广场租店销售东方礼品。1973 年后，他听说世界博览会即将在纽约举行，当机立断，买下纽约市世界贸易中心 107 层摩天大楼顶层，精心设计，开办了一家富丽堂皇的礼品公司。那些前往纽约的游客，几乎都要登上这座举世闻名的摩天大楼顶层，游客大至，公司大获其利。应行久先后十次投资博览会，获得了丰厚的利润（吕叔春，2010）。

（二）物产资源

浙江拥有比较丰富的自然资源。

矿产和海洋资源丰富。浙江矿产资源以非金属矿产为主。石煤、明矾石、叶蜡石、水泥用凝灰岩、建筑用凝灰岩等储量居全国首位，萤石居全国第二位。海洋资源也十分丰富。海岸线总长 6715 公里，居全国首位，其中大陆海岸线 2218 公里，前沿水深大于 10 米的海岸线 482 公里，约占全国的 30%。海洋渔业资源蕴藏量丰富，渔业生产能力较高。全省有渔场 22.3 万平方公里，资源蕴藏量 205 万吨，其中舟山渔场是我国最大的渔场，也是全球四大渔场之一。海洋能资源类型丰富，蕴藏量巨大。东海大陆架盆地具有开发前景良好的石油和天然气资源，是中国海上油气勘探的主要地区。可开发潮汐能的装机容量占全国的 40%，潮流能占全国一半以上，波浪能、风能、温差能、盐差能等开发条件优越。

森林和野生动物资源丰富。浙江森林面积 9075 万亩，其中省级以上生态公益林面积 4536 万亩，森林覆盖率达 60.9%，活立木总蓄积量 3.14 亿立方米，居全国前列。野生动植物资源丰富，浙江素有"东南动植物宝库"之称，有高等野生植物 5500 多种，其中 52 种野生植物被列入国家重点保护野生植物名录。已发现陆生野生动物 689 中，其中有 123 种动物被列入国家重点保护野生动物名录①。

特产方面，浙江的茶叶、蚕丝、水产品、柑橘、竹制品等在全国占有重要地位。浙江著名的农产品有兰溪小萝卜、常山猴头菇、永康方山柿、里叶白莲、湖州湖羊、临安山核桃、天目雷笋、嵊州香榧和常山山茶油等。浙江著名的海鲜特产（含河湖鲜）有宁波梭子蟹、三门青蟹、千岛湖鱼、南麂岛大黄鱼、炎亭梭子蟹、温州大黄鱼、三门跳跳鱼、余姚甲鱼和长街蛏子等。

（三）人口

隋代以前，浙江尚属经济落后和地广人稀之域。唐代开始，随着江南社会经济的发展，浙江人口日益增加，至宋元之际已达 1000 万左右，形成了浙江人口发展的第一个高峰。元末明初，浙江人口发展基本上保持了宋元时期人口的高增长水平，在 1000 万人上下浮动。明弘治年间经万历至清初，浙江人口出现了大幅度下降，从 1000 万左右降至 270 万左右。清初雍正至道光的 100 多年间，浙江人口迅速增长，人口高达 3000 万左右，形成了第二个高峰（肖也珍，1988）。

杭城北湖州市，南浙江驿，咸延袤十里，井屋鳞次，烟火数十万家。

——顾炎武《肇域志》

二、政商关系

从发展驱动力上看，浙商的兴起与壮大与政府以及政策红利的关联

---

① 《浙江省统计局资源概况》，http://tjj.zj.gov.cn/col/col1525490/index.html.

性较强，主要体现在"丝绸"等领域。宋朝的丝绸内外贸易发展迅速。内贸上主要分为官营和民营，规模比前朝大得多。官营的织锦院织机多达300多张，工匠千余人，其生产的丝织品多用于官方文书或宫廷之用，其中文思院每年织丝多达三万两。民营则更具规模，由于统治者废除了不能在城市开店的规定，加之缫织分业逐渐普遍，浙江地区特别是杭城逐渐出现了各种彩帛铺、衣帽铺、装裱铺等。南宋时期，与丝绸业相关的行市占了总体市场的1/5以上，商铺"自大街及诸坊街，大小铺席，连门俱是，皆无虚空之屋"，商铺内"堆上细匹缎，皆锦绮缣素，皆诸处所无者"[1]，由此可见丝铺网点分布之广，丝绸贸易发展之猛。杭州也成为江南最大的城市，常年有流动商贩进行丝绸运销，丝绸经济十分繁荣。外贸上，政府鼓励对外丝绸贸易，在杭州和明州设立市舶司，加之北部港口被辽金所阻塞，浙江的两个港口就更显重要，丝绸主要运往日本、高丽、越南、印度、阿拉伯半岛等50多个国家和地区，其中以与日本的贸易往来最为频繁，几乎连年不绝。

三、主导产业体系

（一）传统产业体系及早期集聚

浙商所在区域形成的主导产业主要有三个：蚕桑缫丝业、盐业和茶业。

1. 蚕桑缫丝业

浙江地处东南沿海，土壤肥沃，水网密布，四季分明，宜桑宜蚕，是我国蚕丝业的发源地之一，有悠久的桑蚕丝绸生产历史、灿烂的古丝绸文化以及完整的桑蚕丝绸产业链体系，有"丝绸之府"之称，蚕茧生产、加工技术水平和丝绸贸易均处于全国前列。

---

① 南宋《梦粱录》是宋代吴自牧所著的笔记，共二十卷，是一本介绍南宋都城临安城风貌的著作。

唐朝社会稳定、政治开明、经济繁荣，且统治者沿用隋朝的"永业田"制度，同时允许缴纳丝织品来代替力役，因此全国的丝绸产业空前发展，栽桑区域逐渐南扩，涵盖了淳安、永嘉等浙西及浙南地区。浙江丝绸产业在此时迎来大发展的第一个时期，丝绸产量在唐朝时期有了大幅增长，是封建时期增长率最高的时期，产量是南北朝时期的40多倍。当时，中原丝绸产业中心开始由北方南移至江浙一带，越州（今绍兴）成为全国丝绸重地和江南丝织中心，年产可达百万匹以上。据《元和郡县志》和《新唐书·地理志》记载，当时江南道有约20个州郡上贡丝绸，占全国的1/5，光浙江上贡的州郡就占半数之多。足见浙江地区已逐渐发展为南方丝绸业的中心和朝廷征收织物的重要地区。据《通典》卷六《食货典》记载，每年"其庸调租等约出丝绵郡县计三百七十余万丁（每丁计两匹），输绢约七百四十余万匹"，这说明全国年征绢额约为740万匹，当时浙江地区占全国丝绸上贡额约11%，由此推测唐朝时期浙江地区的丝绸年产量至少达到了82万匹。

到了南宋时期，宋室南迁，江浙地区开始成为中国最重要的蚕丝产地。浙江地区种植桑树的规模在宋朝时期达到了顶峰，遍布浙西、浙东、金华、台州、宁波、温州等地，丝织品产量急速升高，总产量在整个古代时期达到顶峰。

到了明朝时期，浙江丝绸产业迎来第三次大发展，此时浙江的丝织中心也从浙东（南）移至浙西（北）的杭州和嘉兴、湖州一带，出现了"桑麻两岸三州接，财赋江南亦壮哉"的蚕桑盛况。到了清代，浙江更是"乡间无不桑之地，无不蚕之家"，由此可见，蚕丝业是浙江农民收入的主要来源。

语溪（崇德）无闲塘，上下地必植桑，富者等侯封，培壅茂美，不必以亩计；贫者数弓之宅地，小隙必栽，沃若连属，蚕月无不育之家。

——《崇德县志·纪疆》

在余里蚕桑之利，厚于稼穑，公私赖焉，蚕不稔，则公私俱困，为苦百倍。

——张履祥《补农书》

19 世纪 50 年代，报界人士王韬在游历浙江时感慨："由嘉兴至此（平湖），沿河种桑林，养蚕取丝，其利百倍，诚东南生民衣食之源也。"在五口通商以后，受商品经济的影响日深，浙江蚕丝业发展迅速，生丝和丝织品开始大规模地向西方输出，尤其是太湖流域的"辑里湖丝"，以其优美的色泽，获得国际市场的青睐，被认为是"最纤细、最匀称、最坚韧，也是最光亮的纤维"。据《吴兴经济》载："外商需求既殷，收买者踊跃赴将，于是辑里丝价雀起，蚕桑之业乃因之愈盛。"到 20 世纪初，蚕丝成为我国出口货物的第一大宗，并且一直呈增长趋势。

2. 盐业

浙江地区产盐历史悠久。南宋《咸淳临安志》中有"盐官县图"，图中有范蠡塘和捍海塘，盐官至尖山有六十里塘，塘外密布盐场，为产盐重地。早在北宋时期，从赭山有河通上塘河直达杭州城内①。

居官不任事，萧散美长卿。胡不归去来，滞留愧渊明。
盐事星火急，谁能恤农耕。咚咚晓鼓动，万指罗沟坑。
天雨助官政，泫然淋衣缨。人如鸭与猪，投泥相溅惊。
下马荒堤上，四顾但湖泓。线路不容足，又与牛羊争。
归田虽贱辱，岂识泥中行。寄语故山友，慎毋厌藜羹。

——苏东坡《汤村开运盐河雨中督役》

明代朝廷对食盐和茶叶等商品的交易实行严格控制。在食盐销售上，朝廷一方面通过对盐场和盐民（灶户）进行控制垄断了食盐的资源，另一方面又推行"开中法"，规定商人们可以通过输送粮食和草料等军需品到北方边境以换取相应的盐引，凭盐引到批定的盐场取盐，然后销往相应的地区。两浙盐场是当时中国主要产盐区，浙江的许多官绅

---

① 《盐官县的如"盐"往事_海宁》，https：//www.sohu.com/a/321024604_99893605。

权贵利用各种手段控制盐引，商人们通过行贿与官员相勾结，获取盐引，垄断食盐贸易，牟取超额利润。

3. 茶业

浙江种茶、饮茶的历史悠久，种茶和制茶是各地农家从事的主要农副业之一。唐朝时期，浙江茶叶不论是产品种类，还是加工制作，或是运销贸易以及品饮艺术，都已相当发达。据唐朝陆羽《茶经》所记，浙江已有 10 州 55 县产茶，与现今全省有 65 个市县产茶相较，其时已基本形成了茶叶生产分布集聚区。唐时贡品名茶迭出，据李肇《唐国史补》记载，当时全国贡品名茶有 14 品目，其中浙江有湖州顾渚紫笋茶、婺州东白茶、睦州鸠坑茶 3 目。

宋代是浙江茶业发展的繁荣时期，除生产规模扩大、产品品种增加外，最为突出的是绿茶炒青法的出现。当时，茶市和茶肆迅速发展，品饮游艺之风盛行，"径山茶宴"走出国门，传播到日本。

明清是浙江茶业继往开来的重要时期，茶树栽培和茶叶加工技术更趋成熟与定型，尤其是炒青制茶工艺的普及，散茶独盛，带来了饮茶方式的大变革。名茶新品不断崛起，几乎所有产茶区都有名品出现，其中以西湖龙井最令人瞩目。据万历《绍兴府志》记载，绍兴府产茶较多，明代中期以后，绍兴出产的茶叶大量销往北方，仅销往北京一地的绍兴茶，其销售额就颇为惊人。京城的牙行老板们曾经评估说："越所贩茶，每岁盖三万金也。"

（二）早期中介组织——浙商会馆

浙商在全国广大市镇相当活跃，浙商会馆遍布全国各地，湖州、绍兴、四明、奉化、余姚在各省都有会馆。浙商在北京建有全浙新馆、处州会馆、浙瓯会馆、江山会馆、余姚会馆、黄岩会馆，吴兴会馆等；成都和广州有"宁波会馆"；梧州和锦州有"三江公所"；汉口有"浙宁公所"；江苏南京有湖州会馆、浙东会馆、浙江会馆；苏州有钱江会馆、咸宁公所、全浙会馆、金华会馆等；徐州有宁波会馆；常熟有"宁绍会馆"；上海有"四明公所（又称宁波会馆）、浙绍公所、金华会馆、台州公所、海昌公所等；山东济南有"浙闽会馆"；烟台有"四明公所"；青岛有浙、皖、苏、江四省商人组织的"三江会馆"；济宁有"浙邵公仁堂"；在重庆有"湖宁公所"；开县和巴县有浙江会馆"列圣宫"；奉节县有"三元宫"。

此外，在天津、福州、山西、江西、沈阳、台湾、芜湖、桂林、太原、西安、皋兰、怀宁、昆明、贵阳、张家口均有"浙江会馆"。这些会馆在浙商发展过程中除了具有联乡谊、祀神祇、办善举等基本社会功能外，还具备获取政府授权、保障商人利益、解决经济纠纷、维护市场秩序、制定行规、规范交易、完善流通、提供商机、置产收息、解决商人后顾之忧等经济功能（林浩等，2018）。

（三）现代产业体系与"集群化"发展

"十四五"时期，浙江省规划通过加快数字科技创新步伐、发展数字经济核心产业、深化产业数字化转型、打造世界级先进制造业集群、创造消费带动生产新模式、推进数字生态升级演进等途径助力于企业转型升级，继续打造具有国际竞争力的现代产业体系。

浙江省重点实施产业集群培育升级行动，打造新一代信息技术、汽车及零部件、绿色化工、现代纺织和服装等世界级先进制造业集群，着力打造一批年产值超千亿元的优势制造业集群和百亿级的"新星"产业群。在产业集群发展战略上，浙江省推行"415X"布局战略："4"是指重点发展新一代信息技术、高端装备、现代消费与健康、绿色石化与新材料4个万亿级世界级先进产业群；"15"是指重点培育15个千亿级特色产业集群，具体为：数字安防与网络通信、集成电路、智能光伏、高端软件、节能与新能源汽车及零部件、机器人与数控机床、节能环保与新能源装备、智能电气、高端船舶与海工装备、生物医药与医疗器械、现代纺织与服装、现代家具与智能家电、炼油化工、精细化工、高端新材料；"X"是指重点聚焦"互联网＋"、生命健康、新材料三大科创高地等前沿领域，重点培育若干高成长性百亿级"新星"产业群，使之成为特色产业集群后备军。

第二节 商帮文化特质

创业创新永不止步，改革跨越历久不息，责任担当舍我其谁！浙商当为"不死鸟"，浴火重生而振翅高飞！浙江在历史上有着多样性与开放性的特点，这使得中原文化与吴越文化、内陆文化与海洋文化在浙江相互碰撞和交融，塑造了浙商既脚踏实地、坚韧不拔，又敢闯敢干、开拓创新的精神品质。浙商研究院曾进行多次典型调查，罗列了 30 个形容浙商人格特征的关键词，频数最高的关键词为"务实、诚信、责任、创新、勤奋、稳健"（陈寿灿等，2020）。浙商商帮的商业文化体系如图 9 – 1 所示。

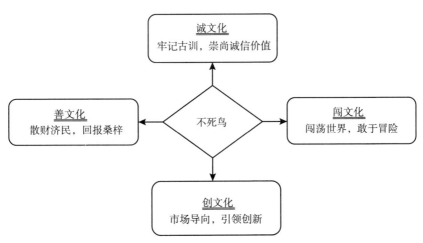

图 9 – 1 浙江商帮商业文化体系

一、诚文化

自古以来，浙商崇尚诚信。南宋浙东永嘉事功学派叶适倡导"义利结合"；清代商人胡雪岩始终秉承"诚信是立商之本"。正是传承了这样的文化基因，浙商始终牢记古训，将诚信价值牢牢嵌入经营理念、人生价值观、行为规范和处事准则之中。凭借认真精进的态度和诚信理念，浙商勇于开拓，终于成为全国经济舞台上的开拓者和领头羊。在近代中国，浙商更是将诚信经营发扬光大。宁波巨商包玉刚讲求"与信誉成交，借信誉发展"，获得了商业的巨大成功；宏达制衣有限公司董事长徐国生在谈到企业家最重要的品质时，毫不犹豫地回答是"诚信"。历史上无数浙商的成功都是源于其坚强的基石——诚信精神，无信则无以立。

史书《水窗春呓》记载：著名老店，杭州之张小泉，天下所知，然得名之始，只循"诚理"二字为之。张小泉的成功秘诀在于诚信。许多宁波的老字号，如一言堂、老三进鞋帽店、冯存仁堂药店等都以诚信为经营宗旨，经久不衰，勇立潮头。（欧阳兆熊等，1984）

二、善文化

早在春秋时期，浙商始祖范蠡不仅做到了"散财济民"，而且"忠以为国"，越文化孕育了浙商的担当精神。黄宗羲认为义蕴含利，事功与仁义并无分别，人应尽其所能为社会服务，社会对个体的地位和权利也不应忽视。宁波商帮不仅提倡"冒险、创新、诚信"，更是将"克勤克俭、施仁布泽"作为理念。宁波商帮在生活上自奉甚俭，力戒奢侈，在功成名就后往往施仁布泽，造福社会。在慈善领域，浙商也有良好的口碑，为企业树立了良好的品牌形象。浙商外出谋生，漂洋过海闯荡世界，在取得辉煌商业成就的同时，不忘回报桑梓，从事资本、技术和知识密集型产业的投资，助力家乡经济结构的转型升级。

20世纪80年代左右，三块藏于宁波天一阁的"博多在住宋人石碑"引起学界轰动。碑文刻于南宋乾道三年（1167年）四月，大致内容是移居日本博多的丁渊、张宁、张公意三位宁波商人捐资为故乡建造道路。钱款虽然不多，皆为十贯左右，但浙商这种身居海外仍然不忘家乡建设的精神，值得钦佩。[①]

三、闯文化

资源条件的先天不足造就了浙商自强不息和百折不挠的实干精神，人多地狭在客观上迫使浙商外出谋生、闯荡世界，地理环境的多样性孕育了浙商勇于开拓、敢于冒险的胆略。从吴越、汉代、宋朝，再到当代，地理多样性与开放性造就了浙江内陆文化与海洋文化、中原文化与吴越文化、中国传统文化与西方近现代文化等多种文化的相互碰撞和交融，塑造了浙江人敢闯敢干、开拓进取的精神品质，形成了讲求创新冒险的精神气质、大气开放而能兼收并蓄的生活态度、理性务实的人生追求、工商皆本的价值理念。

德力西集团董事局主席兼总裁胡成中从最初走出柳市，定位长三角的先锋策略，到后来与施耐德中西合璧的尝试，再到近几年涉水环保、LED 的丰富想象力，均体现着他"敢吃螃蟹"的先驱者信条。以南存辉和胡成中为代表的当代温州商人不断发掘市场，敢于挑战，勇于突破，将新时代企业家的冒险精神诠释得淋漓尽致（范柏乃，2018）。

四、创文化

"创新"是浙商做大做强的重要法宝。经济新常态下，浙商受到的最大挑战是因要素成本快速上升、国际产业转移放慢等导致的利润空间受到挤压和利润增速放缓等发展瓶颈。浙商应对危机的新动力主要来自创新精神，基于市场导向，经过探索和识别创新机会，整合资源，加强制度创新、技术创新和价值创新，助力浙商在新时代的蜕变与腾飞。

---

① 王勇：《寧波に現存する博多在住宋人の石碑—その発見・転蔵・解読をめぐって—》（《アジア遊学》第 3 号）、伊原弘：《宋代の道路建設と寄進額——寧波発見の博多在住宋人の磚文に関して》（《日本歴史》626 号）、伊原弘：《寧波で発見された博多在住の宋人寄進碑文統論》（《アジア遊学》第 91 号）等。

第三节　基于产业集群社会责任
建设的可持续发展路径

一、浙商兴盛的表征与原因

浙商的兴盛始于春秋末期的越国，到了战国时期，浙江地区的造船业与航海业已经具有领先时代的水平，养蚕和丝织业发达，也形成了繁荣的丝绸商贸市场。随着浙江地区丝织业的繁荣，浙商也将市场放眼到于海外，最早与日本进行贸易往来。明清时期，资本萌芽在浙江地区出现，浙商获得了"遍地龙游"和"无宁不成市"的美誉。

探寻浙商兴盛的原因可以发现，浙商的成功既受到时代大环境的影响，也有浙商自身在文化和思想上的优势，可以将其分为"外因"和"内因"两个方面。

（一）外因

第一，便利的交通。商业要发展，首先要有便利的交通条件。在明代中后期，交通条件大为改观，水路的畅通有利于大规模和远距离商品贩运，这一变化助推了浙商的兴起与繁荣。此外，当时的明朝幅员辽阔，南北大运河运输粮草，浙江区域的水路极多，商品流通变得极为频繁，浙江地区越来越繁荣。在此背景下，浙商开始抱团，以群体的力量集中资金，开展规模更为宏大的经营活动，加速了浙江商帮的发展与壮大。

第二，区域经济飞速发展。明清时期，浙江是全国非常有名的粮食产地，但是随着产业结构的调整，浙江地区的商业农业发展迅猛，不再以单一的水稻种植为主要产业，而是开始向丝绸和茶叶等经济类农业转变，慢慢成为全国蚕丝业最发达的地区之一。传统农业的发展壮大和经济类商业的繁荣极大促进了浙江地区商品经济与贸易的发展，也为浙商的崛起奠定了基础。

（二） 内因

浙商敢于挑战社会传统的义利观和重农抑商思想，形成了务实功利、求利求富的"崇商"型价值观。从先秦时期范蠡的"计然之术"和文种的"灭吴九术"开始，经秦汉至北宋，中国经济中心逐步南移。在此背景下，在南宋时，以陈亮为代表的永康学派、以叶适为代表的永嘉学派、以吕祖谦为代表的金华学派、以"甬上四先生"为代表的明州学派（统称南宋浙东学派）兴起，其"重商富民"思想成为浙商独具特色的商业文化内核。以陈亮为代表的永康学派以"专言功利"为特征，主张义理不能离开事功，肯定欲望的合理性和"义"的功利性，主张通过实际的功利来体现义，认为仁义是以功利为内容的。同时他也"倡利"，认为"利之所在，何往而不可哉"！明末清初，由黄宗羲等人代表的浙东学派认为，正当的工商业应被视为国家的根本，"工"正是圣王要千方百计加以招徕的，而"商"正是使手工业物品输之于途的，公开提出了"工商皆本"的思想，更加彻底地否定了"重本抑末"的传统思想。这些学说和理论孕育浙商强烈的经商意识和闯创精神。

二、从浙江商帮到新浙商的嬗变

（一） 发展现状

面对百年未有之大变局，作为东部发达省份，浙江省是实现中国高质量发展与中华民族伟大复兴的中坚力量，因此，新浙商要弘扬传统浙商秉承的"求生、求信、求和、求进、善变"的商业文化与精神，保持持久的创造力与前沿观察力，做全球的"领先者"。

为了更好地掌握浙江省当前的发展状况，本章从"综合发展指标"

"经济发展指标""民营经济发展指标""创新发展指标""社会发展指标""生态发展指标"六个方面对浙江省发展的状况及在全国所处的位次进行了分析，如表9－1所示。从中可以看出，浙江在这六个方面都处于全国领先位次，新浙商应该发挥其领跑作用，进一步为中国的高质量发展做出自己的贡献。

表9－1　　　　　　　　浙江省发展状况及在全国所处位次

层次	指标名称（单位）（年份）	数值	全国排名
综合发展指标	政商关系健康指数（2021）	49.3	4
	中国地区综合发展指数（2020）	113.21	3
	财政发展指数（2020）	49.66	11
	营商环境指数（2020）	60.68	7
	地区生产总值指数（2021）	108.5	6
经济发展指数	社会消费品零售总额（亿元）（2021）	29210.5	4
	规模以上工业企业利润总额（亿元）（2021）	6788.7	3
	地区生产总值（亿元）（2021）	73515.8	4
	居民人均消费支出（元）（2021）	57541	3
	人均地区生产总值（元/人）（2021）	113032	6
	第一产业增加值指数（上年＝100）（2021）	102.2	30
	第二产业增加值指数（上年＝100）（2021）	110.2	3
	第三产业增加值指数（上年＝100）（2021）	107.6	18
	固定资产投资（不含农户）增速（％）（2021）	10.8	5
	经营单位所在地进出口总额（千美元）（2021）	641092336	3
	经营单位所在地出口总额比例（％）（2021）	72.7%	5
创新发展指数	国内专利申请数（件）（2020）	507050	3
	国内有效专利数（件）（2020）	1276423	3
	各地区R&D经费投入强度（2020）	2.88	6
	规模以上工业企业R&D经费（万元）（2020）	13958988	3

续表

层次	指标名称（单位）（年份）	数值	全国排名
创新发展指数	规模以上工业企业 R&D 人员全时当量（人年）（2020）	480493	3
	规模以上工业企业新产品项目数（项）（2020）	133346	2
	规模以上工业企业开发新产品经费（万元）（2020）	17652995	3
	技术市场成交额（亿元）（2020）	1403.32	8
	参与智能制造能力成熟度自评估且成熟度二级及以上企业数量（2021）	135	8
社会发展指数	地方财政一般预算收入（亿元）（2021）	8262.57	3
	地方财政一般公共服务支出（亿元）（2020）	1051.55	5
	每万人医疗机构床位数（张）（2020）	56	27
	每万人拥有卫生技术人员数（人）（2020）	85	5
	普通小学师生比（%）（2020）	16.79	12
	每十万人口高等学校平均在校数（人）（2020）	2704	19
	有线广播电视用户数占家庭总户数的比重（%）（2020）	77.1	4
	人均拥有公共图书馆藏量（册/人）（2020）	1.53	3
	互联网宽带接入用户（万户）（2020）	2938.8	6
	公路营运汽车客位数（万客位）（2020）	69.01	10
生态发展指数	城市绿地面积（万公顷）（2020）	17.94	4
	公园绿地面积（万公顷）（2020）	3.85	6
	建成区绿化覆盖率（%）（2020）	42.2	10
	化学需氧量排放量（万吨）（负向）（2020）	53.22	10
	二氧化硫排放量（万吨）（负向）（2020）	5.15	7
	氮氧化物排放量（万吨）（负向）（2020）	38.73	20
	生活垃圾清运量（万吨）（2020）	1444.9	4
	森林覆盖率（%）（2020）	59.4	4
	城市污水日处理能力（万立方米）（2020）	1187.3	4
	液化石油气用气人口（万人）（2020）	908	2
	天然气用气人口（万人）（2020）	1925	6

层次	指标名称（单位）（年份）	数值	全国排名
民营经济发展指数	民营上市公司个数（个）（2021）	545	2
	民营上市公司平均营业收入（万元）（2021）	498792	15
	民营上市公司平均总资产（万元）（2021）	807565	22
	民营上市公司平均净利润（万元）（2021）	41389	7
	民营上市公司员工总数（人）（2021）	1643204	2
	民营500强企业个数（个）（2021）	96	1

资料来源：《中国统计年鉴》、各省份《统计年鉴》、市场化指数数据库。

（二）发展路径

1. 开拓创新，发挥"领跑者"作用

新浙商要更具有与时俱进和开拓创新的精神，不断向新的产业领域挺进。浙商从以"小商品、小生意、小作坊"为特征的"三小"家庭工业起步，建立了依托于家庭工业的专业市场。作为中国经济的"领跑者"，新浙商要充分发挥引领带头作用，通过产业集群社会责任的共建来联合更多地区的商人与企业，以资本为纽带，以集群为载体，加速产业结构优化升级，实现我国经济的高质量发展。

2. 发展数字经济，引领品质质量升级

新浙商要抓住数字经济蓬勃发展的契机，促进产品和服务质量的提高与升级。以打造数字经济产业集群为依托，关注人力资本以及企业的数字化转型，加强数字化基础教育，吸引大量优秀人才加盟，解决区域间劳动要素分配失衡的矛盾，将区域经济发展思路与数字化基础人才建设相结合，为数字时代的产业工人提供足够的数字化准备。在企业数字化转型方面，要以阿里"犀牛工厂"为样本，通过数字化的链路和集群化的扩张打造"新制造"工厂，服务中小企业，加速企业质量品质提升和核心竞争力的培育。

3. 奉献社会，实现社会价值

勇于承担社会责任是新浙商企业家精神的重要体现。当下，新浙商被赋予了新的使命，亟待探索出独具特色的社会责任履行之路，才能实现商业价值与社会价值双赢的良好局面。根据《2020浙商社会责任报告》统计，浙商慈善捐款参与度较高，60%的浙商除捐赠资本外，还捐赠过特定的产品与服务；66.7%的企业组织员工开展志愿服务活动；63.3%的浙商积极参与、响应政府提出的社会问题解决项目；54.4%的浙商组织过服务社会的特色党建活动；66.7%的浙商主导或参与了特色扶贫类公益项目。此外，在全球新冠肺炎疫情暴发后，许多浙商第一时间为抗疫前线捐资捐物，并通过融合移动互联网、云计算、人工智能、5G等技术为抗疫提供"硬核"后盾。

4. 践行绿色发展，保护生态环境

浙商高度重视环境的保护与经济的可持续发展。未来，浙商应集聚产业链各方优势，相互协作，应对挑战，对绿色生产工艺、设计理念以及应用场景进行完善，加快创新迭代，实现绿色多元创新，赋予经济发展新动能，打通产业链、供应链以及监督链这三条"绿色链条"。

第十章

闽　　商

船通他国，风顺便，食息行数百里，珍珠玳瑁、犀象齿角、丹砂水银、沉檀等香，希奇难得之宝，其至如委。巨商大贾，摩肩接足，相刃于道。

——《多暇亭记》

《山海经》提到，"闽在海中，其西北有山，一曰闽中山在海中"。2000 年出版的《光明之城》中提及了"闽"，描述了当时泉州的繁华、喧闹、奇特和财富是如何令人惊叹！从福建昙石山博物馆展出的独木舟可以看出，闽人很早就展现了与海洋对话的智慧与力量。闽商，作为具有强烈的海洋文化精神和蓝色文明特质的"海商"，是中国海上对外交往的重要商帮，福州、泉州、厦门、漳州四大港口是中国与世界联结的枢纽，也是中国率先进入世界的桥头堡。闽商的足迹几乎遍布世界的每一个角落。

第一节　产　业　基　础

福建，远古属百越之闽越，在《禹贡》中属扬州，在周朝为七闽地，在春秋以后为闽越国。秦南平百越，置闽中郡。唐开元二十一年

（733年），为加强边防武装力量，设立军事长官经略使。因境内有福州、建州两府，各取其首字而得名，这就是福建名称的由来。

一、区位优势

（一）交通与地理位置

1. 基本情况

"闽文化区"位于世界上最大陆地板块和世界上最大大洋板块的交界，地处东南沿海，有海上交通之便。《海澄县志》曾这样描述月港港口的繁华："月港自昔号巨镇，店肆蜂房栉比，商贾咸集，夷舣停泊，商人勤贸迁，航海贸易诸藩。"福建又有"八山一水一分田"的格局，大部分地区地瘠民稠，除漳州平原外，多为丘陵山地，这一地理环境决定了闽南人靠山吃山、靠海吃海，因地制宜地发展了多元生计模式（苏振芳等，2008）。福建拥有绵长曲折的海岸线和众多的港湾岛屿，宋元时期就开辟了"海上丝绸之路"，闽商漂洋过海，进行海外贸易活动。

今日的福建地处中国东海与南海之交通要冲，为东出太平洋与南下印度洋的重要通道，背靠赣、皖、湘广阔的内陆腹地，毗邻港澳，具有极佳的区位优势。

2. 商业辐射网

闽商以福建为中心，形成了以山东和上海为主的国内商路，以及以东南亚、南北美洲、欧洲、日韩和非洲为主的国际商路。

（1）国内商路。

①山东商路。在山东烟台，闽商凭借妈祖信仰在此站稳了脚跟，并带动以天后宫为中心区域的迅速发展，吸引了四面八方的商人加盟。"地近蓬莱海市仙山瀛客话，神来湄渚绿榕丹荔故乡心""榕嵩荷神麻喜海不扬波奠兹远贾，芝罘崇庙祠愿慈云永驻济我同舟""潮馆近为邻作庙后先隆俎豆，曹碑同此孝惟神功德普寰瀛"，这些对联皆体现了福

建与烟台和南北方的联系与交流（王日根，2014）。

尝与乡里数人相结为贾，自闽粤航海道，直抵山东，往来海中者数十年，资用甚饶。

——《淮海集》

②上海商路。闽商在上海的踪迹可追溯到宋代以前，最初，他们更多的是经营东南沿海的贩运贸易以及来自南洋的货物，俗称"花糖洋货商"（当时的洋货指海味等南洋货），福建以泉漳会馆、点春堂和建汀会馆为代表的同乡团体在船运、海味什货、蔗糖、茶叶、靛青、国产纸、果桔、炒货和檀香等行业都占据了重要的市场地位，还兼营杂粮和棉花的南北贩运，形成了与粤商并驾齐驱的竞争局面。上海曾是糖的集散中心，而福建是中国蔗糖生产的重要地区，上海糖业的创始经营者最早以福建商人最多，上海城东十六铺洋行街（洋行街后改名为阳朔路）是闽商的聚集地。闽商在上海的经营行业一般可根据出生地的不同形成不同的分类：第一，泉、漳两府商人大多为船商，以贩运为主，主要贩卖海鲜、木材、漆器、砂糖和洋什货等，他们往往载糖、靛、鱼翅到上海，小船拨运至姑苏行市，回船则载布匹、纱缎、凉暖帽子、牛油、金腿和惠泉酒等，贸易数量巨大，利润丰厚。福建莆田是中国优质桂圆、荔枝产地，莆田、兴化商人几乎垄断了这一行业。第二，建宁、汀州的闽西商人，主要经营纸棕各业，兼营砂糖等。第三，福州产桔，福州商人多从事果桔业。

（2）国际商路。

①东南亚商路。从现有的资料看，宋元时代，闽船已固定往来于今越南、柬埔寨、泰国、马来西亚、印度尼西亚，并以占城、柬埔寨、大泥、旧港、万丹、马神为中转港，形成了交叉的东南亚航路网络。闽商以马六甲和阿齐为基地进入印度洋海域，并开通了通往南亚和西亚的航线。郑和下西洋就是利用了这条以闽商无数生命为代价开辟的航路。以明代社会经济大发展为背景，以本地发达的手工业为依托，闽商开始大规模地进行海内外贸易活动，在泉州、厦门的港口通过闽船以丝绸、瓷

器、漆器、纸、药物、糖、手工制品换取异国的丁香、豆蔻、胡椒、檀香、宝石和燕窝等土特产。到了明末清初，闽商已颇具实力，成为商界不可小觑的商人集团，成为中国海洋文化的杰出代表（廖新平等，2006）。

②南北美洲商路。中国改革开放以来，闽商多往返于美洲多地。据统计，美国纽约有 30 万福建商人，大多居住在华盛顿和新泽西等繁华之地，从事餐饮、地产和五金等行业。在中南美洲，闽商主要经营中餐馆、杂货铺和洗衣店等。近年来，闽商经营领域不断扩大，发展到超市、进出口贸易、房地产、现代化农场和制造业等部门，经济实力也在快速增长。《2007 年世界华商报告》的数据表明，阿根廷华人所开超市有 4000 余家；另据阿根廷华人超市公会资料显示，到 2008 年底，阿根廷华人超市数量增至 7890 家，销售额 150 亿比索（约合 42.86 亿美元），其中，闽商垄断了 80% 的阿根廷超市。

③欧洲商路。在早期欧洲人和中国政府之间的外交冲突与谈判中，闽南商贾曾扮演了至关重要的角色，他们不仅和平地解决了外交危机，而且成功地使荷兰人撤出澎湖列岛。同时，最早将荷兰人引到中国沿海的正是这些当年寓居在东南亚各港埠的闽商。欧洲闽商重点经营餐饮、服装、贸易、工厂和一般性服务业。匈牙利是中国商人 20 世纪 80 年代末、90 年代初开始在中东欧打天下的地方，现有华侨华人 2 万多，其中闽商约有七八千人，他们大多经营超市或集中在"四虎市场"做贸易。在意大利的米兰、罗马两个城市，闽商主要经营餐馆、店铺和网吧。海外闽商吃苦耐劳，大多从餐饮业等传统行当发家，继而转向零售、中介和批发业，并取得很大的成功（廖萌，2011）。

④日朝商路。16 世纪初以来，九州岛便是闽南海商经营走私贸易和海外侨居的大本营之一。1635 年前是闽商在日本九州岛经营民间海上走私贸易活动的黄金时代。日本平户湾西北海岸的闽商侨居社区在 17 世纪初时最为繁荣兴盛，尤其是在李旦任侨领时期，闽商在当地的活动达到了鼎盛，而李旦本人则是泉州籍闽商的杰出代表。侨居九州岛的闽商从事的行业主要有裁缝，以及专门经销男性服装和缝纫用品的杂

货商等。

根据高丽历史学家郑麟趾的记载，在来高丽市易的宋代商贾中，闽商是最重要的生意伙伴和最大的商人群体。从中国经由海路输往高丽的商品包括白丝、五色绢、锦缎、服装、瓷器、玳瑁、中草药、茶叶、酒、书籍、乐器、蜡烛、铜币、孔雀和鹦鹉。闽商以此与高丽商贾市易，换取朝鲜半岛的土特产，如金、银、铜、高丽参、硫磺、茯苓、皮草、黄漆、麻、马匹、马鞍和缰绳、长袍、香油、各种扇子、白纸和毛笔（钱江等，2011）。

⑤非洲商路。据考证，南宋时期，闽商的海船曾航行至非洲东海岸，带去了福建的丝绸、茶叶和陶瓷，返航时运载着非洲的钻石、玛瑙、药材和香料等。《诸蕃志》和《岛夷志略》都曾提到，闽商的航路最远已经抵达非洲的东海岸。

（二）物产资源

福建拥有比较丰富的自然资源①。

一是矿产资源丰富。福建地质构造复杂，已探明储量的矿种有118种（含亚矿种），其中能源矿产有无烟煤、地热2种，金属矿产31种，非金属矿产82种，水气矿产1种；金、银、铅、锌、锰、高岭土、水泥石灰岩、花岗石材、明矾石、叶蜡石、硫等矿产储量也较大。石英砂储量和质量均居于全国之首。

二是生物资源丰富。福建是全国重点林区之一，森林资源十分丰富，全省森林面积达到1亿多亩，树木种类繁多，森林覆盖率达62.96%，居全国首位。海洋资源十分丰富，内陆养殖面积和可作业海洋渔场面积分别为1000平方公里和12.5万平方公里，有鱼类750多种，占全国海洋鱼类种数的一半。水产品资源种类繁多，现有品种占世

---

① 资料来源：福建省统计局官网基本省情，http://tjj.fujian.gov.cn/tongjinianjian/dz06/html/0100c.htm? eqid=83bdfabe0005227800000006644641fe&wd=&eqid=afe3c3c9000263800000000564e423e6。

界 50% 以上，总量居全国第三位，人均占有量居全国第一位。

三是水资源充沛。福建省内河流密布，水利资源丰富。全省拥有29 个水系，663 条河流，内河长度达 13569 公里，河网密度之大全国少见。水力理论蕴藏量 1046 万千瓦，可装机容量 705 万千瓦，居华东之首。

四是旅游资源丰富。福建省人文荟萃，拥有十分丰富的旅游资源和一大批有影响力的旅游品牌：山与水完美结合、人与自然和谐统一的武夷山；世界文化与自然遗产，素有海上花园、音乐岛美誉的鼓浪屿；情系海峡西岸、凝聚世界华人的湄洲妈祖朝圣文化；多元文化相互融合、民俗风情独具特色的泉州海上丝绸之路；世界独一无二的山村民居建筑福建土楼；著名的革命圣地上杭古田会址；福建古文化和海洋文化的摇篮昙石山文化遗址；天下绝景、宇宙之谜的宁德白水洋奇观；泰宁世界地质公园；漳州火山公园等。福建又是著名的老区、苏区，闽西、闽东是重要的革命根据地，当年中央苏区有 10 个县在福建，老区分布在 62个县（市）。

（三）人口

清朝初期，福建的人口数量相对较少，约为 200 万。随后，福建的人口开始逐渐增长，到了光绪二十三年（1897 年），人口猛升至 2683.3万，达到了历史最高峰（曹树基等，2002）。梁启超曾感慨道："吾研究中华民族，最难解者无过福建人。其骨骼肤色似皆与诸夏有别，然与荆、吴、苗、蛮、羌诸组都不类。"闽人是由三个族群组成的：原住民、入闽汉人和从海上来的其他族群。东晋迄唐宋五代以来，中国战乱不止，加上黄河地区气候寒冷，自然条件恶劣，因此许多北方人南迁，导致闽粤人口激增，形成了人口过剩的局面。同时，闽南和粤东北地处山区，土地贫瘠。因此，当地民众只能出洋谋生，以寻求生路，"地狭人稠"是闽人从商的重要推动力。

此外，多国家人口的交流与汇集也是闽商成为东西方文化交融之所的重要原因。在福建泉州，西域商人、印度人、马来人甚至是非洲人跨海踏浪汇入这个"光明之城"。

> 漳泉诸府，负山环海，田少民多，出米不敷民食。
>
> ——赵慎轸《台湾通史》

二、政商关系

与其他商帮相比，闽商的兴起与壮大与政府的扶持和政策红利相关性较小，且闽商一直在与明清政府的"禁海迁界"政策相抗争。相反，闽商与投资所在地政府之间的联系却很紧密。在闽商高度集中的菲律宾，政府曾在20世纪40年代后期到60年代中期颁布了许多限制华商经济发展的"菲化"政策，使闽商经营的零售商业和碾米业等传统行业遭到毁灭性的打击，大批中小资本的闽商被迫从中抽离。后来，闽商积极经营与当地政府的关系，最终获得了这些产品的生产或进口权利。闽商还积极与外国资本合作投资制造业，或者是与当地资本开展合作，来规避政府对零售商业的种种限制，并将资本投向较少受政府限制的工业资本领域，从而使传统闽商经济结构发生了重大变化。闽商善借政治之势，化不利环境为有利因素，借政府之力发展自己，与投资地政府的密切合作是闽商运势制胜的智慧结晶。

三、主导产业体系

（一）传统产业体系及早期集聚

福建物产丰富，依托当地的资源，闽商所在区域形成了多样化的资源依赖型产业体系，并形成了一定的集聚区域：中国乌龙茶之乡（安溪）、中国石雕之乡（惠安）、中国工艺陶瓷之乡（德化）、中国休闲服装名城（石狮）、中国鞋都（晋江）、中国建材之乡（南安）等。从经济贡献度和产品竞争力来看，闽商所在区域形成的主导产业主要有四个：茶业、石雕业、瓷业、服装业和制鞋业。

1. 茶业

福建省产茶历史悠久。南朝齐时，浦城令江淹赞武夷山为"碧水丹山"，山上所产的"珍木灵芽"皆他平生所至爱。海关统计数据显示，19 世纪 60 年代至 80 年代，福州港每年茶叶的出口量竟达到全国的 1/3，成为中国最大的茶叶出口基地。

（1）唐代。

福建省最早的地方志《三山志》引《唐书·地理志》云："福州贡腊面茶，盖建茶未盛以前也。"唐元和年间（806～820 年），孙樵的《送茶与焦刑部书》中有"乘雷而摘，盖碧水丹山之乡，月涧云之品，慎勿贱用之"之语，可见当时武夷所产茶叶备受重视，已作馈赠珍品。唐光启年间（885～887 年），徐夤《尚书·腊面茶诗》云："武夷春暖月初圆，采摘新芽献地仙。飞鹊印成香蜡片，啼猿溪走木兰船。金槽和碾沈香末，冰椀轻涵翠缕烟。分赠恩深知最异，晚铛宜煮北山泉。"诗中提到了武夷茶的采摘和腊面茶之饰。南唐保大年间（943～957 年），朝廷罢阳羡贡茶，改贡福建北苑乳茶，北苑兴。

岭南生，福州、建州、泉韶来洋，往往得之，其味甚佳。

——陆羽《茶经·八之出》

（2）宋代。

对于建茶极盛时期的情况，《宋史·食货志》载："宋元丰七年（1084 年），王子京为福建转运副使，言建州腊茶，归立榷法，建州出茶不下三百万斤，南剑州也不下余万斤。"《建炎以来朝野杂论》载："南宋建炎以来，建茶岁产九十五万斤。建炎二年（1128 年），叶农之乱，园丁亡散遂罢之。"建州北苑茶被列为贡品，采制工艺继承了晚唐技巧。宋乐文《太平寰宇记》载："江南东道，福州土产茶、南剑州土产茶……建州土产茶，建安县茶山在郡北（建阳、武夷一带），民多植茶于此山。邵武一带土产茶同建州。漳州土产茶、汀州土产茶。"

"至若茶之为物，擅瓯闽之秀气，钟山川灵禀祛襟、涤滞，致清导和。本朝之兴，岁修建溪之贡，龙团凤饼，名冠天下……近岁以来，采择之精，制作之工，品第之胜，烹点之妙，莫不盛造其极"。

——宋徽宗《大观茶论》

（3）元代。

据《武夷山志》载："至元十六年（1279年），浙江行省平章高兴过武夷，制石乳斤入献。十九年（1282年）乃令县官莅之，岁贡二十斤采摘凡八十。大德五年（1301年），兴之子久住为邵武路总官，就近至武夷督贡茶，明年（1302年），创焙局称'御茶园'，设场官二员，领其事，后税额浸广，增至二百五十，茶三百六十斤，制龙团五斤饼。泰定五年（1328年），崇安令张瑞本于园之左右各建一场，扁曰'茶场'。元代御茶园建于武夷九曲溪之第四曲畔，为官办茶场，有茶户负责管理和制茶，并设置官员领管，所制贡茶，仍沿宋代为龙团饼状，年贡由初之十斤增至九百九十斤，占一国贡额半数。"

闽、浙、蜀、江湖、淮南皆有之，惟建溪北苑所产为胜。

——王祯《农书》

（4）明代。

明代福建茶叶产区极广，明代王应山撰《闽大记》载："茶出武夷，其品质最佳，宋时制造充贡，延平半岩次之。福、兴、漳、泉、建、汀在皆有之，燃茗奴也。"明末（1599年），许次杼《茶疏》称："江南之茶，唐人首称阳羡，宋人最重建州，于今贡茶二地独多，阳羡仅有其名，建茶亦非最上，惟有武夷最胜。"明代谢肇淛《长溪琐语》云："环长溪百里诸山皆产茶。"据《福建之茶》记述："红茶制法发明当在明末清初，而盛于清咸丰、同治年间。可分为工夫与小种两类。工夫分闽北与闽东两系，坦洋工夫由建宁茶客传至坦洋。正山小种又称星村小种，品质优异。"

（5）清代。

清代是福建茶叶全面发展时期，八闽各府均产茶，茶类品种齐全，有红茶、绿茶、乌龙茶、白茶四大类，还有再加工的花茶和砖茶。茶区茶类学有较详细的记述：武夷茶区有岩茶、外山青茶、洲茶、白茶等；瓯宁茶区有龙凤山茶、大湖水仙、小湖乌龙、大湖乌龙等。福建省茶叶的发展在清代以前均随贡茶的兴衰而兴衰，贡茶兴，则发展速度快，官茶亦多。周亮工在《闽小记》中提到，明嘉靖三十六年（1557年），建宁太宋因本山茶枯遂罢茶场，其原因是"黄冠苦于追呼，尽砍所种武夷真茶"。

（6）民国时期。

军阀割据、北伐战争和内战等战事不断，福建乌龙茶在夹缝求生，武夷岩茶生产不景气，求过于供，闽南茶商在建阳、建瓯创闽北水仙，产量达万余箱。抗战期间，福州、厦门相继沦陷，海路被封，出口受阻，闽北各地乌龙茶进入最艰难时期，闽南乌龙茶崛起，但当时安溪茶之声誉不及武夷茶。1915年，安溪茶商李寿山首先将安溪茶并入武夷茶中，增添香气，深受消费者欢迎，使安溪茶逐渐渗入市场。抗战沦陷期，武夷茶货源枯竭，只有安溪茶源源运抵销区，安溪铁观音、色种从此崭露头角，逐步打破了武夷岩茶的垄断局面。在最艰难的时期，武夷邻近区域及闽南茶区使福建乌龙茶生产得以继续，始终没有间断，更没有消亡，相反在步履维艰中不断创新花色品种，为日后的发展奠定了基础。

（7）新中国成立后。

福建制茶工业水平在新中国成立后得到迅速发展和提高，创制了乌龙茶做青机、乌龙茶包揉机、花茶窨制联合机等制茶设备，制茶生产从手工发展为半机械化、机械化，从单机作业逐渐向连续化与自动化发展。在2017中国国际茶叶博览会上公布的"中国十大茶叶区域公用品牌"中，福建的安溪铁观音和武夷岩茶名列其中。

2. 石雕业

福建惠安石雕产业的萌芽出现于西晋末年的"永嘉之乱，衣冠南渡，八姓入闽"，唐朝中后期"安史之乱"造成中原地区人民两次大规模南迁，带入了中原石雕文化和先进的工具与技术，西晋时期的石雕带有浓重的魏晋雕刻之风和中原文化个性。

宋明时期，惠安石雕产业进一步向精雕细刻风格发展，产业规模逐步扩大。泉州刺桐港日趋繁华，海上交通和对外经济贸易与文化交流频繁，多元文化融合，儒释道、伊斯兰教、基督教等和谐并存，这一时期惠安雕刻呈现出艺术的世俗化并充满灵性，融合异域风格雕刻，促进了石雕产业多元并蓄发展。惠安五峰村蒋氏家族形成了以石雕为主的早期产业集聚群落。

到了明清时期，惠安石雕产业形成了鲜明独特的南派石雕艺术风格，能工巧匠不断涌现，他们冲破旧规，各有创新，佳作累累，石雕产业呈现"百花齐放"的繁荣景象。这些石雕大师纷纷走出家门，到福州、厦门等地及东南亚各国开设石铺，专营石雕产品，推广石雕技艺，壮大石雕产业。

新中国成立后，惠安石雕产业佳作频出，惠安石雕产业相继产生许多在国内外有影响力的石雕巨作，为石雕产业发展迎来新的契机。当下，福建的石雕产业积极参与全球化，业已形成集矿山开采、石雕石材机械制造、包装材料印制、荒料营销以及运输等上下游配套的产业体系，成为全国石雕石材加工能力最强、工艺最精湛、技术最先进、出口量最大的石雕石材产业集群，被誉为"世界石雕之都"（王芳等，2019）。

3. 瓷器业

闽商经营的外销瓷是对外贸易中的大宗商品，出口量非常大，最远可至肯尼亚、坦桑尼亚等东非的沿海国家。据《宋元时期泉州港的陶瓷输出》一文记载："泉州两宋时期至元代的窑址发现163处：德化42处、南宋50处、安溪36处、永春9处、晋江12处、同安8处、厦门3处、惠安1处以及泉州2处，以生产青瓷和青白瓷为主。"受景德镇窑工艺影响，福建青白瓷的生产也蓬勃发展，从山区到沿海都兴建窑场作坊，形成了显著的产业集聚效应。

福建在历史上有两座著名的窑：一是北宋时期的建窑；二是明代的德化窑。建窑是指在建安（今属建瓯）和水吉（今属建阳）烧造的黑釉兔毫纹的产品的窑，俗称"乌泥窑"，又称"黑建"。到了明代，德化窑崛起，以烧造优质的乳白瓷而驰名于世，后人为了区别建窑的黑釉产品，称其为"白建"。由于这两地烧制的瓷器各具特色，为世人所珍爱，流传甚广，驰名中外，遂成为福建窑业的代表。

新中国成立后的考古挖掘发现，从历史久远的陶器、釉陶和原始青瓷，直至明清以来的瓷器，福建几乎都有代表性的文物，这足以证明福建陶瓷业历史的悠久。当下，福建瓷商通过技术创新和品牌建设，以龙头陶瓷制造企业为引领，聚集与陶瓷产业相配套的质量体系认证、媒体、包装、物流、广告、策划、教育、培训等相关企业和机构，形成了专业化分工、产业化协作、集群化发展格局。

4. 服装业

福建是我国纺织服装大省，早在改革开放初期，其服装产品就在国内占据了举足轻重的地位，"石狮制造"深受服装消费者欢迎。但是到了20世纪90年代初，随着浙江和广东等地服装品牌的接连崛起，福建的服装业竞争力有所减弱，直到中国加入世界贸易组织后，福建的服装产业才重新焕发生机。2000年初，福建从1979年的全省服装产值不足1亿元增加到100多亿元，企业增至近万家，在全国排名由改革初的第23位跃升至第5位。2002年，福建省规模以上服装企业共实现工业总产值168.17亿元，与上一年同比增长了24.3%，出口交货值103.2亿元，同比增长13.8%，共完成服装25亿件。

近年来，服装行业发展的最大特点之一就是在全国尤其是沿海地区形成了一些产业链相对完整的服装产业集群，如浙江的宁波和温州，广东的中山、虎门和深圳等地。而在福建，服装产业的集群优势日渐凸显出来，特别是泉州，"七匹狼""富贵鸟""劲霸"等知名企业集聚，是中国竞争力十分强大的休闲男装产业基地。

5. 制鞋业

福建的"晋江鞋都"是全国最大的制鞋产业集群，晋江的陈埭更是全国最大的鞋产品生产和加工贸易基地，产量目前为全球的8.5%，产品齐全，且有超一流的生产设备、完整的产业链和大量名牌企业。

1979年，晋江市洋埭村村民林土秋以10.8万元开始了创业。他用这些钱买来几台缝纫机，就在自己破旧的石头房子里创办了陈埭镇第一家股份制乡镇企业——洋埭鞋帽厂，第一年就赚了 8 万元。1983 年，运动鞋已成为市场抢手货，林土秋顺势而为，在他的鞋帽厂里诞生了晋江的第一双运动鞋。一传十，十传百，洋埭村就这样走进了新时代。1990～2000 年是洋埭最辉煌的时期，然而好景不长，利润开始向当地一些相对较大的工厂集中，比如丁世忠的安踏、丁水波的特步、丁伍号的 361 度、丁明亮的德尔惠、丁国维的乔丹等。大量中小企业难以为继，纷纷倒闭。晋江鞋企第一次经历行业洗牌，鳄莱特、野力和飞克等企业均起步于"家庭联产、手工作坊"，也就是"晋江模式"的雏形。后来，安踏、特步和 361 度等全新品牌承接了洋埭村的衣钵，成长为"中国鞋都"的新势力。

近几年，制鞋产业转移的趋势愈发明显，不断上演"孔雀东南飞"。曾经的晋江鞋业在经历一次又一次的转型后完成了蜕变。在不断的创新和改变中，晋江赢得了"中国鞋都"的美誉。

（二）现代产业体系与"集群化"发展

近年来，福建加速构建现代化产业新体系，重点发展电子信息和数字产业、先进装备制造、石油化工、现代纺织服装这 4 个万亿级主导产业，提升食品加工、冶金、建材、特色轻工 4 个传统优势产业，提前统筹布局，培育新材料、新能源、新能源汽车、生物与新医药、节能环保、海洋高新 6 个前沿新兴产业。

福建省现代产业体系的发展以"产业集群"为有效载体，"集群和园区"是重要的着力点，积极构建产业集群梯次发展体系，努力培育一批"链主"企业和专精特新企业，打造全国战略性新兴产业集群集聚区，现已形成 7 个产值超千亿元的战略性新兴产业集群，福州市、厦门市、莆田市新型功能材料和厦门市生物医药 4 个集群纳入国家战略性新兴产业集群发展工程，以上汽宁德基地为龙头的新能源汽车产业集群加快形成，集成电路产业基本形成以厦门、泉州为辐射高地的"一带双核多园"格局，石墨烯产业形成了"两核三区"集聚格局。24 个产值超千亿元的重大产业集群如表 10 – 1 所示①。

表 10 – 1　　　　　福建省 24 个产值超千亿元的重大产业集群

序号	名称	所在区域	重点发展产品
1	集成电路和光电产业集群	闽东北、莆田、宁德、平潭和南平等地区	新型显示、集成电路及 LED 等产品
		闽西南、厦门、泉州、漳州、三明和龙岩等地区	新型显示、集成电路及 LED 等产品
2	计算机和网络通信产业集群	以福州、厦门为中心	计算机、通信设备、广电设备、视听设备、智能终端等产品
3	高端装备产业集群	以福州、厦门、泉州为中心	数控机床、工业机器人、环保设备、橡塑机械、工程机械、航空维修、高技术船舶及海工装备等产品
4	电工电器产业集群	闽东北	电力装备、电机、电线电缆、照明灯具等产品
		闽西南	输配电设备、电力器具等产品
5	汽车产业集群	闽东北	乘用汽车及零部件产品
		闽西南	商用汽车及零部件、专用车等产品
6	石化一体化产业集群	湄洲湾和漳州	PTA、PX、溶剂油、增塑剂、成品油、聚乙烯、聚丙烯、合成橡胶、烧碱、EO/EG 等产品
7	化工新材料产业集群	福清	聚丙烯、己内酰胺、PA6 切片、TDI、烧碱、涂料等产品
8	动力电池和稀土石墨烯新材料产业集群	以宁德、漳州、厦门、龙岩为中心，带动全省发展	动力电池、稀土功能材料及应用产品、石墨烯等新材料
9	生物与医药产业集群	以福州、厦门为核心的闽东北和闽西南	重点发展生物医药、化学制药、中药、医疗器械及生物制品产业

① 中商产业研究院：《到 2022 年力争打造 20 个千亿产业集群　福建省产业集群信息汇总一览（表）》，https：//www.askci.com/news/chanye/20200927/1009091229755.shtml。

续表

序号	名称	所在区域	重点发展产品
10	数字经济（软件和信息技术服务）产业集群	闽东北协同发展区	文化科技、智能制造、无人机产业应用大数据平台等产品
		闽西南协同发展区	
11	电力工业产业集群	全省环网、沿海双廊	重点推进宁德、福州、漳州核电，周宁、永泰、厦门抽水蓄能电站、微电网示范项目及海上风电等清洁能源建设
12	建材产业集群（泉州）	晋江南安	新型建材、高端定制、智能家居等产品
		三明、漳州、泉州、福州地区	重点发展车船用钢板、钢结构材料等下游应用产业
		宁德、福州、漳州地区	不锈钢深加工及应用产业链
		龙岩、宁德、南平、福州、厦门	IT行业、交通运输、太阳能和散热器配套需要的高附加值铝型材、高精度铝板带箔、复合材料和电子工业用铜、高精铜带、管等产品
13	纺织化纤产业集群	福州	重点发展锦纶、氨纶等功能性差别化纤维，提高产业用纺织品比重，提升产业技术水平，构建形成聚合、化纤、棉纺、经编、针织、染整、服装较为完全的产业链
14	纺织服装产业集群（泉州）	以晋江、石狮等地的纺织服装产业为中心	重点开发生物基纤维、仿棉纤维等新型纤维、拓展纤维新资源，开发多功能高档纺织面料，发展低能耗、低水耗、低污染物排放的生态染整加工技术
15	纺织鞋服产业集群（莆田）	莆田	高性能、多功能、可降解材料、新型纳米材料等高端鞋面鞋材
16	制鞋产业集群（泉州）	以晋江、石狮、南安、泉州开发区、惠安城南工业园区、台商投资区制鞋产业为中心	鞋材、旅游鞋、运动鞋、皮鞋、休闲鞋、时装鞋、童鞋等产品，推动旅游鞋、运动鞋等体育运动鞋类产品

序号	名称	所在区域	重点发展产品
17	纸及纸制品产业集群	全省域	生活纸、包装纸及纸板、薄页纸特种纸等产品
18	工艺美术产业集群	福州、泉州、莆田	工艺陶瓷、木雕、古典家具、金银珠宝、寿山石雕、石雕、漆艺、藤铁、建盏、工艺香等产品
19	农副产品精深加工产业集群	以闽东南果蔬加工、沿海食用植物油加工、闽西南笋竹加工、闽西北乳品加工产业集群为中心	肉制品、笋竹、食用菌、食用植物油、果蔬坚果、乳制品等产品
20	水产品精深加工产业集群	全省域	重点引进水产品精深加工、冷链物流项目，通过完善养殖、加工、冷链仓储等上下游产业链
21	休闲食品产业集群	全省	烘焙食品、糖果巧克力、膨化食品、炒货坚果、蜜饯果脯、果冻等产品
22	茶产业集群	安溪、武夷山和福鼎等地	重点打造安溪铁观音、武夷岩茶、福鼎白茶等区域公用品牌
23	物流产业集群	以厦门前场物流园、象屿保税物流园、福港综合物流园、漳龙物流园等为龙头	物流及相关产业
24	旅游产业集群	全省域	培育湄洲妈祖文化世界旅游岛、环东海岛旅游、闽西红色旅游、大戴云旅游、宁德渔家海岸旅游、沙溪百里画廊旅游等六大新型集聚区

第二节　商帮文化特质

　　闽商，秉承古老的东方文明，在大海中搏风击浪，孕育出一整套自己独有的商业道德文化与经营理念。19世纪曾经游历大清国的法国人岱摩曾这样描述闽商："不论他们漂泊到哪个地方，只要有点积蓄，他们就会返回故里，花光微薄的财产，然后再次出发，重新攒钱赚钱，他们是勇敢的水手，也是最义无反顾的侨民。""侨文化"是闽商独有的文化特质：爱自己、爱乡梓、爱民族、爱国家……同时，闽人"重商"，明代时福建刻书业的发展达到了高潮，著名的《三言二拍》问世了，其中真实地展示了当时的工商活动及市井风情，肯定了人们正常合理的物质欲望与对金钱财富的合理追求。著名的闽商李贽就提出"不言理财者，决不能平治天下"，将"理财"和"经商"提升到"治天下"的程度。

柯居安在诗《湄洲妈祖》中写道："湄洲形胜地，千里拜神明。显赫敷功德，慈悲佑人民。灵威昭日月，震旦护乾坤。圣母神威远，九州万古春。""圣母"即"妈祖"，俗称"妈祖婆"，是传说中掌管海上航运的女神，是闽商"善观时变、顺势而为；敢冒风险、爱拼会赢；合群团结、豪爽义气；恋祖爱乡、回馈桑梓"优点的象征，妈祖也是集无私、善良、亲切、慈爱、英勇等传统美德于一体的精神象征和女性代表（蔡少卿，2004）。闽商的商业体系如图 10 - 1 所示。

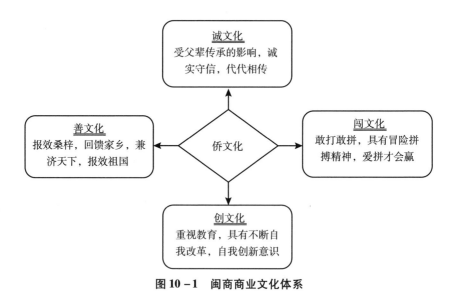

图 10 - 1　闽商商业文化体系

一、诚文化

南宋时期，随着经济和文化重心的南移，朱熹集理学之大成，使福建成为"道南理窟"，信奉循天理就是"义"，且能兼得"利"；做事"必以仁义为先，而不以功利为急"。因此，闽商秉承重义轻利和诚实守信的理念。在闽商世代相传的经商理念中，始终认为诚信是一个成功商人的商业生命，他们不仅坚守了东方诚信文化，而且融合了西方的契约文化。

专营台湾海峡两岸贸易的闽商又被称为"郊商"，后来发展到一定阶段形成了同业商帮或区域组织，则被称为"行郊"，这些行郊发挥的一个重要的作用就是统一度量衡，规范了市场化运作，严禁不道德行为，维护商业信誉，诚信成为海峡两岸郊商的共识。

"柒牌"创始人洪肇设和洪肇奕在产品质量问题上多次跟自己过不去，他们认为保证产品质量就是一种基本的诚信。在公司创办初期资金紧缺的情况下，他们一旦发现不合格产品也会立刻返工重做。2006年，有一批灯芯绒面料做成上衣后，粘贴的流水号标签不容易撕下，工人就用酒精擦拭处理，在面料的背面留下了微弱的水印。消费者发现不了，但却逃不过洪肇设的眼睛。他把公司员工召集在一起，当众报废了这批70多件西服。[1]

二、善文化

闽商的善文化体现在其报效桑梓、兼济天下的价值取向。闽商在经济事业获得成功后往往通过"报效桑梓"的途径达到对人生价值的自我肯定与内在动力。经商发达之后兴修家乡的公共设施、兴资办学也是闽商的一种传统，他们把这一切既看作一种义举，也作为一种天职，特

---

[1] 《爱拼敢赢 义利兼容》，载于《经济日报》2014年8月26日，第9版。

别是兴资办学的传统，在今天的闽商身上更得到了继承与发扬光大。

2018 年，由民政部发布的第十届中华慈善奖的表彰名单中，闽商许荣茂获得"慈善楷模"称号，泰禾集团获得"中华慈善奖"捐赠企业称号，曹德旺、傅芬芳、许连捷获得"中华慈善奖"捐赠个人称号。在 2019 年胡润慈善榜中，闽商陈发树排名第六，捐款 5 亿元，成为福建首善。在 114 位上榜的中国慈善家中，闽商占 18 位，上榜人数仅次于粤商，排在第二位；2017 年和 2018 年"胡润慈善榜"中，闽商上榜人数分别位居全国第一和第三。多年来，"中国首善"频现闽商身影。

陈嘉庚是著名的爱国华侨领袖，身为闽商的他为中华人民共和国的建立与发展做出了巨大贡献。他一生为教育事业捐献的资金有相当一部分是在他经济困难的时候资助的，在他办的公司已经被迫停业的情况下，他仍向银行借款来维持学校的生存。陈嘉庚的最大贡献是募集巨款援助祖国的抗战，1939 年，他募集的抗战军费为国币 18 亿元。1940年，他率领南侨慰劳团回国视察各战区，访问延安时，所见所闻，综合观感，认定中国共产党是中国人民的希望，表示衷心拥护。1945 年日寇投降，他安全回到新加坡，受到 500 个社团的联合欢迎。同年 11 月 8日，重庆团体举行"陈嘉庚先生安全庆祝大会"。毛泽东给予他高度评价，称他为"华侨旗帜，民族光辉"。毛泽东对他的评价成为历史性的评价；周恩来及王若飞的祝词是："为民族解放尽了最大努力，为团结抗战受尽无限苦辛，诽言不能伤，威武不能屈，庆安全健在，再为民请命。"①

三、闽文化

"走海行船无三分命"，海上遭风暴、遇礁石，船毁人亡、葬身鱼腹是常有之事，还可能遇到海盗抢劫，而为了生计又必须铤而走险，这些磨难成就了闽商的冒险拼搏精神，形成了闽商特有的具有海洋文明特

---

① 《华人华侨的爱国故事——陈嘉庚篇》，https://www.163.com/dy/article/GEI3TQ6I0545N7QO.html。

征的闽文化。

有人说，闽商的成功可以用"不怕"两个字概括，从某种意义上说，"爱拼才会赢"是一种信念，在遇到困难的时候能够让闽商坚强不屈、百折不挠，它是闽商最宝贵的文化财富和精神支柱之一，也是闽商性格的一种体现。没有信念是不行的，只有信念是不够的，还需要商业智慧和商业谋略。新崛起的闽商中不断涌现出更多富于真正商业智慧和远大战略眼光的企业家。①

四、创文化

闽商重视技术创新，特别是在造船方面。"福船"是闽人所创造的，在技术方面领先于世界。福船首创了世界造船史上的一大奇迹——"水密隔舱"技术，它把船舱进行分格，若船底破漏，仅一两舱进水，不影响全舱，且可在继续航行的情况下进行修补，同时也便于货物的分仓储存，呈现出诸多优越性。

同时，闽商也注重组织创新，在同安窑的发展历程中就可见一斑。同安窑的技术来自浙江龙泉窑，但是在生产模式上，同安窑则开创了标准化和批量化的生产方式，满足了海外市场巨大的需求，也是中国古代较早的工业化集约的实践者。闽商还高度重视产业的转型与升级。闽商对亲人与故乡的爱，催生出独特的"侨批业"，专营侨批业的"天一信局"，坚守"信誉第一，便民至上"的经营宗旨，可以被视为中国邮政史上第一家民间国际邮局，后来又在其业务体系中衍生出"侨汇业"，成功转型为现代金融机构。

闽商还高度重视人才的培养，朱熹、郑成功、柳永、蔡京、林则徐、林语堂、冰心和严复等均是福建人。福建人才辈出，离不开闽商对人才教育的投资与基础设施的建设。

陈嘉庚不仅是我国著名的爱国华侨领袖，也是一名毕生热诚办教育

---

① 《海洋文化的代表——闽商》，https://www.sohu.com/a/280756803_120046538。

的教育事业家。他一生生活俭朴，但兴学育才则竭尽全力，办学时间之长、规模之大、毅力之坚，世所罕见。1913 年，陈嘉庚在家乡集美创办小学，以后陆续办起师范、中学、水产、航海、商业、农林等学校共十所，另设幼稚园、医院、图书馆、科学馆、教育推广部，统称"集美学校"。此外，他还资助闽省各地中小学 70 余所，并提供办学方面的指导。1923 年孙中山批准"承认集美为中国永久和平学村"，"集美学村"之名由此而来。

1921 年陈嘉庚认捐开办费 100 万元，常年费共 300 万元，创办了厦门大学，设有文、理、法、商、教育五院 17 个系，这是唯一一所由华侨创办的大学，也是全国唯一独资创办的大学，于 1921 年 4 月 6 日开学，陈嘉庚独力维持了 16 年。中华人民共和国成立后，陈嘉庚依旧不遗余力，扩建集美学校和厦门大学，亲自指挥工程进展，检查工程质量，群众称他为"超级总工程师"。[①]

闽商始终保持着繁荣昌盛的态势离不开闽商自我创新改革的精神，他们不拘泥于过往、眼光长远、善于取舍都是其兴盛的原因。闽商自己带有冒险属性的创新精神也不断催生出自己独有的文化特色，如"晋江精神"等。

第三节 基于产业集群社会责任建设的可持续发展路径

一、闽商兴盛的表征与原因

闽商闯荡全球最早可追溯至唐宋时期，他们为了谋生，带着家乡的

---

① 《华人华侨的爱国故事——陈嘉庚篇》，https：//www.163.com/dy/article/GEI3TQ6I05 45N7QO.html。

丝绸、药物、糖、纸和手工艺品等特产搭上商船从泉州出发，顺着"海上丝绸之路"漂洋过海，将这些商品销往各地区甚至世界各国。闽人崇商盛于元代，此时闽商因经商需要开始定居异国他邦，拓展商贸往来，通过丝绸之路，闽商创造了东渡日本、北达欧亚、西至南北美洲、南抵东南亚各国的辉煌历史。改革开放以来，中国经济进步给闽商带来了历史机遇，八闽大地涌现出大批杰出民营企业家，也诞生了福耀玻璃、安踏、匹克、鸿星尔克、特步、361度等知名品牌，形成了几十个产业集群，包括厦门电子信息产业集群、泉州箱包产业集群以及德化日用工艺陶瓷产业集群等，为福建省实现大跨越发展提供了支撑。

闽商兴盛的原因既有时代历史大环境的影响，也有闽商自身在文化、经营方式上的长处，可以将其分为"外因"和"内因"两个方面。

（一）外因

1. 天时：国家政策优势

闽商能够拓展海外贸易得益于特殊的国家政策。宋代，泉州是重要的交通贸易港口。北宋中期，泉州成为"有番舶之饶，杂货山积"的繁华港口。元代制定了更加开放的外贸政策，允许民间海商经营海外贸易，泉州港进一步繁荣，大批闽商到海外经商。明代后期的海外移民更为闽南注入了异域文化的活力。鸦片战争结束后，厦门成为中国的"五口通商"口岸之一，西方商人纷至沓来。改革开放以后，闽商赶上国家发展的"大潮"，作为民营经济的一支重要力量，活跃于中国经济发展的大舞台。

2. 地利：一方水土孕育一方商

闽人自古就有移民和重商的传统，这与福建的地理条件是分不开的。福建是个以丘陵为主的省份，"八山一水一分田"。闽南地处山区，土地贫瘠，"漳泉诸府，负山环海，田少民多，出米不敷民食"，导致闽人外迁，向外寻求出路。"闽天不长闽海长"，福建拥有绵长曲折的海岸线、众多的港湾，"多山濒海、伴水而居"是福建显著的特点，因此闽人以海为田，凭海为市，从事海上贸易。闽商为了追求更大的生存空间和发展前景，纷纷"过番""出洋"，甚至移居海外。因此大量的海外贸易和大量的海外移民就成了当地两大特色，也形成了后来遍布全球的闽籍商人。

3. 人和：闽商网络优势

有人这样形容闽商："世界上凡有人群的地方，就有华人；凡有华人的地方，就有闽人。"福建省华侨投资公司于1952年7月成立，先后募集资金外汇8000多万元人民币，在全省投资兴建或扩建工矿企业62个，涉及榨油、造纸、食品等多个领域。据福建省商务厅统计，2020年福建省利用外资逆势上扬，达347.9亿元人民币，同比增长10.3%，增幅创近十年来新高。2021年福建省利用外资又稳步增长，全省新设外商投资企业2742家，比上年增加508家；实际利用外资369.1亿元人民币，同比增长6.1%。其中高技术产业吸收外资增长59.1%，占全省27.5%，较上年同期提高9.2个百分点。①

（二）内因

1. 人格魅力："爱拼才会赢"、精明务实、开放兼容

（1）冒险进取、敢拼爱赢的精神。

如果闽商文化有颜色，那一定是"蓝色"。闽商文化是闽文化的延伸，是接受海洋文化熏陶的结果，人们把它概括为蓝色的海洋文化。福建濒海，浩瀚的海洋给了闽商敢于冒险进取的风格和坚韧的拼搏精神。福建民谚"走海行船三分命"道出了出海的危险，而这些危险也铸造了闽商文化的精髓：冒险进取、敢拼爱赢。闽商具有必胜的信念、排除万难的决心、不屈不挠的意志和乐观向上的拼搏精神，敢入不毛之地，敢闯绝域之墟，执着追求美好的理想。这种冒险拼搏的特点在历史长河中，形成了闽商"爱拼才会赢"的风范，塑造了他们"敢为天下先"的文化心理素质。福建民谣讲"少年不打拼，老来无名声"、闽南歌中

---

① 《八闽发展　侨力争先　侨资侨智助推福建发展》，国务院侨务办公室，http://www.gqb.gov.cn/news/2022/0620/54209.shtml。

描述道"三分天注定、七分靠打拼，爱拼才会赢"，"拼"和"赢"两个字，十分形象贴切地刻画了闽商勇于开拓、冒险进取的心态。

（2）重商与务实逐利精神。

闽商鲜明的特色之一就是浓郁的重商情结与一往无前的务实逐利精神。濒海的地理位置，悠久的商业历史，使闽人商业意识最早觉醒，商贸文化异常活跃。他们坚信"商中自有黄金屋""商能致富"，并"以商为荣"。恶劣的生存环境，使闽商的价值体系更重物质利益和改善生存条件，孕育了闽文化的务实精神，"崇尚商工"也是闽商务实精神的外化；闽越文化重利轻义，讲现实，闽南远离中原文化区，传统儒家文化"鄙视商贾"的观念在福建并不居于支配地位，闽南推崇"商能致富"，"商胜于工，商胜于农"。在闽商看来，"道义"和"功利"应该是统一的，离开"功利"（实际利益）去讲"道义"，"道义"就是没有用的空话。

（3）兼容开放的气质。

闽南的商业文化具有较强的兼容性和开放性，这一特点既能使他们在商业交往中保持一种平和宽容的心态，又能及时吸纳各种文化的经商优点，融会贯通。中原文化随移民在闽南重新建构，且在长途跋涉后经历了社会变迁和自我扬弃，已较中原本土文化产生一定差异，如接受百越人主张实效、敬重鬼神的习俗，因此闽南文化多元融合、自由开放和兼容的特点十分明显。这种文化的宽仁博大使得闽商成为经济文化互动、数教多宗并存和海内域外共荣的典范。闽南文化的开放性对闽商文化的形成起到了潜移默化的作用。闽商以世界性的眼光，以"兼容并蓄"的博大胸怀，大力引进国内外的资金、技术和智力资源，重视科技进步，做大做强企业。

2. 经营理念：出则兼济天下，归则反哺桑梓

"合群团结、豪侠仗义、恋祖爱乡、回馈桑梓"是闽商性格的一部分，他们以"出则兼济天下，归则反哺桑梓"的情怀，谱写了一曲曲华美篇章。闽商在前往世界各地开展贸易的同时，也会将中国优良的文化传统、技术带到其足迹所至之处，在传播文化的同时，也促进了当地

社会的进步。崇祯元年（1628 年），福建发生旱灾，处处饥荒，生灵涂炭，地方官员束手无策。海商郑芝龙毅然捐资并献策："招饥民数万，人给银三两，三人给牛一头，用海舶载至台湾，令其芟舍、开垦荒田为生。"此举不仅使饥民免遭灾难，还促进了我国台湾岛的开发（黄宗羲，1997）。到了现代，很多新闽商怀着一份回报家乡的桑梓情怀，放下在他乡蒸蒸日上的事业，积极响应政府的"回乡工程"号召，返回家乡支援家乡经济建设。

3. 经营模式：爱打"侨"牌、家族经营的特点

闽南是有名的"侨乡"，人口仅 27 万人的石狮市，旅居东南亚、日本、欧美的华侨及港澳台同胞多达 60 万人，几乎家家都有"海外关系"。闽商善于利用海外关系，巧借外力来发展和提高自己，他们发挥侨胞中介作用，敏锐把握商机，内引外联，做进出口贸易生意；利用其侨汇多、资金雄厚的优势，兴办企业，把自己的产品推向国际市场，成为改革开放后经商致富的先行者。

二、从闽商到新闽商的嬗变

（一）发展状况

面对百年未有之大变局，作为东部发达省份，新闽商要弘扬敢拼爱赢和精明务实的优良传统，担负起时代赋予的新使命，凭借其在海内外的经济实力、商业网络和人才资源等力量，促进产业升级和规模扩大，加快城乡现代化建设步伐，形成"众商齐聚，同心兴闽"的和谐局面，为建设更加开放、更加繁荣的海峡西岸经济区贡献更大的力量。

为了更好地把握福建省的发展状况，本章从"综合发展指标""经济发展指标""民营经济发展指标""创新发展指标""社会发展指标""生态发展指标"六个方面对福建省的发展状况及在全国所处的位次进行了分析，如表 10 - 2 所示。从中可以看出，福建省在人均地区生产总值、普通小学师生比以及森林覆盖率等方面居于全国领先位次，但在医

疗水平以及科技成果转化成效等方面比较薄弱。

表 10 – 2　　　　　　　　福建省发展现状及在全国所处位次

层次	指标名称（单位）（年份）	数值	全国排名
综合发展指标	政商关系健康指数（2021）	30.52	12
	中国地区综合发展指数（2020）	103.39	7
	财政发展指数（2020）	50.1	9
	营商环境指数（2020）	54.36	14
	地区生产总值指数（2021）	108	14
经济发展指数	社会消费品零售总额（亿元）（2021）	20373.1	9
	规模以上工业企业利润总额（亿元）（2021）	4353.3	6
	地区生产总值（亿元）（2021）	48810.4	8
	居民人均消费支出（元）（2021）	28440	7
	人均地区生产总值（元/人）（2021）	116939	4
	第一产业增加值指数（上年＝100）（2021）	104.9	22
	第二产业增加值指数（上年＝100）（2021）	107.5	11
	第三产业增加值指数（上年＝100）（2021）	108.8	8
	固定资产投资（不含农户）增速（%）（2021）	6	17
	经营单位所在地进出口总额（千美元）（2021）	285503451	7
	经营单位所在地出口总额比例（%）（2021）	58.6	16
创新发展指数	国内专利申请数（件）（2020）	174867	9
	国内有效专利数（件）（2020）	417745	7
	各地区 R&D 经费投入强度（2020）	1.92	15
	规模以上工业企业 R&D 经费（万元）（2020）	6669131	6
	规模以上工业企业 R&D 人员全时当量（人年）（2020）	140850	6
	规模以上工业企业新产品项目数（项）（2020）	27029	6
	规模以上工业企业开发新产品经费（万元）（2020）	6787880	9
	技术市场成交额（亿元）（2020）	163.54	21
	参与智能制造能力成熟度自评估且成熟度二级及以上企业数量（2021）	112	11

续表

层次	指标名称（单位）（年份）	数值	全国排名
社会发展指数	地方财政一般预算收入（亿元）（2021）	3383.38	11
	地方财政一般公共服务支出（亿元）（2020）	467.52	18
	每万人医疗机构床位数（张）（2020）	52.2	28
	每万人拥有卫生技术人员数（人）（2020）	67	28
	普通小学师生比（%）（2020）	18.82	1
	每十万人口高等学校平均在校数（人）（2020）	2866	16
	有线广播电视用户数占家庭总户数的比重（%）（2020）	63.5	7
	人均拥有公共图书馆藏量（册/人）（2020）	1.11	6
	互联网宽带接入用户（万户）（2020）	1831	11
	公路营运汽车客位数（万客位）（2020）	40.32	21
生态发展指数	城市绿地面积（万公顷）（2020）	7.53	17
	公园绿地面积（万公顷）（2020）	2.08	15
	建成区绿化覆盖率（%）（2020）	44.6	3
	化学需氧量排放量（万吨）（负向）（2020）	62.3	14
	二氧化硫排放量（万吨）（负向）（2020）	7.88	12
	氮氧化物排放量（万吨）（负向）（2020）	25.82	11
	生活垃圾清运量（万吨）（2020）	878.5	9
	森林覆盖率（%）（2020）	66.8	1
	城市污水日处理能力（万立方米）（2020）	475.1	15
	液化石油气用气人口（万人）（2020）	572	3
	天然气用气人口（万人）（2020）	800	22
民营经济发展指数	民营上市公司个数（个）（2021）	110	8
	民营上市公司平均营业收入（万元）（2021）	602888	10
	民营上市公司平均总资产（万元）（2021）	1391677	7
	民营上市公司平均净利润（万元）（2021）	18541	18
	民营上市公司员工总数（人）（2021）	609854	6
	民营500强企业个数（个）（2021）	17	8

资料来源：《中国统计年鉴》、各省份《统计年鉴》、市场化指数数据库。

（二）发展路径

1. 弘扬闽商精神，创新驱动发展

新闽商要坚持创新在现代化建设全局中的核心地位，弘扬敢于冒险拼搏的"创"文化，坚定不移地实施创新驱动发展战略。引导科技企业孵化器、众创空间等孵化载体高质量发展，加快构建龙头企业牵头、高校院所支撑、各创新主体相互协同的创新联合体。加大研发投入，针对"卡脖子"技术，加强创新攻关，大力推动信息产业、新能源、生物产业等新兴产业集群的发展。加强"数字福建"建设，使数字经济成为福建经济创新领跑的重要引擎，打造数字支点，将数字经济与农业、制造业等传统产业结合，实现产业数字化转型，助力传统产业高质量发展。

2. 推进产业链现代化，提高产业集群水平

推进产业链供应链现代化，打造产业新体系，加大重要产品与关键核心技术攻关力度，提升产业基础制造和协作配套能力，重点发展新材料、新能源、生物与新医药、智能化高端装备等战略性新兴产业集群。完善产业链供应链区域协同创新机制，建立健全福建省内区域协同创新发展一体化机制体制，以福州、厦门、泉州三市为中心，建设科技创新资源统筹服务平台联盟，促进各类科技资源的汇聚、开放、共享和开发利用，面向产业链供应链企业提供智能化、定制化服务，促进科技资源共享及增值。加快现有集群经济产业结构的优化与升级，引导企业用高新技术改造传统工艺，鼓励和支持企业开发高技术、高档次、高附加值的产品，加快新产品的研制开发步伐，全面提高产品质量。分类推进集群经济的发展，制定每个产业集群培育与发展的战略方案，实行"一链一策、一群一策"，通过原产业集群中产业链的延伸，在上下游的一些环节上培育新的产业集群，增大产业集群之间的关联性，逐步形成产业集群网络（龙冬艳，2006）。

3. 发展慈善事业，承担社会责任

传统闽商在家乡带头捐款，为乡里修桥筑路、翻新宗祠、兴建学

校，这种积德行善、造福桑梓的优良传统被新时代闽商所继承和弘扬。新闽商参加公益慈善的热情很高，从早期简单的捐款捐物，帮助弱势群体，兴资助学，逐步提升到关注生态环境，参与补齐民生短板，促进共同富裕事业。闽商参与公益慈善事业的深度和范围在不断升级，已逐步将"小我追求"提升至"响应国家号召和时代召唤"，为国家发展和社会建设贡献力量。

4. 坚持绿色发展，建设美丽福建

建立健全绿色低碳循环发展体系，促进经济社会发展全面绿色转型，是推动福建省绿色发展的必然要求，是实现碳达峰、碳中和目标的有效保障。新闽商要根据省政府出台的《福建省加快建立健全绿色低碳循环发展经济体系实施方案》，加快建立健全绿色低碳循环发展的生产体系，提升产业园和产业集群循环化水平，构建绿色供应链；加快建立健全绿色低碳循环发展的流通体系，加强再生资源回收利用、建立绿色贸易体系；加快建立健全绿色低碳循环发展的消费体系，倡导绿色产品消费和绿色低碳的生活方式；加快基础设施绿色升级，高效安全处置废弃物、有效改善城乡人居环境。统筹推进高质量发展和高水平保护，推动高效利用资源、严格保护生态环境、有效控制温室气体排放，确保实现碳达峰、碳中和目标，推动福建绿色发展迈上新台阶①。

---

① 《福建省加快建立健全绿色低碳循环发展经济体系实施方案》，福建省人民政府门户网站，http://www.fujian.gov.cn/jdhy/zcjd/202109/t20210927_5696766.htm。

第十一章

苏　商

康山傍宅与为邻，口岸新签怒忽嗔，明白安详江广达，散商依旧总商人。

——《扬州竹枝词》

邗沟兴运，吴王煎盐，钻天洞庭……自明清以来，苏州就是江南重要的商业中心，以洞庭商人为主体的苏商兴起于清朝中后期，凭借以水运为主的商贸交通条件发展起了以货物流通和商品交换为主的商业经济，粮食、丝绸、棉布、茶叶、刻书、珠宝等产业比较发达，特别是在推动近代中国民族工业的发展中发挥了非常重要的作用。苏商有着悠久的历史和辉煌的过去，在世纪之交，新苏商作为发展迅猛的新商人群体，秉承其"实业富国、产业报国"的精神，在绵延百年的苏商文化中体现了爱国尚德、尊商惠民、开放包容和务实创新的精神。

第一节　产　业　基　础

1667 年，江苏因清代江南省（明代南直隶）东西分置而建省，江宁府、苏州府各取首字，就成了江苏。它是中国土地最肥沃的地方，地处南北过渡地区，平原广袤，由苏南平原、苏中江淮平原、苏北黄淮平原组成。中国两大淡水湖分处江苏南北，运河纵贯东西，长江穿境而过。左宗棠当年做两江总督时就感叹，整个湖南加起来，土地之肥沃，物产量之多，抵不过苏松一县（顾坤华，2007）。

一、区位优势

交通与地理位置

1. 基本情况

自古苏浙一带人文荟萃，商贾云集，为历代富庶之地。苏商的活动区域主要在太湖流域（主要指江苏南部的苏州、无锡、常州三地所辖地区），水陆交通十分发达，举世闻名的京杭大运河纵贯全境，穿越太湖，是我国南北水陆交通命脉，往北可达燕京齐鲁等广大北方沃地，往南与杭绍嘉湖相连。滔滔江水将江苏一分为二，上溯可至川蜀楚湘的开阔腹地，往下可达茫茫海洋，是进行海外贸易的天然航线。江苏境内有数千公里的漫长海岸线，有多处适宜巨舰出洋的优良港口。苏州古称"吴地"，优越的交通条件极大地促进了该地区商业贸易的发展，形成了一批大贾巨商①。

> 江淮田一善熟，则旁资数道，故天下大计，仰于东南。
>
> ——《新唐书》卷165《权德舆传》

2. 商业辐射网

苏商以江苏为中心，形成了北部、西南两条主要的国内商路和以日本、朝鲜、东南亚为主要目标市场的商业辐射网。

（1）国内商路。

①西南商路。两淮盐场的盐主要通过扬州进入长江，溯江而上辐射供应皖、湘、赣、鄂以及西南部分地区。苏松土布销售"近自杭、歙、

---

① 《认识苏商》，上海市泰兴商会，http：//www.shtxsh.com/A/？C－1－744.Html。

清、济，远至蓟、辽、山、陕"，并出口南洋，有"衣被天下""名声
四方"之誉。鸦片战争爆发前，江苏的手工棉纺织业已高度发达。

②北部商路。鸦片战争后，洞庭商人利用自己的"钻天"之术在
作为金融中心的上海开辟了买办业、银行业、钱庄业等金融实体以及丝
绸和棉纱等实业。在新的历史背景下，以洞庭商帮为代表的苏商产生了
一批民族企业家，走上了由商业资本向工业资本发展的道路，实现了华
丽的转型蜕变。

（2）国际商路。

凭借丰富的本地物产以及苏商"敢闯敢拼"的冒险精神，瓷器、
茶叶和药材等商品也远销海外，主要包括东南亚、日本等地区和国家。

①东亚商路。苏州丝绸通过东亚海域的贸易往来逐步跨出近海走向
大洋。明代郑和下西洋，外国贡使更是络绎而来，海外诸商贾仰慕苏州
产品，一时之间苏州"帆樯林立，九夷百番，进贡方物，道途相属，方
舟大船，次第来舶"。

②日朝商路。据载，崇祯十七年（1644 年），一民间商船载员 212
人，自苏州启航去日本经商，带去纺丝、绫丝等价值万余两的贸易品。
苏州民间商贩经常不顾政府禁令，载丝织货物前往日本与之贸易。清代
咸丰年间，经营纱缎的苏州商人还到日本和朝鲜自行设庄营业，仅在日
本每年销售纱缎就有两万匹之多。明清之际，销往朝鲜的苏州丝绸"每
年约需数万匹"（薛茂云等，2021）。

"清咸丰二年（1852 年）一月二十六日……丰利号商船从苏州带去
的主要货物有大呢、羽毛、绸、绉、京布以及中药材。"

——松浦章《中国商船的航海日志》

3. 物产资源

江苏拥有比较丰富的自然资源。

矿产资源。江苏已发现各类矿产 135 种，其中查明资源储量的 78
种。全省已查明矿产资源储量的矿区 493 个，中小型规模占 77%，战略
性矿产（煤、铁、铜等）紧缺。岩盐、石榴子石、钛矿（金红石）、凹

凸棒石粘土、地热等矿产丰富①。

水资源。江苏境内降雨年径流深度在 150～400 毫米。江苏平原地区广泛分布着深厚的第四纪松散沉积物，地下水量丰富。江苏地处江、淮、沂沭泗流域下游和南北气候过渡带，河湖众多，水系复杂。江苏本地水资源量 321 亿立方米，全省多年平均过境水量 9492 亿立方米，其中长江径流占 95% 以上。

植物资源。江苏重点国家保护植物有金钱松、银缕梅、宝华玉兰、天目木兰、琅琊榆、香樟、青檀、榉树、香果树、银杏、短穗竹、秤锤树、明党参、珊瑚菜、独花兰、莼菜、野菱、野大豆、水蕨、中华水韭等，计 20 种，分属 17 科 19 属，其中中国特有种 13 种。全省共建立林木种质资源原地保存地 46 处，面积 1.29 万公顷，主要分布在自然保护区和森林公园内，保护种质资源树种 1063 种，如金钱松、宝华玉兰、南京椴、楸树、青檀、黄连木、银杏、银镂梅等。

土地资源。全省海域面积 3.75 万平方公里，共 26 个海岛。沿海未围滩涂面积 5001.67 平方公里，约占全国滩涂总面积的 1/4，居全国首位。江苏湿地资源丰富，湿地面积为 282.19 万公顷，其中自然湿地 195.32 万公顷，人工湿地 86.87 万公顷。湿地的分布，沿海以近海与海岸湿地为主，苏南以湖泊、河流、沼泽类型的湿地为主，里下河地区以河流湖泊湿地为主，苏北以人工输水河与运河湿地为主。

4. 人口

江苏人口历史发展经历过明朝万历时期的繁荣，几乎占到当时全国总人口的 1/4，也经历过太平天国战争后的严重损失，直到清朝咸丰年间再次鼎盛，而中华人民共和国成立后实现了稳定增长，这一历史轨迹反映了江苏地区人口变化的复杂性和多样性。而基于此发展起来的苏商是明清时肇起于苏州太湖东、西山的"洞庭商帮"，虽然没有大进大出的经商技巧，却生存于天赐的农耕时代的"鱼米之乡"，繁衍生息在这块土地上的江苏人，无须四处奔波，就能衣食无忧、殷实富裕。

①　资料来源：江苏省人民政府，http://www.jiangsu.gov.cn/。

君到姑苏见，人家尽枕河。古宫闲地少，水港小桥多。

——杜荀鹤《送人游吴》

二、政商关系

与其他商帮相比，苏商的兴起和发展与政府及相关政策联系较弱，但在其发展的进程中也得益于与政府的合作。

1870 年以后，苏商普遍采用西方先进的生产技术，并直接投资工业。在创办实业的过程中，面对开办资金短缺、经营融资不畅的难题，商人只好借助官府的力量，于是产生了"官督商办""官商合办"等经营方式，然而这种合作后期却演变成完全由官员控制的官府企业，商人不得不依靠官府来维持正常的企业经营活动。盛宣怀就是一个典型的官商代表，他早年受到北洋总督李鸿章的赏识，以官方代表身份进入商界，依靠官方力量垄断了船舶、铁路、矿山、银行等行业，在上海、苏州、常州、南京、九江、武汉等地经商，家产雄厚，成为一名著名的官商。

张謇作为近代苏商的领袖，在商业活动中也与政府保持密切合作。1896 年初大生纱厂股份筹资失败，张謇不得不向政府寻求帮助，两江总督刘坤一即刻将官机 20400 锭作价 25 万两作为官股入股；1901 年，在刘坤一的支持下，官府将海门的 10 多万亩海滩划给张謇，建成了纱厂的原棉基地。在经商期间，张謇也积极参加政治活动，并为袁世凯草拟了逼宫宣统的《清帝逊位诏书》。从以盛宣怀、张健为代表的苏商来看，他们具有"官"和"商"的双重身份和双重人格，在与官府的关系上更加亲近，更能代表官府的利益（潘彤，2019）。

三、主导产业体系

（一）传统产业体系及早期集聚

苏州太湖边的洞庭东山与太湖中的洞庭西山孕育出了早期苏商——

洞庭商帮。鸦片战争后，在民族危机的刺激下，江苏诞生了近代苏商群体，他们大多以办制造业等实业为主，从事纺织、面粉、火柴、香烟、造纸等轻工业，以及钢铁、水泥、化工、煤炭、矿山、建材、机器制造等重工业。从经济贡献度和产品竞争力来看，苏商所在区域形成的主导产业主要有四个：纺织业、面粉业、陶瓷业和盐业。

1. 纺织业

元朝初年，棉种由南方传入江苏地域，江苏的棉纺织业随之出现。鸦片战争后，棉制品成为西方列强最主要的输入商品之一，江苏的棉纺织业开始衰落。《南京条约》签订后，纺织品进口税率平均由 19.9% 降至 6%，第二次鸦片战争后降至 5% 以下。外国廉价棉制品的涌入让江苏纺织业遭受重创，"民间之买洋布者，十室之九，由是江浙之棉布不复畅销"。1853 年太平天国运动波及江苏，清政府为增加财政收入，筹措镇压经费，在江苏首先实行了厘金制度，在各地遍设局卡，征收厘税，更加限制了土布的销售和转运，由于江南连年战乱，原有的布业市镇遭到进一步破坏。

1895~1913 年，机器棉纺织工业开始发展起来。1895 年《马关条约》签订，朝野士大夫纷纷呼吁设厂自救。两江总督张之洞在 1895~1896 年先后授意无锡绅士（原上海织布局总办）杨宗瀚、苏州绅士（原国子监祭酒）陆润庠、镇江绅士（礼科给事中）丁立瀛、南通绅士（翰林院修撰）张謇等苏商分别在苏自办或设立商务局官办纺织工厂，机器纺织工业开始萌芽。1896 年，杨宗瀚创办的"无锡业勤纱厂"建成开工，有纱锭 10192 枚；1897 年，陆润庠创办的"苏州苏纶纱厂"建成，有纱锭 18200 枚；1899 年，张謇创办的"南通大生纱厂"建成，有纱锭 20400 枚。辛亥革命后，江苏省都督程德全在省内设立 12 家官办手工工场，其中数家为织布工场。

第一次世界大战时期，华商纱厂获得了发展机会。1914 年张謇在担任北洋政府农商总长时期实行了一系列发展民族经济的政策，如对纺织和制铁企业实行股份保息，对全国土布一律免除厘税，江苏棉纺织工业以前所未有的速度发展起来。机器棉织业和机器印染业在这一时期产生。1922 年后，由于日本迅速扩大纺织资本，江苏棉纺织业出现危机，市场日纱充斥，棉贵纱贱，华厂营业亏损。面对困境，一些苏商开始对原有的脚踏机进行改良，逐渐向工业化过渡。

2. 面粉业

苏商面粉产业起步较早，特别是在近现代工业化的背景下，苏南地区的企业家们开始涉足面粉行业，他们在机械选粒、精细粉碎等方面取得了显著成果，特别是著名的红色资本家族的荣氏兄弟，其培育的茂新、福新、申新等企业，在面粉行业占据重要地位。光绪二十八年（1902年），实业家荣宗敬、荣德生兄弟在家乡无锡创办了保兴面粉厂。经过几年的资本积累，在对面粉市场进行详细调研的基础上，荣氏兄弟在1910 年 3 月决定投入巨款引进当时世界上最先进的美国制粉机器，这样一来，工厂的生产规模足足扩大了 3 倍。第一次世界大战爆发后，因为西方国家投资的大幅收缩，加上战争消耗，西方物质生产出现严重匮乏，食品粮食短缺，国际市场对面粉的需求骤增，出口急剧加大，作为面粉交易所的标准交易商品样本的"兵船"面粉供不应求。荣氏兄弟再次抓住这个机遇，或租或买，通过租用其他小面粉厂的厂房，或者是购买地皮建厂来扩大生产规模。1921 年，福新系的面粉厂已扩张到8 家，其中除了福新五厂在汉口外，其他工厂都设在上海，沿苏州河分布。

荣氏家族依靠面粉业获得了"第一桶金"后，荣家"申"字号棉纺织厂也蓬勃发展，创造了民族工业的一个个奇迹，在当时被称为"面粉大王"和"棉纺大王"。中国人民大学经济学院教授高德步曾评价说："从近代开始，荣家三代对中国经济的发展作出了巨大贡献。荣宗敬和荣德生兄弟创办的企业是中国民族企业的前驱；中华人民共和国成立后，荣毅仁支持中国政府的三大改造，对我国经济的发展起到非常积极的作用；改革开放以后，荣家第三代荣智健等人对中国市场经济、新兴民族企业的发展做出了重大贡献。"

3. 陶瓷业

江苏宜兴制陶历史悠远，早在 6000 多年前的原始社会新石器时期，就有了从事农业和制陶业的原始居民。宜兴地区的古代制陶业，到了商周时期有了新的发展。从丁蜀镇的涧众、元帆，湖汊的画溪河两岸等遗址发掘可以得知，夹砂红陶和泥质红陶占主要地位，灰陶和几何印纹陶的数量也占相当的比重，同时还发现了火候较高的褐陶，这些陶器的烧制工艺技术已经达到了成熟的阶段。在春秋战国时期的遗址中，宜兴地区的几何印纹硬陶和原始青瓷的残片几乎随处可见，特别是在丁蜀镇附近的汤渡至湖汊的画溪河沿岸，发现了大量的几何印纹硬陶和原始青瓷残片。出土的大型陶罐已采用手工拍打成型，坯外压制多种纹饰，反映了工艺技术的显著进步，由此可以判定，宜兴地区很可能是当时南方原始青瓷和几何印纹硬陶的主要产地之一。

历经东汉和三国两晋的发展，唐朝时期，宜兴青瓷的烧制中心已经转移到宜兴城西南的归径棚山和武真堂一带，方圆十余里，均有窑址分布，而且废品和窑具堆积层厚达 1 米以上，可以看出那里的窑场生产规模相当可观，形成了显著的集聚效应。宋代的宜兴陶窑分布较广，主要集中在两个地区：一是以丁蜀镇为中心，主要烧制缸、钵、坛之类的日用陶；二是以西渚五圣庙为中心，主要烧制小型"韩瓶"。以丁蜀镇为中心的宋代陶窑早期集群主要有象牙山南麓的龙窑群、青龙山的缸窑群、蜀山龙窑群、南山龙窑群，还有烧造早期紫砂的蠡墅羊角山龙窑群等，陶瓷产业发展达到了顶峰。

4. 盐业

历史上一直流传着"两淮盐，天下咸"的民谚，而扬州邻近我国最大的海盐产场——江苏境内淮河以南和淮河以北的两大片产盐区，国家盐业垄断管理机构——两淮盐运使司就设在扬州。扬州自唐代就成为中国盐业的商贸重镇。

明清时期，扬州在盐业经济中占据重要地位。秦商、晋商、徽商纷纷涌入扬州，经营食盐运销。扬州盐商与广东行商、山西票商一起，并称清中期全国三大商人集团。清代康乾盛世，随着社会经济逐渐稳定，人民安居乐业，淮盐销售顺畅，盐商获利甚巨，扬州河下一带华屋连苑，成为富商聚集之地。盐产销兴旺，极大地促进了扬州城市社会经济的发展，特别是新城商业市肆稠密，异常繁华（吴跃农，2021）。

（二）中介组织——苏商商会

传统的苏商商会同样承担着保护营生、启发智识、维持公益、调息纷争的功能。新苏商商会网络发达，功能齐备，秉承着"凝聚苏商、服务苏商、引领苏商、成就苏商"的发展理念，为苏商着力提供四大核心服务：全媒体资讯服务、商务社交圈服务、投融资对接服务和产品营销服务。近年来，江苏省积极推动各地江苏商会建设和发展，不断扩大全球江苏商会朋友圈、优化全球江苏商会生态圈，目前已实现江苏商会在31个省的全覆盖，建有160多家市级江苏商会，推动成立了安哥拉、澳大利亚、秘鲁、德国、菲律宾、加拿大、柬埔寨、肯尼亚、马来西亚、美国、墨西哥、日本、西班牙等13家海外江苏商会，分布广达五大洲。全球各地江苏商会团结带领广大苏商，始终坚韧不拔，勇于闯荡天下，在海内外投资兴业、创新创造，讲述苏商故事，做出苏商贡献，展现苏商风采。

（三）现代产业体系与"集群化"发展

江苏拥有全国最大的制造业集群，集群强链不断提升其先进制造业辨度。江苏省工信厅的数据显示，截至2022年9月，江苏省已培育16个先进制造业集群和50条重点产业链，规模超万亿元行业达5个，新型电力装备、工程机械、物联网等6个制造业集群入选"国家队"，数量居全国首位，晶硅光伏、风电装备、品牌服装等7条产业链迈入国际中高端水平。"十四五"时期，围绕现代产业体系，江苏省提出围绕16个先进制造业集群和64个细分产业领域，全力打造1个综合实力国际领先、5个综合实力国际先进的制造业集群，培育10个综合实力国内领先的先进制造业集群，推动全产业链优化升级。江苏省16个先进制造业集群如表11-1所示。

表 11 –1 江苏省 16 个先进制造业集群

序号	名称	细分产业领域
1	新型电力和新能源装备集群	智能电网、特高压设备、晶硅光伏、风电装备、氢能装备
2	工程机械和农业机械集群	起重机械、挖掘机械、路面机械、应急装备、农业机械
3	物联网集群	北斗导航、信息感知、传输组网、处理应用
4	高端新材料集群	先进碳材料、纳米新材料、先进电子材料、特钢材料、化工新材料
5	高端纺织集群	化学纤维、品牌服装、家用纺织品、产业用纺织品
6	生物医药集群	生物药、化学药、现代中药
7	新型医疗器械集群	高性能诊疗设备、体外诊断设备、医用机器人、高端植介入耗材、生命支持设备
8	集成电路与新型显示集群	集成电路、新型显示
9	信息通信集群	移动通信、光通信、未来网络
10	新能源（智能网联）汽车集群	智能网联汽车、动力电池、氢燃料电池汽车、充换电网络
11	高端装备集群	高档数控机床、智能机器人、轨道交通装备、民用航空航天装备、特色专用装备
12	高技术船舶和海洋工程装备集群	高技术船舶、豪华邮轮、海洋工程装备
13	节能环保集群	高效节能装备、水污染防治装备、大气污染防治装备、固体废弃物处理设备
14	绿色食品集群	酿造食品、肉制食品、功能食品
15	核心软件集群	工业软件、基础软件、信息安全软件、信息技术应用创新
16	新兴数字产业集群	大数据、云计算、人工智能、区块链等新兴数字产业

第二节　商帮文化特质

苏商的主体是"洞庭商人"，洞庭商帮的文化精神也是苏商之魂。经历岁月变迁和商帮的发展，今天新苏商的文化精神被赋予了时代的内涵，可以概括为"爱国尚德、稳健务实，开拓创新、敢为人先，开放包容、睿智敏行，诚信经营、崇文惠民"。苏商商业文化体系如图11 – 1所示。

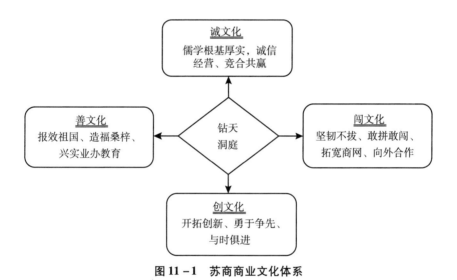

图 11 – 1　苏商商业文化体系

一、诚文化

诚信经营是苏商文化精神的重要体现。苏商讲求竞合共赢，面对竞争，不贪图眼前小利，在竞争中诚信合作，在诚信合作中发展，在发展中实现共赢（秦蔚蔚，2022）。苏商拥有极强的诚实和守约精神，儒学根基厚实，在经商过程中重信用、守承诺。荣德生提出"心正思无邪，意诚言必中""经营事业，信用第一"。诚信经营是苏商的立业之基、经营之道。

"人可以穷,可以死,不可无良;国可以弱,可以小,不可无信。无良,不人,无信,不国。"

——苏商张謇

二、善文化

苏商热心公益,造福桑梓,报效祖国。他们兴办的商会既促进商人群体发展商业,也进行慈善公益事业和各式各样的社会救济。苏商具有爱国主义的光荣传统,为了实业救国,著名商人张謇创办了南通大生纱厂等18家企业,后来还创办了实力雄厚的大生资本集团,形成了一个包括农业、工业、商业、运输业、金融业等多个领域的实业体系。与此同时,他还积极兴办教育和公益事业,一生创办了近400所学校,造福乡梓,体现了苏商浓厚的爱国主义情怀。

三、闯文化

苏商具有坚韧不拔、敢拼敢闯的精神。他们勇于闯荡,在海内外投资兴业,足迹遍布天下。20世纪90年代末,苏商迎来第三次大创业,由于资源匮乏,苏商意识到乡镇企业要进一步向外要市场、要资源,必须要发挥闯荡精神,"闯出去"参与国际竞争。此外,江苏商会实现了全国31个省份全覆盖,在海外的布局也遍及五大洲,极大地促进了信息交流和贸易发展。

四、创文化

苏商具有很强的创新意识,在实践中善于学习,勇于创新。苏商开拓创新、敢为人先的深刻内涵是解放思想和与时俱进,在各个领域"争第一"的开创进取精神以及不断创造出新模式、新业态等新事物的创新精神,在苏商身上体现得淋漓尽致。苏商对于企业的体制创新、战略创新、技术创新、产品创新、文化创新、管理创新等高度重视,从而造就了一批又一批成功的苏商(毕晶晶,2021)。

盛宣怀开创了中国近代工商、金融、教育等领域十一个第一。

荣宗敬说,"干得痛快,处处争第一",荣德生斩钉截铁地说,"我就是要争第一"。

"华西精神"创造者吴仁宝创办的是中国最好的工业化村镇、最好的股份制民营企业,他毫不隐瞒华西的定位、追求就是"华夏第一村"。

沙钢集团董事长沈文荣瞄准行业世界先进水平,领导沙钢集团实现了产品、产量、产业的跨越式发展,成为全国最大的民营钢铁企业,成为第一家进入世界500强的中国民营企业(吴跃农,2013)。

第三节　基于产业集群社会责任建设的可持续发展路径

一、苏商兴盛的表征与原因

崛起于明晚期的苏商,无疑是中国"十大商帮"中的后起之秀。苏州太湖边的洞庭东山与太湖中的洞庭西山孕育出了早期苏商——洞庭商帮。鸦片战争后,在民族危机中诞生的近代苏商群体普遍崇尚发展实业,他们创办的实业无论数量和规模都引人注目,是中国近代商业兴起的标志之一。

探寻江苏商人崛起的原因可以发现,这里既有时代历史大环境的影响,也有江苏商人自身在文化、思想上的独特优势,可以将其分为"外因"和"内因"两个方面。

（一）外因

1. 便利的水路交通

苏商凭借便利的运输条件开展频繁的商贸往来。首先，是运河沿线，这个区域可以分为两块：以太湖流域为中心的长江以南地区和长江以北的广大北方地区。其次，是长江沿线，此乃苏商也是最初的洞庭商帮最为活跃的一个地区。太平天国和鸦片战争之后，在长江沿线与运河沿线活跃的苏商就开始转战上海，他们或者作为外国银行和洋行的买办，或者自己开办钱庄和银行，同时经营自己的老本行丝绸业以及洋纱洋布业，甚至开办工业企业，实现了商业资本向工业资本的转换。

2. 经济中心的南移

随着中国经济重心的南移，江南地区的地位日显重要，苏商把握发展时机，快速崛起，其活动范围主要集中在太湖流域。太湖流域有"鱼米之乡""丝绸之乡"的美誉，物产丰富，交通发达，民风委婉。从总体上来看，当地人民的生活水平很高，因此经济重心南移带来的种种有利因素，对发展商业、促使这一地域性商人集团的崛起提供了得天独厚的优越条件。

3. 地理条件的优越性

从古至今，苏商的诞生地——苏南（江苏南部的苏州、无锡、常州三地所辖地区）称得上是一块山川秀丽、物阜民丰的风水宝地。据史料记载，早在春秋时期，苏南的青铜器冶炼和锻造就闻名遐迩。隋唐以后，"天下大计，仰于东南"，"赋之所出，江淮居多"。大运河的开凿使得淮北的盐场以及繁华的扬州城都成为东南财赋、漕运、盐铁转运的中心。唐后期，"苏常熟，天下足"的民谣广为流传，江苏经济在全国的地位可见一斑。

4. 科举与名宦的推动

如果说江苏商帮的诞生与地域、物产、赋税相关，那么其发展则与科举及名宦高度相关。明清时期，洞庭两山50多个有影响力的经商家族均为贾儒相间、经商与仕进迭相为用的家族。明代正统四年（1439

年），东山金塔村状元及第的施槃，少年时随父在淮阴经商，考中状元为官后，其嗣子施凤重返淮阴，成为当地有名的经商一族。正德初年（1506 年），陆巷人王鏊进入内阁，贵为阁臣，掌朝政，当时其长子王延喆返回吴中经商。清末，洞庭王氏在苏州城筑有学士街、怡老园、天官坊、厚德堂、王鏊祠等众多宅第园林，成为苏城名门①。

（二）内因

苏商与中国传统商派有明显的不同：苏商具有很高的文化素养和水平，颇具高尚精神和商业智慧，显现出儒家做人、敬业、爱人、爱国、上进、学习的道德情操。厚重的人文历史，使苏商骨子里都沉淀着诚信、仁爱、爱国、忠厚等崇高情怀和情商。

苏商以商贸为辅，重视产品质量，注重商业信誉，讲究诚信为本，敢为人先、敢于冒险、敢于做大，在获得财富后能够不断谋求发展，怀有满腔的报国热情和爱国之心。苏商都出身较好，文化水平较高，十分重视人才和管理，也注重个人修养，讲究仁和谦让、诚实守信，并会不断地进行学习和创新。

二、从苏商到新苏商的嬗变

（一）发展状况

苏商在中国近现代化和改革开放的历史浪潮中始终立于潮头，以实业报国的爱国热忱、重文崇礼的文化底蕴、稳健坚韧的行事风格、开拓进取的市场敏锐、开放进取的国际视野创造了很大成就。

为了更好地掌握江苏省当前的发展状况，本节从"综合发展指标"

---

① 中国唯一以乡命名的洞庭商帮，为何能驰骋商界 500 年？新浪网，2021 年 12 月 21 日，https：//k. sina. com. cn/article_7517400647_1c0126e4705901zm0y. html？sudaref = cn. bing. com&display = 0&retcode = 0。

"经济发展指标""民营经济发展指标""创新发展指标""社会发展指标""生态发展指标"六个方面对江苏省发展的状况及在全国所处的位次进行了分析，如表 11 - 2 所示。从中可以看出，江苏省在各项指标上排名都非常靠前，特别是创新驱动方面，更是名列前茅，可见其发展实力强劲，发展潜力巨大，生态化发展和民营经济盈利性上稍有不足，这也是新苏商未来奋斗和发展的方向。

表 11 - 2　　　　　　　　江苏省发展状况及在全国所处位次

层次	指标名称（单位）（年份）	数值	全国排名
综合发展指标	政商关系健康指数（2021）	39.94	8
	中国地区综合发展指数（2020）	113.17	4
	财政发展指数（2020）	48.42	14
	营商环境指数（2020）	63.2	5
	地区生产总值指数（2021）	108.6	5
经济发展指数	社会消费品零售总额（亿元）（2021）	42702.6	2
	规模以上工业企业利润总额（亿元）（2021）	9358.1	2
	地区生产总值（亿元）（2021）	116364.2	2
	居民人均消费支出（元）（2021）	31451	6
	人均地区生产总值（元/人）（2021）	137039	3
	第一产业增加值指数（上年＝100）（2021）	103.1	27
	第二产业增加值指数（上年＝100）（2021）	110.1	5
	第三产业增加值指数（上年＝100）（2021）	107.7	14
	固定资产投资（不含农户）增速（％）（2021）	5.8	20
	经营单位所在地进出口总额（千美元）（2021）	806873228	2
	经营单位所在地出口总额比例（％）（2021）	62.4	9
创新发展指数	国内专利申请数（件）（2020）	719452	2
	国内有效专利数（件）（2020）	1483781	2
	各地区 R&D 经费投入强度（2020）	2.93	5
	规模以上工业企业 R&D 经费（万元）（2020）	23816885	2

层次	指标名称（单位）（年份）	数值	全国排名
创新发展指数	规模以上工业企业 R&D 人员全时当量（人年）（2020）	538781	2
	规模以上工业企业新产品项目数（项）（2020）	102826	3
	规模以上工业企业开发新产品经费（万元）（2020）	28223651	2
	技术市场成交额（亿元）（2020）	2087.85	3
	参与智能制造能力成熟度自评估且成熟度二级及以上企业数量（2021）	1233	1
社会发展指数	地方财政一般预算收入（亿元）（2021）	10015.16	2
	地方财政一般公共服务支出（亿元）（2020）	1233.45	2
	每万人医疗机构床位数（张）（2020）	63.1	20
	每万人拥有卫生技术人员数（人）（2020）	79	11
	普通小学师生比（%）（2020）	16.79	12
	每十万人口高等学校平均在校数（人）（2020）	3653	6
	有线广播电视用户数占家庭总户数的比重（%）（2020）	60.9	9
	人均拥有公共图书馆藏量（册/人）（2020）	1.24	5
	互联网宽带接入用户（万户）（2020）	3756.8	2
	公路营运汽车客位数（万客位）（2020）	142.42	2
生态发展指数	城市绿地面积（万公顷）（2020）	30.58	2
	公园绿地面积（万公顷）（2020）	5.43	3
	建成区绿化覆盖率（%）（2020）	43.5	5
	化学需氧量排放量（万吨）（负向）（2020）	120.78	22
	二氧化硫排放量（万吨）（负向）（2020）	11.26	20
	氮氧化物排放量（万吨）（负向）（2020）	48.5	24
	生活垃圾清运量（万吨）（2020）	1870.5	2
	森林覆盖率（%）（2020）	15.2	24
	城市污水日处理能力（万立方米）（2020）	1854.7	2
	液化石油气用气人口（万人）（2020）	362	11
	天然气用气人口（万人）（2020）	3173	3

续表

层次	指标名称（单位）（年份）	数值	全国排名
民营 经济 发展 指数	民营上市公司个数（个）（2021）	467	3
	民营上市公司平均营业收入（万元）（2021）	415923	20
	民营上市公司平均总资产（万元）（2021）	749110	25
	民营上市公司平均净利润（万元）（2021）	12583	22
	民营上市公司员工总数（人）（2021）	1227370	3
	民营500强企业个数（个）（2021）	92	2

资料来源：《中国统计年鉴》、各省份《统计年鉴》、市场化指数数据库。

（二）发展路径

梦想与荆棘同在，光荣与危机同途。在新一轮使命承担中，新苏商应该怎样挖掘传统苏商文化的精神内核，让具有百年血脉的苏商实现可持续发展，是其面临的重要课题。

1. 新苏商应做到"有匠心"，做好品质提升

"有匠心"，就是要有精品意识，全要素、全流程、全方位严把产品质量关，注重在客户服务、使用体验和文化内涵上提升产品品质，在硬件过硬的基础上提升软件水平，把"匠心"贯穿产品和服务的每一个细节，要有锤炼精品的追求和铸就高峰的雄心，聚焦细分领域，深耕优势领域，把优势放大，不断塑造竞争新优势，在主要方向上扛起引领行业发展的大旗。"有匠心"更重要的是要深刻把握我国当前由经济高速增长向高质量发展转变的时代特征，以钻研精神推动掌握核心技术和核心竞争力，借力全球平台，凝聚高水平创新人才队伍，真正将具有引领型和颠覆性的核心技术掌握在自己手中。

2. 新苏商更要坚持创新驱动

加大开拓创新的力度，以更大的勇气和信心参与国际竞争，争当产业发展、模式创新、组织构建的弄潮儿，勇于探索源发性创新、突破性创新，开创"由0到1"的引领性事业，加快形成战略性模式、战略性

技术和战略性产品。新苏商要具有更开阔的国际化视野，在抓住中国继续扩大开放历史机遇的同时，以更积极开放的态度"走出去"，主动拥抱国际市场、国际资本、国际人才和国际资源，结合"一带一路"建设深度嵌入国际产业链，实现苏商全球化产业布局。同时，要深植现代管理思想，以现代企业制度破解企业发展中存在的问题，推动企业长期健康发展。

同时，随着中国综合国力和国际影响力的显著提升，新苏商逐渐从国际市场的参与者向主导者转变，从追赶者向引领者转变，产业多元化、高端化、科技化趋势不断加强。当前，互联网和新技术革命不断催生新的商业模式和创新业态，以颠覆式创新和网络效应为主要特点的互联网与新技术革命加快了产业迭代的速度，催生了电子商务、互联网金融、移动出行、智能制造等新产业和新业态，新苏商要不断在新技术革命中寻求新的突破口。

3. 新苏商应做到"有爱国情怀"

爱国爱乡、实业报国是苏商的优良传统，爱国主义情怀不仅仅体现在以发展业绩回报国家与人民，更要将个人荣辱、企业发展与人民幸福、国家命运紧密相连，自觉服从大局、服务大局，顺势而为、借力腾飞，在新时代高质量发展的新征程中再创新辉煌。"有情怀"还体现在有强烈的民生情怀。新苏商要关注民生事业、关心民生发展，对内严格执行职工权益相关法规，尊重劳动者，保障劳动者合法权益，努力提升就业水平和质量；对外要积极参与民生事业，积极履行企业的社会责任[①]。苏商也要通过慈善公益事业获得社会认可，践行公益，发展慈善事业来提高社会治理的能力，提高新苏商的社会地位，塑造良好的社会形象，促进社会和谐稳定。

4. 新苏商应做到"有远见"，有可持续发展意识，注重环境保护

新苏商要紧扣"绿水青山就是金山银山"的发展理念，注重和尊

---

① 《新生代苏商应有新作为》，群众网，2019 年 5 月 28 日，http：//www.qunzh.com/pub/qzzzs/qzxlk/jczx/2019/201910/202011/t20201104_80995.html。

重实业发展的客观规律。企业要大力推进科技进步，发展环保技术，重视生产全过程的污染防治，推广清洁生产和绿色技术，使用清洁能源建立生态化生产体系，积极向绿色产业转移。企业应调整结构，优化工艺，生产环境友好型产品，努力节能降耗，提高资源和能源利用效率。

参考文献

[1] 毕晶晶：《苏商文化涵养新时代高职学生工匠精神》，载于《湖北开放职业学院学报》2021年第24期。

[2] 蔡洪滨、周黎安、吴意云：《宗族制度、商人信仰与商帮治理：关于明清时期徽商与晋商的比较研究》，载于《管理世界》2008年第8期。

[3] 蔡少卿：《中国民间信仰的特点与社会功能——以关帝、观音和妈祖为例》，载于《广东商学院学报》2004年第4期。

[4] 蔡伟明：《基于族群文化视角下的企业家精神探析——以东莞籍客家商人为例》载于《北京联合大学学报（人文社会科学版）》2020年第2期。

[5] 蔡祥军、薛冰：《老字号传统经营理念探析》，载于《齐鲁学刊》2009年第2期。

[6] 曹芳、申明浩：《粤商组织演化路径及其动力分析——兼论粤商的传承与发展》，载于《广东外语外贸大学学报》2013年第1期。

[7] 曹树基、陈意新：《马尔萨斯理论和清代以来的中国人口——评美国学者近年来的相关研究》，载于《历史研究》2002年第1期。

[8] 车吉心：《齐鲁文化大辞典》，山东教育出版社1989年版。

[9] 陈宏辉、贾生华：《企业利益相关者三维分类的实证分析》，载于《经济研究》2004年第4期。

[10] 陈宏辉、贾生华：《企业社会责任观的演进与发展：基于综合性社会契约的理解》，载于《中国工业经济》2003年第12期。

[11] 陈建林、高榕璠：《晋商·徽商·温商》，中国华侨出版社

2013 年版。

[12] 陈军：《企业社会责任视角下的产业集群治理研究》，浙江师范大学，2009 年。

[13] 陈峻、杨旭东、张志宏：《环境不确定性、企业社会责任与审计收费》，载于《审计研究》2016 年第 4 期。

[14] 陈立旭：《区域工商文化传统与当代经济发展——对传统浙商晋商徽商的一种比较分析》，载于《浙江社会科学》2005 年第 3 期。

[15] 陈丽蓉、韩彬、杨兴龙：《企业社会责任与高管变更交互影响研究——基于 A 股上市公司的经验证据》，载于《会计研究》2015 年第 8 期。

[16] 陈凌：《全球浙商的历史、现状与未来》，全球化智库华商研究课题组 2019 年版。

[17] 陈梅龙、沈月红：《宁波商帮与晋商、徽商、粤商比较析论》载于《宁波大学学报（人文科学版）》2007 年第 5 期。

[18] 陈仕华、马超：《企业间高管联结与慈善行为一致性——基于汶川地震后中国上市公司捐款的实证研究》，载于《管理世界》2011 年第 12 期。

[19] 陈寿灿、杨轶清：《浙商的本质特征》，载于《浙江经济》2020 年第 8 期。

[20] 陈炜、史志刚：《地域会馆与商帮建构——明清商人会馆研究》，载于《乐山师范学院学报》2003 年第 1 期。

[21] 陈晔：《区域文化与民营经济发展研究——以青岛市为例》，载于《中国市场》2020 年第 16 期。

[22] 陈翊：《宁波商帮和温州商帮发展历程比较研究》，载于《绍兴文理学院学报（哲学社会科学）》2010 年第 5 期。

[23] 陈云娟：《企业家精神与民营企业创新动力机制研究——以浙商为例》，载于《经济纵横》2010 年第 4 期。

[24] 成艳娜、李莉莉：《优秀鲁商文化在山东省高职院校传承推广策略研究》，载于《烟台职业学院报》2021 年第 2 期。

［25］程俊杰：《制度变迁、企业家精神与民营经济发展》，载于《经济管理》2016 年第 8 期。

［26］程美秀：《清代山东商人在东北经商述略》，载于《北方论丛》1995 年第 6 期。

［27］崔丽：《当代中国企业社会责任研究》，吉林大学，2013 年。

［28］戴亦一、潘越、冯舒：《中国企业的慈善捐赠是一种"政治献金"吗？——来自市委书记更替的证据》，载于《经济研究》2014 年第 2 期。

［29］邓俏丽、章喜为：《中国商帮文化特征综述》，载于《中国集体经济》2009 年第 30 期。

［30］刁宇凡：《企业社会责任标准的形成机理研究——基于综合社会契约视阈》，载于《管理世界》2013 年第 7 期。

［31］丁爱侠：《浙江家族企业创业精神的代际传承研究》，载于《黄河科技大学学报》2017 年第 5 期。

［32］丁润和、王国文、毛铿祖、方定坚：《广东省志·丝绸志》，广东人民出版社 2004 年版。

［33］冬冰、张益、谢青桐：《文明的空间联系：大运河、新安江和徽杭古道构建的徽商文化线路》，载于《中国名城》2009 年第 9 期。

［34］董进才、黄玮：《集群企业社会责任行为互动机制研究——基于浙江省产业集群的多案例分析》，载于《华东经济管理》2012 年第 7 期。

［35］董千里、王东方、于立新：《企业规模、企业社会责任与企业财务绩效关系研究》，载于《技术经济与管理研究》2017 年第 2 期。

［36］窦鑫丰：《企业社会责任对财务绩效影响的滞后效应——基于沪深上市公司面板数据的实证分析》，载于《产业经济研究》2015 年第 3 期。

［37］范柏乃：《新时代浙商精神的内涵、功能与演进》，载于《统一战线学研究》2018 年第 1 期。

［38］范金民：《明代地域商帮的兴起》，载于《中国经济史研究》

2006 年第 6 期。

[39] 范金民：《明代徽州盐商盛于两淮的时间与原因》，载于《安徽史学》2004 年第 3 期。

[40] 范志国、付波：《基于企业社会责任的供应链管理监督模式研究》，载于《企业活力》2010 年第 1 期。

[41] 方志远：《江右商帮》，香港：中华书局 1995 年版。

[42] 费孝通：《乡土中国》，上海观察社 1948 年版。

[43] 高凤莲：《供应链管理中的企业社会责任研究》，载于《工业技术经济》2006 年第 7 期。

[44] 高兴玺：《明清时期晋商聚落的形态特征及其成因》，载于《山西大学学报（哲学社会科学版）》2014 年第 5 期。

[45] 葛宣冲：《企业家精神与民营企业创新发展的耦合机制研究》，载于《经济问题》2019 年第 6 期。

[46] 龚浩、郭春香、李胜：《基于消费者偏好的供应链社会责任内在动力研究》，载于《软科学》2012 年第 12 期。

[47] 顾坤华：《商帮文化与"苏商"的发展》，载于《江苏商论》2007 年第 4 期。

[48] 郭婷：《明清时期晋商的慈善活动》，湖南师范大学，2014 年。

[49] 国勇：《七家纺织产业集群发布社会责任报告》，载于《企业改革与管理》2013 年第 10 期。

[50] 韩沈超、潘家栋：《企业社会责任表现存在同群效应吗》，载于《财会月刊》2018 年第 19 期。

[51] 何炳棣：《1368－1953 年中国人口研究》，葛剑雄译，上海古籍出版社 1989 年版。

[52] 贺三宝：《江右商帮的嬗变与突围》，载于《农业考古》2013 年第 2 期。

[53] 贺三宝：《"江右商帮"兴衰与赣商重塑》，载于《江西社会科学》2012 年第 4 期。

[54] 黄华：《"粤商"企业文化创新研究》，载于《广东商学院学

报》2007 年第 3 期。

[55] 黄凰:《弘扬温州企业家精神 续写民营经济新传奇》,载于《温州日报》2018 年 11 月 26 日,第 6 版。

[56] 黄鉴晖:《山西茶商与中俄恰克图贸易》,载于《中国经济史研究》1993 年第 1 期。

[57] 黄静、袁方、郭昱琅、颜垒:《企业家社会责任行为方式创新对其形象评价的影响机制研究——对企业家微公益行为的扎根分析》,载于《科技进步与对策》2016 年第 9 期。

[58] 黄群慧、彭华岗、钟宏武、张蒽:《中国 100 强企业社会责任发展状况评价》,载于《中国工业经济》2009 年第 10 期。

[59] 黄文茂:《宗族制度与徽商商帮治理的互动探究》,载于《湖北经济学院学报(人文社会科学版)》2013 年第 2 期。

[60] 黄湘萌:《绿色供应链管理视域下中小企业社会责任履行的内驱力——基于江苏省的实证研究》,载于《中国市场》2017 年第 34 期。

[61] 黄晓治、刘得格、曹鑫:《企业社会责任与企业绩效:基于顾客信任与认同的研究》,载于《商业研究》2015 年第 1 期。

[62] 黄宗羲:《赐姓始末》,大通书局有限公司 1997 年版。

[63] 嵇国平、阚云艳、吴武辉:《企业社会责任对财务绩效的影响:一定是线性的吗?》,载于《经济问题》2016 年第 10 期。

[64] 贾生华、郑海东:《企业社会责任:从单一视角到协同视角》,载于《浙江大学学报(人文社会科学版)》2007 年第 2 期。

[65] 贾兴平、刘益、廖勇海:《利益相关者压力、企业社会责任与企业价值》,载于《管理学报》2016 年第 2 期。

[66] 金立印:《企业社会责任运动测评指标体系实证研究——消费者视角》,载于《中国工业经济》2006 年第 6 期。

[67] 鞠芳辉、谢子远、宝贡敏:《企业社会责任的实现——基于消费者选择的分析》,载于《中国工业经济》2005 年第 5 期。

[68] 李保京、姜启军:《基于核心企业的食品供应链社会责任管理分析》,载于《中国农学通报》2013 年第 24 期。

[69] 李福保：《晋商、徽商与江右商帮的商帮治理模式比较：治理效能视角》，江西财经大学，2019 年。

[70] 李刚等：《陕西商帮》，陕西人民教育出版社 2008 年版。

[71] 李刚、广红娟：《徽、晋、陕三大商帮文化差异解析》，载于《西安翻译学院学报》2010 年第 3 期。

[72] 李刚、李薇：《明清陕晋徽三大商帮比较研究》，中国社会科学出版社 2014 年版。

[73] 李刚：《陕西商帮十讲》，陕西人民教育出版社 2008 年版。

[74] 李刚：《陕西商帮与陕商精神十八讲》，陕西人民出版社 2013 年版。

[75] 李高泰、王尔大：《企业社会责任对企业绩效的影响机制研究》，载于《软科学》2015 年第 9 期。

[76] 李弘、王耀球、刘洪松：《基于企业社会责任的供应链利益相关者关系研究》，载于《物流技术》2011 年第 17 期。

[77] 李晖：《近代徽州村落的衰落》，合肥：安徽大学，2016 年。

[78] 李金良、乔明哲：《基于全球供应链管理中企业的社会责任治理》，载于《管理学刊》2010 年第 6 期。

[79] 李禄：《商帮兴衰的新制度经济学分析》，山东大学，2007 年。

[80] 李庆新：《明代海外贸易制度》，社会科学文献出版社 2007 年版。

[81] 李婷、李瑜：《基于利益相关者的企业社会责任与企业价值实证分析》，载于《中国经贸导刊（中）》2021 年第 6 期。

[82] 李伟阳：《基于企业本质的企业社会责任边界研究》，载于《中国工业经济》2010 年第 9 期。

[83] 李伟阳、肖红军：《企业社会责任的逻辑》，载于《中国工业经济》2011 年第 10 期。

[84] 李锡江、刘永兵：《语言类型学视野下语言，思维与文化关系新探》，载于《东北师大学报：哲学社会科学版》2014 年第 4 期。

[85] 李晓英：《餐饮业绿色供应链管理实践影响因素的 Grey –

DEMATEL 分析》，载于《哈尔滨商业大学学报（社会科学版）》2013年第 6 期。

[86] 李心合：《面向可持续发展的利益相关者管理》，载于《当代财经》2001 年第 1 期。

[87] 李新春、檀宏斌、郑丹辉等：《粤商创业：家族的力量》，社会科学文献出版社 2013 年版。

[88] 李正：《企业社会责任与企业价值的相关性研究——来自沪市上市公司的经验证据》，载于《中国工业经济》2006 年第 2 期。

[89] 连玉君、彭镇、诸美艳：《企业风险承担决策中的同群效应》，载于《上海商学院学报》2022 年第 1 期。

[90] 梁小民：《商帮产生于明代》，载于《南方周末》2006 年 4月 13 日。

[91] 廖萌：《闽商海外发展概述》，载于《八桂侨刊》2011 年第2 期。

[92] 廖新平：《闽商与其它新商帮比较研究》，载于《福建商业高等专科学校学报》2011 年第 2 期。

[93] 廖新平、吴贵明、黄跃舟、章月萍：《闽商文化特色探究》，载于《福建商业高等专科学校学报》2006 年第 6 期。

[94] 林浩、周怡芳、刘玉：《清代云南和浙江的商人会馆之比较研究》，载于《文山学院学报》2018 年第 4 期。

[95] 林清：《商人、商路与区域兴衰》，南昌：江西师范大学，2011 年。

[96] 刘彬斌、肖建玲：《供应链企业社会责任履行与农产品供应链绩效的实证研究——基于责任驱动力、责任协同视角》，载于《商业经济研究》2019 年第 1 期。

[97] 刘长喜：《利益相关者、社会契约与企业社会责任》，北京：复旦大学，2005 年。

[98] 刘卉：《基于环境社会责任视角的大涌牛仔产业集群可持续发展研究》，载于《毛纺科技》2019 年第 8 期。

[99] 刘建生等:《晋商五百年·商业翘楚》,山西教育出版社2014年版。

[100] 刘静:《企业社会责任视角下的产业集群治理研究》,西安:西安工业大学,2010年。

[101] 刘立云:《明清时期陕藏茶叶贸易研究》,载于《西藏大学学报(社会科学版)》2018年第1期。

[102] 刘文纲、冯俊:《供应链视角的连锁加盟商企业社会责任实现机制研究——餐饮服务业多案例比较分析》,载于《北京工商大学学报(社会科学版)》2017年第5期。

[103] 刘艳琴:《明代徽商与官府、客地居民和乡邻的关系——从明代话本小说看徽商拓展生存空间的方式》,载于《安徽大学学报(哲学社会科学版)》2009年第4期。

[104] 龙冬艳:《提升产业集群水平 促进福建经济发展》,载于《当代经济》2006年第7期。

[105] 龙小宁、王俊:《中国司法地方保护主义:基于知识产权案例的研究》,载于《中国经济问题》2014年第3期。

[106] 卢代富:《国外企业社会责任界说述评》,载于《现代法学》2001年第3期。

[107] 卢君:《我国商帮文化的比较研究》,载于《商业时代》2012年第2期。

[108] 吕叔春:《像浙商一样思考》,中国纺织出版社2010年版。

[109] 马双、赵文博:《方言多样性与流动人口收入——基于CHFS的实证研究》,载于《经济学(季刊)》2019年第1期。

[110] 马燕平:《解读晋商恰克图贸易衰落的深层原因》,载于《科技和产业》2011年第6期。

[111] 门亮:《徽商与大庾岭商路》,载于《九江学院学报(社会科学版)》2013年第2期。

[112] 孟星宇:《近代陕商经营衰落原因探析》,西安:西安工业大学,2018年。

［113］缪朝炜、蔡舜、徐迪、孟香荷：《我国鞋服行业供应链社会责任驱动力与供应链绩效实证研究》，载于《管理工程学报》2015 年第 3 期。

［114］欧人：《粤商人格特征论》，载于《重庆大学学报（社会科学版）》2003 年第 5 期。

［115］欧阳兆熊、金安清：《水窗春呓》，中华书局出版社 1984 年版。

［116］潘彤：《近代苏、粤两地商业文化的比较》，载于《现代商业》2019 年第 36 期。

［117］彭红星、毛新述：《政府创新补贴、公司高管背景与研发投入——来自我国高科技行业的经验证据》，载于《财贸经济》2017 年第 3 期。

［118］彭泗清、李兰、潘建成、韩岫岚、郝大海、郑明身：《企业家对企业社会责任的认识与评价——2007 年中国企业经营者成长与发展专题调查报告》，载于《管理世界》2007 年第 6 期。

［119］彭涛、彭逸凡：《中国古代名窑：湖田窑》，江西美术出版社 2016 年版。

［120］彭晓、修宗峰、刘然：《商帮文化、制度环境与企业社会责任信息披露——基于我国 A 股民营上市公司的经验证据》，载于《中南大学学报（社会科学版）》2020 年第 5 期。

［121］彭镇、彭祖群、卢惠薇：《中国上市公司慈善捐赠行为中的同群效应研究》，载于《管理学报》2020 年第 2 期。

［122］钱江、亚平、路熙佳：《古代亚洲的海洋贸易与闽南商人》，载于《海交史研究》2011 年第 2 期。

［123］秦蔚蔚：《苏商文化培育人才的优势与路径》，载于《人才资源开发》2022 年第 18 期。

［124］桑圣举、张强：《考虑企业社会责任的绿色供应链优化决策》，载于《北京理工大学学报（社会科学版）》2020 年第 2 期。

［125］邵兴东：《我国中小企业战略型社会责任管理研究——基于

供应链管理的视角》，载于《经济与管理研究》2009 年第 12 期。

[126] 申秀英、刘沛林、邓运员、王良健：《中国南方传统聚落景观区划及其利用价值》，载于《地理研究》2006 年第 3 期。

[127] 沈洪涛、王立彦、万拓：《社会责任报告及鉴证能否传递有效信号？——基于企业声誉理论的分析》，载于《审计研究》2011 年第 4 期。

[128] 沈立人、戴园晨：《我国"诸侯经济"的形成及其弊端和根源》，载于《经济研究》1990 年第 3 期。

[129] 石璋铭、李铭阳：《利益相关者视角下的企业社会责任与股利政策》，载于《财经问题研究》2020 年第 11 期。

[130] 宋婷：《商帮文化的优良传统及现实意义研究》，载于《中国商论》2017 年第 21 期。

[131] 苏振芳、王静珊：《闽南文化海洋性特征及其在海西经济的作用》，载于《福建行政学院福建经济管理干部学院学报》2008 年第 1 期。

[132] 孙琦、马骋、柏庆国：《基于风险偏好的供应链企业社会责任投入与定价策略研究》，载于《运筹与管理》2021 年第 4 期。

[133] 孙向群：《近代旅京鲁商与晋商比较研究》，载于《北京社会科学》2012 年第 13 期。

[134] 谭小芳：《粤商经营成功的七个因素》，载于《农家参谋》2013 年第 10 期。

[135] 田虹：《企业社会责任与企业绩效的相关性——基于中国通信行业的经验数据》，载于《经济管理》2009 年第 1 期。

[136] 托马斯·霍布斯：《利维坦》（黎思复，黎廷弼，译），商务印书馆 1985 年版。

[137] 托马斯·唐纳森和托马斯·邓菲：《有约束的关系——对企业伦理学的一种社会契约论的研究》（赵月瑟，译），上海社会科学院出版社 2001 年版。

[138] 万建华等：《利益相关者管理》，海天出版社 1998 年版。

［139］万良勇、梁婵娟、饶静：《上市公司并购决策的行业同群效应研究》，载于《南开管理评论》2016 年第 3 期。

［140］汪建新：《企业社会责任研究》，天津：南开大学，2009 年。

［141］汪雷：《论徽商之崛起》，载于《财贸研究》2002 年第 2 期。

［142］王宝英：《供应链复杂系统企业社会责任的自组织演化》，载于《经济问题》2013 年第 9 期。

［143］王芳、陈金华：《福建传统工艺惠安石雕产业发展变迁历程研究》，载于《广西经济管理干部学院学报》2019 年第 2 期。

［144］王飞、丁苏闽：《企业家精神、融资约束与企业僵尸化的关系研究》，载于《工业技术经济》2019 年第 6 期。

［145］王海兵、贺妮馨：《面向绿色供应链管理的企业社会责任内部控制体系构建》，载于《当代经济管理》2018 年第 3 期。

［146］王建琼、党瑶：《上市公司现金股利决策同群效应研究——基于董事连锁视角》，载于《技术经济》2022 年第 1 期。

［147］王俊霞：《明清时期山陕商人相互关系研究》，西安：西北大学，2010 年。

［148］王丽燕：《新浙商的文化根与创新路》，上海：华东师范大学，2009 年。

［149］王丽英：《卢观恒的成功之道——广州十三行富商群体个案研究》，载于《广州社会主义学院报》2010 年第 2 期。

［150］王秋霞：《企业责任及企业社会责任概念再辨析——基于组织社会学的新制度主义理论》，载于《财会月刊》2019 年第 13 期。

［151］王日根：《近代闽商地缘组织的发展演变》，载于《福州大学学报（哲学社会科学版）》2014 年第 2 期。

［152］王日根：《试析明清商人的自我管理组织——会馆》，载于《云南财贸学院学报》1996 年第 5 期。

［153］王世华：《双子星座：徽商、晋商比较研究》，载于《安徽师范大学学报（人文社会科学版）》2005 年第 6 期。

［154］王孝钰、高琪、邹汝康、何贤杰：《商帮文化对企业融资行

为的影响研究》，载于《会计研究》2022 年第 4 期。

[155] 王义明：《当代粤商精神的变迁》，载于《广东商学院学报》2008 年第 2 期。

[156] 王亦凡：《近代的鲁商与中国》，载于《文化创新比较研究》2018 年第 19 期。

[157] 王亦高：《试论语言与文化的互动关系——以"萨丕尔－沃尔夫假说"视角下的中英文时空观为例》，载于《国际新闻界》2009 年第 5 期。

[158] 王俞现：《温商的出路》，载于《企业观察家》2011 年第 11 期。

[159] 王智汪：《明清寓浙徽商与长三角运河城镇兴盛》，载于《盐城工学院学报（社会科学版）》2022 年第 3 期。

[160] 温素彬、方苑：《企业社会责任与财务绩效关系的实证研究——利益相关者视角的面板数据分析》，载于《中国工业经济》2008 年第 10 期。

[161] 邬爱其、金宝敏：《个人地位、企业发展、社会责任与制度风险：中国民营企业家政治参与动机的研究》，载于《中国工业经济》2008 年第 7 期。

[162] 吴比：《革命与生意：辛亥革命中的商业与商人命运》，浙江大学出版社 2011 年版。

[163] 吴定玉：《供应链企业社会责任管理研究》，载于《中国软科学》2013 年第 2 期。

[164] 吴定玉、张治觉、刘叶云：《企业社会责任视角下产业集群治理的逻辑与机制》，载于《湖南师范大学社会科学学报》2017 年第 1 期。

[165] 吴琦、周黎安、刘蓝予：《地方宗族与明清商帮的兴起》，载于《中国经济史研究》2019 年第 5 期。

[166] 吴跃农：《论苏商文化精神》，载于《江苏省社会主义学院学报》2013 年第 3 期。

[167] 吴跃农：《扬州盐商与苏商文化》，载于《江苏地方志》2021 年第 2 期。

[168] 武文娟：《晋商徽商比较研究综述》，载于《忻州师范学院学报》2011 年第 1 期。

[169] 肖红军：《共享价值式企业社会责任范式的反思与超越》，载于《管理世界》2020 年第 5 期。

[170] 肖红军、李平：《平台型企业社会责任的生态化治理》，载于《管理世界》2019 年第 4 期。

[171] 肖红军、李伟阳、胡叶琳：《真命题还是伪命题：企业社会责任检验的新思路》，载于《中国工业经济》2015 年第 2 期。

[172] 肖红军、阳镇、凌鸿程：《企业社会责任具有绿色创新效应吗》，载于《经济学动态》2022 年第 8 期。

[173] 肖也珍：《明清时期浙江历史上第二次人口增长高峰剖析》，载于《探索》1988 年第 3 期。

[174] 谢力军、张鲁萍：《浅析江右商帮的没落》，载于《江西社会科学》2002 年第 2 期。

[175] 谢永珍、袁菲菲：《中国商帮边界划分与文化测度——"和而不同"的商业文化》，载于《外国经济与管理》2020 年第 9 期。

[176] 修宗峰、周泽将：《商帮文化情境下民营上市公司业绩对慈善捐赠的影响》，载于《管理学报》2018 年第 9 期。

[177] 徐尚昆、杨汝岱：《企业社会责任概念范畴的归纳性分析》，载于《中国工业经济》2007 年第 5 期。

[178] 徐书生、栾桂灵：《江右商帮创业文化浅谈——以丰城商帮、樟树药帮为例》，载于《江西教育学院学报》2013 年第 1 期。

[179] 徐天舒：《企业社会责任对企业竞争力影响的实证检验》，载于《统计与决策》2020 年第 9 期。

[180] 许年行、李哲：《高管贫困经历与企业慈善捐赠》，载于《经济研究》2016 年第 12 期。

[181] 薛茂云、王志凤、黄绮冰：《漫话苏商》，南京大学出版社

2021 年版。

[182] 杨瑞龙、周业安：《论利益相关者合作逻辑下的企业共同治理机制》，载于《中国工业经济》1998 年第 1 期。

[183] 杨兴哲、周翔翼：《治理效应抑或融资效应？股票流动性对上市公司避税行为的影响》，载于《会计研究》2020 年第 9 期。

[184] 杨逸瞻、裴越：《产业集群中企业社会责任履行策略演化博弈分析》，载于《科技创业月刊》2017 年第 15 期。

[185] 杨永峰：《景德镇陶瓷古今谈》，中国文史出版社 1991 年版。

[186] 杨勇：《从沪商到新沪商——基于制度视角的企业家精神与社会网络的融合提升》，载于《华东师范大学学报（哲学社会科学版）》2011 年第 2 期。

[187] ［意］雅各·德安科纳、［英］大卫·塞尔本：《光明之城》，上海人民出版社 2000 年版。

[188] 于洪彦、黄晓治、曹鑫：《企业社会责任与企业绩效关系中企业社会资本的调节作用》，载于《管理评论》2015 年第 1 期。

[189] 余同元、王来刚：《关东鲁商》，齐鲁书社 2009 年版。

[190] 袁家方：《企业社会责任》，海洋出版社 1990 年版。

[191] 袁裕辉：《供应链核心企业社会责任研究——以复杂网络理论为视角》，载于《经济与管理》2012 年第 7 期。

[192] 曾珍香、张云飞、王梦雅：《供应链社会责任协同治理机制研究——基于复杂适应系统视角》，载于《管理现代化》2019 年第 3 期。

[193] 张丹宁、刘永刚：《产业集群社会责任建设模式研究——基于共生视角的分析》，载于《商业研究》2017 年第 7 期。

[194] 张丹宁、唐晓华：《网络组织视角下产业集群社会责任建设研究》，载于《中国工业经济》2012 年第 3 期。

[195] 张芳霖、杨卓：《明清以来客湘江右商帮在地化研究》，载于《江西社会科学》2020 年第 2 期。

[196] 张光忠：《中华民族商帮文化的全球意义——基于中国企业的国际化经营战略研究》，载于《中南财经政法大学学报》2008 年第 1 期。

［197］张海鹏、张海瀛：《中国十大商帮》，黄山书社 2010 年版。

［198］张明富：《试论明清商人会馆出现的原因》，载于《东北师大学报》1997 年第 1 期。

［199］张小健：《唐代江西商业经济的发展与历史地位》，载于《江汉论坛》2015 年第 4 期。

［200］张孝义、任俊、詹飞飞：《徽商与浙商的差异及其现代价值——从文化心理学角度分析》，载于《宿州学院学报》2022 年第 1 期。

［201］张雪、韦鸿：《企业社会责任、技术创新与企业绩效》，载于《统计与决策》2021 年第 5 期。

［202］张佑林、侯盈丽：《浙陕文化差异对区域经济发展影响之比较分析》，载于《经济与管理评论》2013 年第 2 期。

［203］张佑林、王成菊：《鲁浙文化差异对区域经济发展影响之比较研究》，载于《山东经济》2010 年第 4 期。

［204］张兆国、刘晓霞、张庆：《企业社会责任与账务管理变革——基于利益相关者理论的研究》，载于《会计研究》2009 年第 3 期。

［205］张正明：《明清晋商及民风》，人民出版社 2003 年版。

［206］章平、许哲玮：《方言距离与城市流动人口犯罪的同群效应基于广州、深圳、东莞三市的实证分析》，载于《社会》2022 年第 5 期。

［207］赵德志：《论企业社会责任的对象——一种基于利益相关者重新分类的解释》，载于《当代经济研究》2015 年第 2 期。

［208］赵子乐、林建浩：《海洋文化与企业创新——基于东南沿海三大商帮的实证研究》，载于《经济研究》2019 年第 2 期。

［209］赵子乐、林建浩：《经济发展差距的文化假说：从基因到语言》，载于《管理世界》2017 年第 1 期。

［210］郑佳节、高岭：《魅力徽商》，北京工业大学出版社 2007 年版。

［211］郑丽、陈志军：《企业集团技术创新的同群效应》，载于

《山西财经大学学报》2020 年第 12 期。

[212] 郑思晗、施放、张化尧、孙建平：《企业社会责任与企业绩效的关系——考虑组织学习与客户感知的中介作用》，载于《技术经济》2015 年第 7 期。

[213] 郑源：《商帮文化、董事会结构对民营上市公司创新的影响》，济南：山东大学，2016 年。

[214] 周虹、李端生、张苇锟：《战略性企业社会责任与企业绩效：顾此失彼还是两全其美》，载于《经济与管理研究》2019 年第 6 期。

[215] 周黎安：《晋升博弈中政府官员的激励与合作——兼论我国地方保护主义和重复建设问题长期存在的原因》，载于《经济研究》2004 年第 6 期。

[216] 周鲜成、贺彩虹：《可持续供应链企业社会责任协同推进机制研究》，载于《财经理论与实践》2014 年第 2 期。

[217] 周兆晴：《新粤商》，北京大学出版社 2007 年版。

[218] 朱光耀：《浅论明清商帮形成的商业地理基础》，载于《财贸研究》1996 年第 4 期。

[219] 朱虹：《景德镇陶瓷的历史地位》，载于《时代主人》2019 年第 2 期。

[220] 朱华友、陈俊：《产业集群风险研究：基于浙江省两个产业集群的实证》，载于《科技进步与对策》2007 年第 8 期。

[221] 朱柯冰、曾珍香：《供应链社会责任研究综述》，载于《技术经济与管理研究》2018 年第 7 期。

[222] 庄维民：《比较视野下的鲁粤商人与近代东亚贸易圈》，载于《东岳论丛》2016 年第 11 期。

[223] 子月：《岭南经济史活：上册》，广东人民出版社 2000 年版。

[224] Ackernan, Robert W., The Social Challenge to Business. Cambridge, MA: Harvard University Press, 1975, pp. 78.

[225] Aerts W, Cormier D and Magnan M, Intra-industry imitation in corporate environmental reporting: An international perspective. *Journal of*

Accounting and public Policy, Vol. 25, No. 3, 2006, pp. 299 – 331.

[226] Aupperle K. E, Carroll A. B and Hatfield J. D, An empirical examination of the relationship between corporate social responsibility and profitability. *Academy of management Journal*, Vol. 28, No. 2, 1985, pp. 446 – 463.

[227] Bloemhof – Ruwaard, J. M. , Beek, P. , Hordijk, L. , Van Wassenhove and L. N, Interactions Between Operational Research and Environmental Management. *European Journal* of Operational Research, Vol. 85, 1995, pp. 229 – 243.

[228] Bowen, H. R. , *Social Responsibilities of the Businessman*. New York: Harpor & Row, 1953, pp. 52 – 53.

[229] Branco M. C and Rodrigues L. L, Factors influencing social responsibility disclosure by Portuguese companies. *Journal of business Ethics*, Vol. 83, No. 4, 2008, pp. 685 – 701.

[230] Carroll A. B, A three-dimensional conceptual model of corporate performance. *Academy of management review*, Vol. 4, No. 4, 1979, pp. 497 – 505.

[231] Che – Fu Hsueh and Mei – Shiang Chang, Equilibrium Analysis and Corporate Social Responsibility for Supply Chain Integration. European *Journal of Operational Research*, Vol. 190, 2008, pp. 116 – 129.

[232] Chen S and Ma H, Peer effects in decision-making: Evidence from corporate investment. *China journal of accounting research*, Vol. 10, No. 2, 2017, pp. 167 – 188.

[233] Clarkson, M. , A Stakeholder Framework for Analyzing and Evaluating Corporate Social Performance, *Academy of Management Review*, Vol. 20, No. 1, 1995, pp. 92 – 117.

[234] D. EricBoyd, Robert E. Spekman, John W. K Amauff and Patricia Werhane, Corporate Responsibility in Global Supply Chains: A Procedural Justice Perspective. *Long Range Planning*, Vol. 40, No. 3, 2007,

pp. 341 – 356.

[235] Ding W, Lehrer S. F, Rosenquist J. N and Audrain – McGovern J, The impact of poor health on academic performance: New evidence using genetic markers. *Journal of health economics*, Vol. 28, No. 3, 2009, pp. 578 – 597.

[236] Du X, Weng J, Zeng Q and Pei H, Culture, marketization, and owner-manager agency costs: A case of merchant guild culture in China. *Journal of Business Ethics*, Vol. 143, No. 2, 2017, pp. 353 – 386.

[237] Elisa Giuliani, Human Rights and Corporate Social Responsibility in Developing Countries' Industrial Clusters. J Bus Ethics, 2014.

[238] Elkington J, Towards the sustainable corporation: Win-win-win business strategies for sustainable development. *California management review*, Vol. 36, No. 2, 1994, pp. 90 – 100.

[239] Fabian T. , Supply Chain Management in an Era of Social and Environment Accountability. *Sustainable Development International*, Vol. 2, 2000, pp. 27 – 30.

[240] Frederick, W. C. , From CSR1 to CSR2: The Maturing of Business and Society Thought. *Pittsburgh*, *PA: University of Pittsburgh*, *Graduate School of Business working paper*, No. 279, 1978.

[241] Freeman, R. E. , Strategic Management: A Stakeholder Approach, Boston, MA: Pitman. 1984.

[242] Gillan S. L, Koch A. and Starks L. T, Firms and social responsibility: A review of ESG and CSR research in corporate finance. *Journal of Corporate Finance*, Vol. 66: 101889, 2021.

[243] Greif A, Contract enforceability and economic institutions in early trade: The Maghribi traders' coalition. *The American economic review*, 1993, pp. 525 – 548.

[244] Greif A, Milgrom P and Weingast B. R, Coordination, commitment, and enforcement: The case of the merchant guild. *Journal of political*

economy, Vol. 102, No. 4, 1994, pp. 745 – 776.

[245] Haunschild P. R, Interorganizational imitation: The impact of interlocks on corporate acquisition activity. *Administrative science quarterly*, 1993, pp. 564 – 592.

[246] Heidi Von Weltzien Høivik and Deepthi Shankar, How Can SMEs in a Cluster Respond to Global Demands for Corporate Responsibility. *Journal of Business Ethics*, No. 101, 2011, pp. 175 – 195.

[247] Hoxby C, Peer effects in the classroom: Learning from gender and race variation. *NBER Working Paper*, No. w7867, 2000.

[248] Jacqueminet A, Practice implementation within a multidivisional firm: The role of institutional pressures and value consistency. *Organization Science*, Vol. 31, No. 1, 2020, pp. 182 – 199.

[249] Leary M. T and Roberts M. R, Do peer firms affect corporate financial policy? . *The Journal of Finance*, Vol. 69, No. 1, 2014, pp. 139 – 178.

[250] Lederer, P. J and Li, L. , Pricing, Production, Scheduling, and Delivery-time Competition. *Operations Research*, 1997, No. 45, pp. 407 – 420.

[251] Lieberman M. B and Asaba S, Why do firms imitate each other? *Academy of management review*, Vol. 31, No. 2, 2006, pp. 366 – 385.

[252] Maloni M J and Brown M E. Corporate social responsibility in the supply chain: an application in the food industry. *Journal of business ethics*, Vol. 68, No. 1, 2006, pp. 35 – 52.

[253] Manski C. F, Identification of endogenous social effects: The reflection problem. *The review of economic studies*, Vol. 60, No. 3, 1993, pp. 531 – 542.

[254] Milton Friedman, The Social Responsibility of Business is to Increase its Profit, *The New York Time Magazine*, vol. 13, September 1970, pp. 1 – 6.

[255] Oster E, Unobservable selection and coefficient stability: Theory and evidence. *Journal of Business & Economic Statistics*, Vol. 37, No. 2, 2019, pp. 187 – 204.

[256] Peter Lund – Thomsen, Adam Lindgreen, Joelle Vanhamme. Industrial Clusters and Corporate Social Responsibility in Developing Countries: What We Know, What We do not Know, and What We Need to Know. J Bus Ethics, 2014.

[257] Porter M. E and Kramer M. R, The link between competitive advantage and corporate social responsibility. *Harvard business review*, Vol. 84, No. 12, 2006, pp. 78 – 92.

[258] Scharfstein D. S and Stein, J. C, Herd behavior and investment. *The American economic review*, 1990, pp. 465 – 479.

[259] Sethi, S. Prakash, Dimensions of Corporate Social Responsibility. *California Management Review*, Vol. 17, 1975, pp. 58 – 64.

[260] Sheldon O, *The Philosophy of Management*. London: Isaac Pitman Sons, 1924.

[261] Simpson, D. F. Power, D. J, Use the supply relationship to develop lean and green suppliers. *Supply Chain Management*, Vol. 1, No. 1, 2005, pp. 60 – 68.

[262] Steven L. W. and Philip L. C. The evolution of the corporate social performance model. *Academy of management review*, 1985, Vol. 10, No. 4, pp. 758 – 769.

[263] Whorf B. L, *Language, thought, and reality: Selected writings of Benjamin lee Whorf*. Cambridge: MIT Press, 1956.

[264] Wood, Donna J. , Corporate Social Performance Revisited. *Academy of Management Review*, Vol. 16, No. 4, 1991, pp. 691 – 718.

后　记

从 2010 年我开始关注于"产业集群社会责任"这个"小众"研究领域以来，至今已有十二载春秋，个中滋味，甘苦自知。从研究成果不被认可，到 2012 年在《中国工业经济》发表第一篇该领域的论文，2016 年在经济科学出版社出版第一部以"产业集群社会责任"为题的专著，2018 年获得教育部哲学社会科学青年基金项目的支持，2019 年获得国家自然科学基金青年项目的支持，我仿佛手捧一颗莲花种子，以心血浇灌，看它的花蕊一点点抽丝，花瓣一点点萌发，在"静待花开"中享受着研究过程带来的无穷乐趣……当然，这朵花还没有完全绽放，也远不如主流研究领域的"牡丹"那样引人注目和广受喜爱，但它默默地悄然独立，也以它的幽香诠释着"一枝独秀不是春，百花齐放春满园"。

大道如砥，行者无疆。党的二十大吹响了全面建设社会主义现代化国家、全面推进中华民族伟大复兴的奋进号角，而"中国式现代化"是我国未来发展的核心方向，是全面推进中华民族伟大复兴的必由之路，赋予了中国全面建设社会主义现代化强国更为深厚的文化价值底蕴和中国特色。在这个新征程中，以"社会责任联盟"为载体的"产业集群社会责任"必然被赋予更加丰富的内涵，其建设的模式与制度也亟待创新。以此为导向，我将研究视角转向了"文化领域"，这缘于我一直坚信"国家之魂，文以化之，文以铸之"，文化宛如莲花水下的根系，唯有深植沃土，才能孕育天资芳华。

中华文明是世界上古老文明中唯一延续至今而从未中断的伟大文

明。天下为公、俭以养德、革故鼎新、厚德载物、诚信为本……这些传承的智慧结晶是中国人民的精神支柱，更是在世界文化激荡中站稳脚跟的根基。在博大精深的中国传统文化体系中，商帮文化曾在历史长河中因其"物之不齐，物之情也"而熠熠璀璨，但也曾因中华民族陷入深重危机而没落蒙尘。而今，随着中国的强盛、民族的崛起和文化的复兴，商帮文化必将拂去历史的尘埃：崇尚诚信和节俭而被誉为"晋算盘"的晋商文化，因贾而好儒被称为"徽骆驼"的徽商文化，有着帝国商人情怀被称为"陕棒槌"的陕商文化，以爱拼才会赢和回报桑梓而著称的闽商文化等在被注入"社会责任"的时代内涵后，必将在培育和弘扬企业家精神，助力中国经济高质量发展的进程中彰显中华优秀传统文化的基因与底色，实现对传统文化的创造性转化和创新性升华。

本书付梓出版之际有颇多感慨，也有诸多感谢。首先，感谢辽宁大学经济学院，学院有着顶天立地、求真务实的工作作风和研究氛围，我非常荣幸成为其中的一员，也衷心希望通过我们全院师生的勠力同心，助力辽宁大学经济学院在新一轮"双一流"建设中回眸奋进路、赓续新征程。其次，要致谢经济科学出版社，向在本书出版过程中付出辛勤劳动的诸位编辑们表示诚挚的谢意。同时，我要将自己的感谢送给一直与我并肩同行的东北大学"东北评价中心"研究团队，愿我们携手奋进，为新时代东北全面振兴献智献策。最后，要将我的感谢送给我勤奋可爱的学生们，博士生杨雪婷、宋雪峰、战秋实、王洁，硕士研究生黄山、王美艳、赵宝玉、王俊贤、张露松、王晶、刘怡倩以及本科生郑舟涵和李越旸，他们在本书文献综述的梳理、基础数据搜集和计算以及书稿校对的过程中都付出了辛苦的努力。学生们如初生红日，青春年华、生逢盛世、朝气蓬勃，未来有着无限的可能，衷心希冀你们无论身处何境，都要怀有一颗为祖国繁荣昌盛而顽强拼搏的赤子之心，于逆境仍乐观向上的勇毅之心，敢为人先并锐意进取的创新之心。于盛世奋斗，是你我之责！

　　最后，我要将深深的祝福送给我的家人。进入不惑之年，常常嗟叹：时间都去哪了？曾经为我撑起一片天空的父母不再年轻，余生我愿通过自己的不懈努力化为一把伞，为你们遮风挡雨。疫情三年，我们深切懂得了健康的重要，在失去很多的同时，也更懂得了珍惜和感恩，衷心祝愿你们健康、平安，在今后的日子里，幸福陪伴，温馨久远……同时，也要祝福我的先生易平涛教授和女儿易洛迦，愿我们在不同的人生轨迹上实现各自人生价值和创造多样精彩的同时，风雨兼程，携手共进！

张丹宁

2025 年 8 月